UTB 3534

W0234004

Eine Arbeitsgemeinschaft der Verlage

Böhlau Verlag · Wien · Köln · Weimar
Verlag Barbara Budrich · Opladen · Toronto
facultas.wuv · Wien
Wilhelm Fink · Paderborn
A. Francke Verlag · Tübingen
Haupt Verlag · Bern
Verlag Julius Klinkhardt · Bad Heilbrunn
Mohr Siebeck · Tübingen
Nomos Verlagsgesellschaft · Baden-Baden
Ernst Reinhardt Verlag · München · Basel
Ferdinand Schöningh · Paderborn
Eugen Ulmer Verlag · Stuttgart
UVK Verlagsgesellschaft · Konstanz, mit UVK/Lucius · München
Vandenhoeck & Ruprecht · Göttingen · Bristol
vdf Hochschulverlag AG an der ETH Zürich

Alt- und Mittelhochdeutsch

Arbeitsbuch zur Grammatik
der älteren deutschen Sprachstufen und
zur deutschen Sprachgeschichte

von Rolf Bergmann, Claudine Moulin
und Nikolaus Ruge

Unter Mitarbeit von Natalia Filatkina, Falko Klaes und Andrea Rapp

9., korrigierte Auflage

Vandenhoeck & Ruprecht

Dr. Rolf Bergmann ist Professor emeritus für deutsche Sprachwissenschaft und ältere deutsche Literatur an der Universität Bamberg. Dr. Claudine Moulin ist Professorin für Ältere Deutsche Philologie an der Universität Trier. Dr. Nikolaus Ruge ist wissenschaftlicher Mitarbeiter am Lehrstuhl für Ältere deutsche Philologie an der Universität Trier.

Mit 6 Karten

Online-Angebote oder elektronische Ausgaben sind erhältlich unter www.utb-shop.de

Bibliografische Information der Deutschen Nationalbibliothek

Die Deutsche Nationalbibliothek verzeichnet diese Publikation in der Deutschen Nationalbibliografie; detaillierte bibliografische Daten sind im Internet über http://dnb.d-nb.de abrufbar.

© 2016 Vandenhoeck & Ruprecht GmbH & Co. KG, Theaterstraße 13, 37073 Göttingen/ Vandenhoeck & Ruprecht LLC, Bristol, CT, U.S.A.
www.v-r.de

Umschlagabbildung: Kriemhilds Einzug bei ihrem Onkel Bischof Pilgrim in Passau. Nibelungenlied-Handschrift ›Hundshagenscher Codex‹ (Berlin, Staatsbibliothek mgf 855)
Umschlaggestaltung: Atelier Reichert, Stuttgart
Satz: Hubert & Co, Göttingen
Druck und Bindung: CPI Books GmbH, Eberhard-Finckh-Straße 61, 89075 Ulm

UTB-Band-Nr. 3534
ISBN 978-3-8252-4529-0 (UTB-Bestellnummer)

Inhalt

Abkürzungen

Adj.	Adjektiv
Adj.-Attr.	Adjektivattribut
Adv.	Adverb
ae.	altenglisch
altfranz.	altfranzösisch
ahd.	althochdeutsch
A_{Kaus}	Kausalangabe
Akk.	Akkusativ
altind.	altindisch
A_{Mod}	Modalangabe
an.	altnordisch
AR	Ablautreihe
Art.	Artikel
as.	altsächsisch
AS	Angabesatz
AttrS	Attributsatz
bair.	bairisch
best.	bestimmt
Dat.	Dativ
Dem.-Pron.	Demonstrativ-Pronomen
engl.	englisch
E_{Akk}	Akkusativergänzung
E_{Nom}	Nominativergänzung
$E_{Präp}$	Präpositionalergänzung
F./Fem.	Femininum
franz.	französisch
gall.	gallisch
GbR	Gesellschaft bürgerlichen Rechts
Gen.	Genitiv
germ.	germanisch
got.	gotisch
gr./griech.	griechisch
hd.	hochdeutsch
Hs.	Handschrift
idg.	indogermanisch
Imp.	Imperativ
Ind.	Indikativ
ital.	italienisch
Konj.	Konjunktiv
lat.	lateinisch
limb.	limburgisch
M./Mask.	Maskulinum
md.	mitteldeutsch
mfrk.	mittelfränkisch
mhd.	mittelhochdeutsch
moselfrk.	moselfränkisch
mnd.	mittelniederdeutsch
mndl.	mittelniederländisch
N./Neutr.	Neutrum
nd.	niederdeutsch
ndl.	niederländisch
nhd.	neuhochdeutsch
Nom.	Nominativ
obd.	oberdeutsch
Part.	Partizip
PBE	Primärer Berührungseffekt
P./Pers.	Person
Plur.	Plural
$präd E_{Nom}$	prädikative Nominativergänzung
Präs.	Präsens
Prät.	Präteritum
Prät.-Präs.	Präterito-Präsens
RA	Relativadverb
rhfrk.	rheinfränkisch
rib.	ribuarisch
RP	Relativpronomen
S	Satz
Sg./Sing.	Singular
st.	stark
Subst.	Substantiv
sw.	schwach
V.	Verb
V_{fin}	finite Verbform
V_{Inf}	Verb im Infinitiv
V_{Part}	Verb im Partizip
wmd.	westmitteldeutsch
ø-Endung	Nullendung
*	erschlossene Form

Siglen

T   Tatian. Lateinisch und altdeutsch mit ausführlichem Glossar. Hrsg. von Eduard Sievers. 2. neubearb. Aufl. Unver. Nachdruck Paderborn 1960 (vgl. auch: Die lateinisch-althochdeutsche Tatianbilingue, Stiftsbibliothek St. Gallen Cod. 56. Hrsg. von Achim Masser. Göttingen 1994).

O   Otfrids Evangelienbuch. Hrsg. von Oskar Erdmann. 6. Auflage. Besorgt von Ludwig Wolff. Tübingen 1973 (ATB 49).

L   Ludwigslied, in: Wilhelm Braune/Ernst A. Ebbinghaus: Althochdeutsches Lesebuch. 17. Auflage. 1994, S. 136 ff.

Ps   Nach Willy Krogmann: Der althochdeutsche 138. Psalm. Forschungsgeschichtlicher Überblick und Urfassung. Hamburg 1973, S. 18 f.

NL   Das Nibelungenlied. Nach der Ausgabe von Karl Bartsch. Hrsg. von Helmut de Boor. 22. revidierte und von Roswitha Wisniewski ergänzte Auflage. Mannheim 1988.

BvR   Berthold von Regensburg. Vollständige Ausgabe seiner Predigten mit Anmerkungen von Franz Pfeiffer. Mit einem Vorwort von Kurt Ruh. 1. Band. Berlin 1965.

Einleitung

Zur 8. Auflage (2011)

Seit der ersten Auflage des Arbeitsbuchs ›Alt- und Mittelhochdeutsch‹ haben sich in der Bildungs- und Hochschullandschaft Veränderungen vollzogen, die eine grundlegende Neubearbeitung notwendig machen. Kenntnisse in alten Sprachen und das damit verbundene grammatische und kulturelle Wissen können bei Germanistikstudierenden nicht mehr so selbstverständlich vorausgesetzt werden wie vor 40 Jahren. Die modularisierten Studiengänge machen eine Modularisierung des Lehrbuchwissens notwendig, die gewährleistet, dass sich Lehrende aus dem thematischen Angebot des Arbeitsbuchs ihr zielgruppenspezifisches Seminarprogramm gezielt zusammenstellen können (einige Hinweise dazu finden sich unten). Die Studierenden müssen sich und nunmehr auch den Prüfungsämtern Rechenschaft über das geleistete Pensum an Selbststudium ablegen, verfügen aber mittlerweile auch über Kompetenzen im Umgang mit modernen Medien der Wissensaneignung, die bei der Neukonzeption eines bewährten Arbeitsbuchs nicht unberücksichtigt bleiben durften.

Vor allem aber bietet die Neuauflage Gelegenheit, über Rolle und Legitimation der Beschäftigung mit den älteren Sprachstufen den Deutschen im Rahmen eines Germanistikstudiums nachzudenken: Zu welchem Ende studiert man (heute) historische Sprachwissenschaft?

Ziele und Zielgruppen

Die erste und für die primäre Zielgruppe des Arbeitsbuchs (zukünftige Deutschlehrerinnen und Deutschlehrer) konkreteste Begründung liegt in der Bedeutung, welche die deutschen Kultusbehörden diesem Themenbereich beimessen. Für vier von elf der von der Kultusministerkonferenz für die Lehrerausbildung im Fach Deutsch beschlossenen sprachwissenschaftlichen Studieninhalte, also für mehr als ein Drittel der potentiellen Lehr- und Lernstoffe, sind Themen der historischen Linguistik ganz oder teilweise konstitutiv: Zukünftigen Lehrkräften der Sekundarstufe I sind Kenntnisse über »soziale, kulturelle und historische Aspekte von Sprache und Sprachgebrauch, [...] Sprachwandel, Spracherwerb und Sprachentwicklung, [...] Sprachvarietäten und deren historischer Hintergrund« zu vermitteln, hinzu kommt für die Sekundarstufe II ein »Überblick über die Geschichte der deutschen Sprache«.[1]

---

1 Ländergemeinsame inhaltliche Anforderungen für die Fachwissenschaften und Fachdidaktiken in der Lehrerbildung (Beschluss der Kultusministerkonferenz vom 16.10.2008 i.d.F. vom 8.12.2008), S. 23.

Unterrichtspraktisch konkretisiert wird dieser Rahmen etwa im derzeit gültigen rheinland-pfälzischen Lehrplan für das Fach Deutsch in der gymnasialen Oberstufe, der im Kontext des übergeordneten Lehrbereichs ›Reflexion über Sprache‹ nicht allein den Themenbereich ›Die historische Dimension von Sprache‹ (etwa am Beispiel von Phonologie, Semantik und Sprachgeographie) umfasst, sondern Deutschlehrerinnen und Deutschlehrer explizit dazu anhält, auch das sprachliche System als »dem historischen Wandel unterworfen«[2] zu vermitteln.

Im Rahmen fachübergreifenden Lernens betont auch der Lehrplan den Zusammenhang zwischen älteren Sprachstufen und der dazugehörigen Textüberlieferung, relevant ist dieser Aspekt vor allem aber für jene Historiker, Kulturwissenschaftler, Mittelalterphilologen oder Juristen, die sich Zugang zu alt- und mittelhochdeutschen Quellen verschaffen möchten, ohne an deren grammatischen Hürden zu scheitern, die ohne entsprechendes Wissen oft kaum erkennbar sind. Diese Gruppe von Studierenden und Graduierten bildet die zweite Adressatengruppe des Buches.

Über ihre bildungspolitische und hilfswissenschaftliche Relevanz hinaus kommt der Beschäftigung mit dem Alt- und Mittelhochdeutschen schließlich ein Eigenwert zu, dessen Bedeutung man sich zunächst über Spuren der älteren Sprachstufen in der Gegenwartssprache nähern kann, weswegen dieser Perspektive im Zuge der Neubearbeitung auch besondere Aufmerksamkeit geschenkt wurde: Warum herrscht bei gegenwärtigen Sprachbenutzern Unsicherheit, ob die Sonne *schien* oder *scheinte*? Warum lautet das Präteritum zu *nennen* zwar *nannte*, das zu *flennen* aber nicht *flannte*? Weshalb wird *Schlag* im Plural zu *Schläge*, *Tag* hingegen zu *Tage*? Warum heißt ›*Prizzi's Honor*‹ in der deutschen Fassung ›*Die Ehre der Prizzis*‹, wo das ›*Nibelungenlied*‹ in der mittelhochdeutschen »Originalfassung« C doch mit den Worten schließt, dies sei *der Nibelunge liet*? Warum lautet das aus den 1970er Jahren stammende Hinweisschild *Aufzug im Brandfalle nicht benutzen* nach der Gebäuderenovierung *Aufzug im Brandfall nicht benutzen*?

Solchen und ähnlichen Beobachtungen lässt sich bei entsprechenden Kenntnissen leicht historische Tiefe verleihen. Sprachgeschichtliche Betrachtung setzt nämlich voraus, dass verschiedene historische Zustände der Sprache erkennbar und beschreibbar sind, aus deren Vergleich Veränderungen abgelesen werden können. Als ältere Stufen der deutschen Sprache werden Althochdeutsch, Mittelhochdeutsch und Frühneuhochdeutsch unterschieden, die sich in Schreibung und Aussprache, Flexion, Wortbildung und Syntax voneinander und vom Neuhochdeutschen unterscheiden. Solche Unterschiede werden im Vergleich derselben Passage in Textzeugen aus verschiedenen Zeiten sichtbar:

---

2 Lehrplan Deutsch. Grund- und Leistungsfach Jahrgangsstufen 11 bis 13 der gymnasialen Oberstufe (Mainzer Studienstufe). Erarbeitet im Auftrag des Ministeriums für Bildung, Wissenschaft und Weiterbildung Rheinland-Pfalz. o. O. 1998, S. 16.

Fater unser, thu in himilom bist, giuuihit si namo thin. quaeme richi thin. uuerdhe
uuilleo thin, sama so in himile endi in erthu.
(Weißenburger Katechismus, 9. Jahrhundert)[3]

Fater unser dû in himile bist. (…) *Dîn namo uuerde geheîligot.* (…) *Dîn rîche*
chome. (…) *Dîn uuillo gescéhe in erdo fone menniscon, also in himile fone angelis.*
(Notker der Deutsche, †1022)[4]

vater, du dir in den himelen bist,
geheiligit werde der name din.
(…)
herre, zuo chome din riche,
(…)
din wille hie in erde
sam da in himile werde
(›Auslegung des Vaterunsers‹, Mitte des 12. Jahrhunderts)[5]

VNser Vater in dem Himel. Dein Name werde geheiliget. Dein Reich kome. Dein
Wille geschehe / auff Erden / wie im Himel.
(Martin Luther, 1545)[6]

Die Textzitate können zugleich veranschaulichen, dass in den verschiedenen Stufen
der deutschen Sprache eine schriftliche Überlieferung existiert, zu deren Erschließung Grammatiken und Wörterbücher der historischen Sprachstufen erforderlich
sind. Die Sprachgeschichtsforschung ist in dieser Perspektive auch Teil einer inter-
disziplinär ausgerichteten historischen Kulturwissenschaft.

Anlage und Benutzung des Buches

a) Grundsätzliches

›Alt- und Mittelhochdeutsch‹ ist als einführendes Arbeitsbuch zur deutschen
Sprachgeschichte sowie zur Grammatik des Althochdeutschen und des Mittelhoch-
deutschen konzipiert. Das Buch ist keine althochdeutsche und mittelhochdeutsche
Grammatik und es will die entsprechenden Grammatiken auch nicht ersetzen. Auf-

---

3 Elias von Steinmeyer, Die kleineren althochdeutschen Sprachdenkmäler, Berlin 1916, Nachdruck
Dublin / Zürich 1971, S. 29.
4 Notker der Deutsche, Der Psalter. Psalm 101–150, die Cantica und die katechetischen Texte. Herausgegeben von Petrus W. Tax, Die Werke Notkers des Deutschen. Neue Ausgabe 10, Tübingen 1983,
S. 563 f.
5 Kleinere deutsche Gedichte des 11. und 12. Jahrhunderts. Nach der Auswahl von Albert Waag neu
herausgegeben von Werner Schröder, I, Altdeutsche Textbibliothek 71, Tübingen 1972, S. 77–79.
6 Martin Luther, Die gantze Heilige Schrifft Deutsch. Wittenberg 1545. Letzte zu Luthers Lebzeiten
erschienene Ausgabe. Herausgegeben von Hans Volz unter Mitarbeit von Heinz Blanke. Textredak-
tion Friedrich Kur, II, Darmstadt 1972, S. 1976.

gabe des Arbeitsbuches ist es, die Grundlagen für ein historisches Verständnis der deutschen Gegenwartssprache[7] zu bieten, die wichtigsten phonologischen, morphologischen und syntaktischen Strukturen des Alt- und Mittelhochdeutschen vorzuführen und im Zusammenhang mit der Einführung in grundlegende, zunehmend auch in digitaler Form vorliegende, textphilologische Hilfsmittel die notwendigen Voraussetzungen für den zeitgemäßen Umgang mit alt- und mittelhochdeutschen Texten zu schaffen.

Die Anlage des Arbeitsbuches und der Aufbau der einzelnen Kapitel sind von der didaktisch-methodischen Zielsetzung bestimmt, von Anfang an in einer Verbindung von Textphilologie und Erarbeitung sprachlicher Strukturen vorzugehen. Dieses Ziel kann am besten durch eine Verwendung des Arbeitsbuchs in Seminarveranstaltungen erreicht werden.

Eine wesentliche Neuerung der vorliegenden Auflage stellt die Entscheidung dar, den für ein Arbeitsbuch konstitutiven Bereich des Selbststudiums teilweise aus dem gedruckten Buch in eine elektronische Lernplattform auszulagern, die wahlweise als Smartphone-App oder als Browser-basierte PC-Variante genutzt werden kann (Näheres siehe unten). Anzahl und Spektrum der Übungen konnten dadurch im Vergleich mit den vorangegangenen Auflagen um ein Vielfaches gesteigert werden. Der für das Selbststudium, aber auch für die Seminarvorbereitung bewährte Tabellen- und Übersichtsteil wurde ebenfalls noch einmal erweitert.

Auch über die physische Trennung von Darstellungs- und Übungsteil hinaus wurde ein modularer Aufbau des Arbeitsbuchs angestrebt. Einige Umsetzungsmöglichkeiten, die sich daraus für die Seminarplanung ergeben, werden im nächsten Abschnitt angedeutet.

b) Mögliche Arbeitsweisen

Die Zielsetzung der Einführung in die Grundlagen der deutschen Sprachgeschichte, in die Grammatik des Althochdeutschen und Mittelhochdeutschen und in die philologische Arbeit mit alt- und mittelhochdeutschen Texten umfasst die Vermittlung von Einsichten in sprachgeschichtliche Probleme sowie die Vermittlung von Kenntnissen der entsprechenden Hilfsmittel und von Grundzügen der Grammatik, ebenso die Vermittlung von Fähigkeiten zur Formenbestimmung und zur Grammatik- und Wörterbuchbenutzung. Diesen Zielen dienen die Anlage des Buches insgesamt und der Aufbau der Kapitel im Einzelnen. Den Ausgangspunkt der Erarbeitung bilden in der Regel Belege aus den Texten im Anhang. Die jeweiligen grammatischen Verhältnisse werden in möglichst klaren tabellarischen Übersichten dargeboten, wobei Einzelprobleme, Besonderheiten und Ausnahmen nur in Auswahl Berücksichtigung finden können.

---

7 Vgl. vertiefend Stefanie Stricker/Rolf Bergmann/Claudia Wich-Reif: Sprachhistorisches Arbeitsbuch zur deutschen Gegenwartssprache. Heidelberg 2012.

Kapitel 1 (›Sprachgeschichtliche Grundlagen‹) bietet sich als Einstieg für Studierende mit geringen grammatischen bzw. linguistischen Vorkenntnissen an. Es hat sich gezeigt, dass gerade etymologische und überlieferungsgeschichtliche Fragestellungen die Neugier dieser Benutzergruppe wecken können. Auf die für das Verständnis des Grundlagenkapitels notwendigen Passagen zu historischer Phonologie und Morphologie wird jeweils so präzise wie möglich verwiesen. Überdies wurde dem Arbeitsbuch ein Glossar zentraler Fachterminologie beigegeben, dessen Darstellungsmodus textsortengemäß knapp ausfallen muss. Für eine vertiefende Beschäftigung mit linguistischen Grundbegriffen sei verwiesen auf:

Rolf Bergmann/Peter Pauly/Stefanie Stricker: Einführung in die deutsche Sprachwissenschaft. Fünfte, überarbeitete und erheblich erweiterte Auflage von Rolf Bergmann und Stefanie Stricker. Mit Beiträgen von W. Eins, N. Filatkina, U. Götz, A. Klosa, C. Moulin, M. Schlaefer, C. Wich-Reif. Heidelberg 2010.

Bei starker Fokussierung der Seminarinhalte auf historische Grammatik kann auf das Grundlagenkapitel auch verzichtet werden. Wünschenswert wäre in diesem Fall allerdings, dass für die Seminarteilnehmer die Möglichkeit besteht, ihr Wissen durch den Besuch einer sprachhistorischen Grundlagenvorlesung zu ergänzen.

Die Position des Phonologiekapitels vor den beiden Morphologiekapiteln sowie dem Syntaxkapitel ist zum einen dadurch begründet, dass zentrale Fragen der Formenlehre (Ablaut, grammatischer Wechsel, Umlaut, Rückumlaut) nur schwer ohne entsprechende Kenntnisse zu behandeln sind. Weiterhin hat sich gerade bei einer Beschränkung auf die mittelhochdeutsche Sprachstufe herausgestellt, dass eine frühzeitige Vertrautheit mit den Entwicklungen des Haupttonvokalismus zum Neuhochdeutschen die Textarbeit erheblich erleichtert. Gleichwohl bleibt es möglich, die Phonologie nach der Morphologie zu behandeln.

Die bewährte enge Verzahnung der beiden Morphologiekapitel sowie des neu hinzugekommenen Syntaxkapitels mit dem Textanhang wurde weiter akzentuiert. Hier wurde vor allem darauf geachtet, dass Letzterer auch für Studierende ohne Lateinkenntnisse benutzbar ist. Wenn dennoch zwei Passagen aus der lateinisch-althochdeutschen Tatian-Bilingue beibehalten wurden, dann mit der Absicht, den sekundären Charakter der althochdeutschen Überlieferung nicht vollkommen zu verdunkeln. Die Hinzufügung eines Kapitels zur mittelhochdeutschen Syntax führte schließlich zur Aufnahme entsprechender Prosatexte in den Anhang.

Grundsätzlich gilt: Das Arbeitsbuch kann auch für auf das Alt- oder Mittelhochdeutsche beschränkte Einführungen benutzt werden. Dementsprechend sind die Flexionskapitel für das Althochdeutsche und für das Mittelhochdeutsche völlig getrennt und für sich benutzbar. Dafür wurden auch gewisse Wiederholungen in Kauf genommen. Die jeweils relevanten Passagen des Grundlagen- und des Textphilologie-Kapitels sind leicht über das Inhaltsverzeichnis zu identifizieren.

Andererseits kann mit dem Buch nach wie vor in kombinierter Form in das Althochdeutsche und in das Mittelhochdeutsche eingeführt werden.

Zur Arbeitweise mit der Lernplattform

Gegenüber früheren Auflagen wurde die Möglichkeit zur praktischen Anwendung des in Seminar und Selbststudium Erlernten erheblich erweitert. Dafür wurde zur Ergänzung des gedruckten Arbeitsbuchs eine Lernplattform entwickelt, die einen Pool von ca. 400 Fragen zu allen Arbeitsbuchkapiteln enthält und sowohl als Browser-basierte PC-Variante wie auch als Smartphone-App für Android zugänglich ist.

Das Lernplattform-Programm kann unter http://www.utb.de/studierende/ e-learning-app/alt-mittelhochdeutsch bezogen werden. Für den Zugang zu den Aufgaben des Fragenpools bestehen zwei Möglichkeiten: Bei Nutzung der Smartphone-App werden die Referenzen zu den Aufgaben durch Scannen der im Buch abgedruckten QR-Codes hergestellt. In der Browser-basierten PC-Variante werden die Referenzen zu den Aufgaben durch manuelle Eingabe der im Buch abgedruckten Aufgabencodes in eine Suchmaske hergestellt. Nutzer der Smartphone-App erhalten kostenlose Updates auf den je nach Betriebssystem üblichen Wegen. Nutzer der PC-Version erhalten kostenlose Updates unter http://www.utb.de/studierende/e-learning-app/update.

Grundlagen

Die Darstellung der sprachlichen Phänomene beruht auf den einschlägigen wissenschaftlichen Grammatiken und berücksichtigt, soweit möglich und angebracht, die neuere Forschung zur Phonologie, Morphologie und Syntax der älteren Sprachstufen des Deutschen. Dem Charakter des einführenden Arbeitsbuches entsprechend können keine Einzelnachweise in Anmerkungen gegeben werden. Auch eine Diskussion problematischer Einzelfälle und eine Auseinandersetzung mit neueren Ansichten kann hier nicht geführt werden. Dazu ist auf die neuesten Auflagen der Handbücher und Grammatiken zu verweisen, die die entsprechenden Titel enthalten.

Dank

Das Konzept des vorliegenden, zuerst im Jahre 1973 erschienenen Arbeitsbuches haben Rolf Bergmann und Peter Pauly während ihrer gemeinsamen Arbeit an der Universität Münster entwickelt und die zweite und dritte Auflage (1978 und 1985) betreut. Nach der stärkeren Erweiterung und Überarbeitung in der vierten und fünften Auflage (1993 und 1999) an der Universität Bamberg durch Rolf Bergmann und Claudine Moulin wurden für die sechste und siebte Auflage an der Universität Trier alle Angaben überprüft und gegebenenfalls ergänzt, Druckfehler beseitigt und Literaturangaben aktualisiert.

Die konzeptionelle Veränderung seit der achten Auflage (2011) verantworten

Rolf Bergmann, Claudine Moulin und Nikolaus Ruge gemeinsam; Andrea Rapp hat das Kapitel ›Digitale Angebote zum Alt- und Mittelhochdeutschen‹ verfasst; Natalia Filatkina und Falko Klaes haben wesentlich an der Ausarbeitung von Übungen für die Lernplattform mitgewirkt. Für gute Zusammenarbeit bei Konzeption und Umsetzung der Lernplattform danken wir Sebastian Christ, Verena Lambrecht, Jan Meier, Georg Schneider, Philipp Weber und nicht zuletzt Jörg Röpke (Koordinationsstelle E-Learning der Universität Trier), für die Hilfe bei der Literaturbeschaffung und den Korrekturgängen Tamara Wirtz. Schließlich sind wir Ulrike Gießmann-Bindewald für die unermüdliche Lektoratsarbeit dankbar.

Für Hinweise auf Fehler und für Verbesserungsvorschläge danken wir den Mitarbeiterinnen und Mitarbeitern in Trier sowie den Kolleginnen und Kollegen, die das Arbeitsbuch in ihren Seminaren im Inland und Ausland einsetzen.

Bamberg und Trier, im Juli 2015   Rolf Bergmann
                                                   Claudine Moulin
                                                   Nikolaus Ruge

1. Sprachgeschichtliche Grundlagen

1.1 Deutsch – Germanisch – Indogermanisch
Genetische Sprachverwandtschaft

1.1.1 Die Sprachstufen des Deutschen

Die deutsche Sprache lässt sich in ihrer historischen Dimension in verschiedene Sprachstufen einteilen. Es werden üblicherweise vier verschiedene Epochen des Deutschen unterschieden:

Sprachstufe	Zeit	zentrale innersprachliche Kriterien	zentrale außersprachliche Kriterien
Althochdeutsch:	ca. 700–1050	2. Lautverschiebung	Beginn der schriftlichen Aufzeichnung
Mittelhochdeutsch:	ca. 1050–1350	Nebensilbenabschwächung	Wiederbeginn der schriftlichen Aufzeichnung; neue Textsorten
Frühneuhochdeutsch:	ca. 1350–1650	Diphthongierung Monophthongierung Dehnung in offener Tonsilbe	Buchdruck Reformation/Luthers Bibelübersetzung
Neuhochdeutsch:	ca. 1650–heute		Ende des 30-jährigen Kriegs Schottelius, Teutsche Sprachkunst

Die Kriterien dieser Periodisierung sind unterschiedlich. Zuerst ist von der Überlieferungslage auszugehen, die eine solche Periodisierung überhaupt ermöglicht: So fällt der Beginn des Althochdeutschen, der ältesten Sprachstufe des Deutschen, mit dem Einsetzen der schriftlichen Überlieferung am Anfang des 8. Jahrhunderts zusammen.

Jede Sprachperiode ist ferner durch bestimmte sprachliche Merkmale charakterisiert, die sie von der vorherigen Sprachperiode unterscheiden. Man nennt solche sprachlichen Periodisierungsmerkmale auch innersprachliche Merkmale. So kennzeichnet zum Beispiel die **Nebensilbenabschwächung** das Mittelhochdeutsche gegenüber dem Althochdeutschen: ahd. *zunga* – mhd. *zunge*, ahd. *bigraban* – mhd. *begraben* (zu weiteren lautlichen Charakteristika des Mittelhochdeutschen → 2.1.4). Das Frühneuhochdeutsche lässt sich vom Mittelhochdeutschen etwa durch die Veränderung der mittelhochdeutschen Langvokale *î, û, iu* (= *ü:*) zu den **Diphthongen** *ei, au* und *eu* charakterisieren: mhd. *mîn* – frnhd. *mein*, mhd. *hûs* – frnhd. *haus*, mhd. *liute* – frnhd. *leute* (zu weiteren lautlichen Charakteristika des Frühneuhochdeutschen → 2.2.5).

Die einzelnen sprachlichen Entwicklungen treten nicht plötzlich von einem Tag zum anderen ein; sie erstrecken sich über eine gewisse Zeitspanne, hinsichtlich der frühneuhochdeutschen Mono- und Diphthongierung etwa vom 12. bis ins 16. Jahrhundert (→ 2.2.5), und zeigen oft auch regional eine unterschiedliche Ausprägung, etwa hinsichtlich der Ausprägung der Tenuesverschiebung (→ 2.1.3). Ferner enthält die neue Sprachperiode in der Regel eher ein Bündel an Neuerungen, so ist das Mittel- gegenüber dem Althochdeutschen nicht allein durch die Nebensilbenabschwächung, sondern auch durch die Auslautverhärtung und die Ausbreitung des Sekundärumlauts abgrenzbar. Die einzelne, konkrete Periodisierung ist also stets als Grundrichtlinie zu verstehen, die hinsichtlich des Beginns einer Sprachstufe den Zeitraum bezeichnet, an dem die wichtigsten Entwicklungen bereits deutlich eingetreten sind. Am schwierigsten ist die Periodisierung nach innersprachlichen Merkmalen dann, wenn keine deutlichen Entwicklungen, etwa im lautlichen Bereich, vorliegen. Dies ist für die Festlegung des Neuhochdeutschen im Unterschied zum Frühneuhochdeutschen der Fall, weshalb hier auch in der Forschung, bedingt durch das Heranziehen verschiedener sprachlicher Merkmale, unterschiedliche Einteilungen vorhanden sind.

Neben solchen Kriterien der **inneren Sprachgeschichte** werden bei der Periodisierung auch außersprachliche Kriterien berücksichtigt, das heißt Kriterien, die den Sprecher und seine Geschichte betreffen. Diese äußere Geschichte der Sprache berücksichtigt den politischen, geographischen und kulturellen Rahmen der Sprecher zu einem gewissen Zeitpunkt. Das Ende der mittelhochdeutschen bzw. der Beginn der frühneuhochdeutschen Sprachperiode um die Mitte des 14. Jahrhunderts wird zum Beispiel auch im Zusammenhang mit der Regierungszeit von Karl IV. in Prag und den mit dieser verbundenen kulturellen Neuerungen gesehen. Das Ende der frühneuhochdeutschen Periode wird mit dem Ende des Dreißigjährigen Krieges (1648) oder mit dem Erscheinen der ›Teutschen Sprachkunst‹ von Justus Georg Schottelius (1641) verknüpft. Auch wenn genügend Kriterien der inneren Sprachgeschichte vorhanden sind, um eine Periodisierung zu vollziehen, oder wenn die Überlieferungsbedingungen diese begründen, wie etwa beim Beginn des Althochdeutschen, sollte stets auch die **äußere Sprachgeschichte** mitberücksichtigt werden, da sie die Rahmenbedingungen für die innere Sprachgeschichte liefert. Das Althochdeutsche und seine Überlieferung können zum Beispiel erst vor dem Hintergrund der karolingischen Reformen und ihrer Nachwirkungen verstanden werden.

1.1.2 Germanisch

Die deutsche Sprache hat nicht nur Vorstufen, die aus **diachroner** Sicht ähnlich sind, auch aus **synchroner** Sicht weisen andere Sprachen heute Ähnlichkeiten mit dem Deutschen auf.

Das Deutsche gehört zu einer Gruppe von verwandten Sprachen, die man germanisch nennt.

Deutsch, Jiddisch, Niederländisch,   = Westgermanisch
Afrikaans, Friesisch, Englisch,
Luxemburgisch

Dänisch, Schwedisch, Norwegisch,   = Nordgermanisch
Färöisch, Isländisch

Die Verwandtschaft dieser Sprachen kann anhand von Wortgleichungen veranschaulicht werden:

Deutsch	Niederländisch	Englisch
schlafen	*slapen*	*sleep*
machen	*maken*	*make*
Wasser	*water*	*water*

1.1.3 Die altgermanischen Dialekte

Die einzelnen germanischen Sprachen unterscheiden sich hinsichtlich ihres Bezeu-
gungsalters, ihre Geschichte wird dementsprechend auch unterschiedlich gegliedert. Für den historischen Vergleich sind vor allem die ältesten Sprachstufen von
Bedeutung, denn sie geben Auskunft über die gemeinsamen Vorstufen, über die
einzelsprachlichen Charakteristika. Im Überblick kann Folgendes zu den ältesten
Sprachstufen der germanischen Sprachen festgehalten werden:

Die nordgermanischen Sprachen des Mittelalters werden unter der Bezeichnung
Altnordisch zusammengefasst, das vor allem aus isländischen Quellen ab der Mitte
des 12. Jahrhunderts überliefert ist.

Die älteste Überlieferung der nordgermanischen Sprachen in Form von Runeninschriften aus dem 3. bis 8. Jahrhundert wird als Urnordisch bezeichnet. Das
Urnordische steht dem Urgermanischen noch sehr nahe.

Innerhalb der westgermanischen Sprachen lassen sich einzelne altgermanische
Dialekte unterscheiden: Das Althochdeutsche (ab Anfang des 8. Jahrhunderts), das
Altsächsische (= Altniederdeutsch, ab Anfang des 9. Jahrhunderts), das Altfriesische
(mit spätem Überlieferungsbeginn im 13. Jahrhundert), das Altenglische (ab dem 8.
Jahrhundert), das Altniederländische (mit spärlicher Überlieferung ab dem 9. Jahr-
hundert).

Das Jiddische, das Afrikaans und das Luxemburgische sind sekundär entstanden
aus bereits vorhandenen germanischen Sprachen: Das Jiddische beruht auf mittelhochdeutschen Dialekten im 13./14. Jahrhundert und zeigt ferner romanische, slawische und hebräisch-aramäische Einflüsse. Das Afrikaans, die Sprache der Buren
in Südafrika, ist aus niederländischen Dialekten des 17. Jahrhunderts entstanden.
Das Luxemburgische hat sich seinerseits im 19. Jahrhundert aus dem Moselfränkischen heraus entwickelt.

Neben dem bereits erwähnten Westgermanischen und Nordgermanischen gab es noch das Ostgermanische, das heute keine Fortsetzer mehr hat. Die wichtigste ostgermanische Sprache war das Gotische, die Sprache der Goten, die sich seit der frühen Völkerwanderungszeit, von Südskandinavien kommend, auf der Balkanhalbinsel, in Italien und Spanien niederließen. Man unterscheidet Ostgoten, die um und nach 500 unter Theoderich († 526) in Italien siedelten, und Westgoten, die auf dem Balkan (3./4. Jahrhundert) und in Spanien (ab dem 5. Jahrhundert) siedelten.

Das Gotische ist der älteste überlieferte germanische Dialekt. Es ist vor allem durch die im 4. Jahrhundert entstandene gotische Bibelübersetzung des Westgotenbischofs Wulfila († 383) repräsentiert. Schriftlich überliefert ist diese Übersetzung in einer ostgotischen Abschrift aus der Wende vom 5. zum 6. Jahrhundert, dem Codex Argenteus, der die Übersetzung der vier Evangelien enthält. Der Codex Argenteus (heute in Uppsala/Schweden aufbewahrt) ist ein besonders prachtvolles Zeugnis der Handschriftenüberlieferung dieser frühen Zeit: Der Text wurde mit silberner und goldener Schrift auf purpurfarbenem Pergament geschrieben.

Neben dem Gotischen gibt es ferner geringe Reste anderer ostgermanischer Stammesdialekte (etwa das Burgundische).

Die verschiedenen altgermanischen Dialekte werden im Folgenden anhand der Stammformen des **starken Verbs** *bieten* exemplarisch verglichen, wobei zur Veranschaulichung im weiteren sprachgeschichtlichen Kontext des Deutschen auch die neuhochdeutschen und mittelhochdeutschen Formen erwähnt werden. Auffällig sind vor allem Übereinstimmungen im konsonantischen Gerüst der **Wurzelsilbe**. Die Wurzeln aller aufgelisteten Formen weisen im Anlaut stimmhaften labialen Explosiv /b/ sowie im Wurzelauslaut Dentallaute auf, die sich allerdings hinsichtlich Stimmtonbeteiligung und Artikulationsart je nach Einzelsprache unterscheiden. Während germ. /d/ im Alt- und Mittelhochdeutschen aufgrund der Medienverschiebung (→ 2.1.3) zu stimmlosem Explosiv wird, weisen andere altgermanische Sprachen an dieser Stelle stimmhafte Explosive (Altsächsisch, Altenglisch, z. T. Gotisch) bzw. Frikative auf (Altnordisch, Gotisch).

nhd.	*bieten*	*bot*	*boten*	*geboten*
	[i:]	[o:]	[o:]	[o:]
mhd.	*bieten*	*bôt*	*buten*	*geboten*
ahd.	*biotan*	*bōt*	*butun*	*gibotan*
as.	*biodan*	*bōd*	*budun*	*gibodan*
ae.	*bēodan*	*bēad*	*budon*	*boden*
an.	*biōþa*	*bauþ*	*buþom*	*boþenn*
got.	*biudan*	*bauþ*	*budum*	*budans*

1.1.4   Gemeingermanisch – Urgermanisch

Die Beispiele zum Verb *bieten* zeigen, dass die ältesten germanischen Dialekte insgesamt noch recht ähnlich sind. Vor den Bezeugungen der Einzeldialekte ab dem Gotischen sind einzelne Wörter und Namen bei antiken lateinischen Schriftstellern überliefert (etwa der Göttername *Mannus* in der ›Germania‹ des Tacitus), die für die Zeit um Christi Geburt und in den ersten Jahrhunderten ein relativ einheitliches und noch nicht in verschiedene Dialekte auseinanderentwickeltes Germanisch zu erkennen geben, das man Gemeingermanisch nennt. In den seltensten Fällen liegen jedoch Frühbelege des Typs *Mannus* (vgl. dt. *Mann*, engl. *man*, niederl. *man*) vor. In der Regel müssen die Ursprungsformen auf der Grundlage systematischer Vergleiche rekonstruiert werden und sind dann mit einem * (Asterisk) gekennzeichnet wie im folgenden Beispiel:

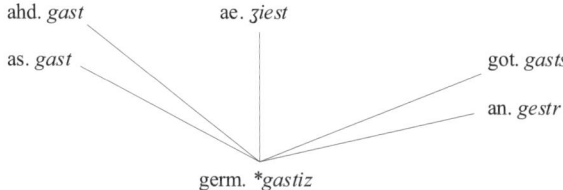

Die rekonstruierte gemeinsame Vorstufe der germanischen Einzelsprachen wird auch Urgermanisch genannt.

Dieser terminologische Unterschied zwischen Gemeingermanisch und Urgermanisch wird nicht durchgehend in der Forschungsliteratur gemacht, teilweise werden beide Termini auch synonym verwendet.

Historischer Hintergrund der Auseinanderentwicklung der altgermanischen Dialekte in Einzelsprachen ist die so genannte Völkerwanderung. Die Sprache der Goten nimmt im Vergleich zu den anderen auch schon früh eine selbstständigere Entwicklung, da der ursprünglich wohl in Südskandinavien oder an der Weichselmündung beheimatete Volksstamm bereits früh (2. Jahrhundert) seine Invasionszüge begann. Die anderen Stämme bleiben in Skandinavien und im Nord- und Ostseeraum länger beieinander, bis auch hier die Völkerwanderung einsetzt und die Grundlagen für die verschiedenen germanischen Dialekte gelegt werden.

1.1.5   Indogermanische Sprachverwandtschaft

Das obige Beispiel mit ahd. *gast* ›Gast, Fremder‹, an. *gestr* usw. und der rekonstruierten Form *gastiz* kann noch mit anderen, nicht germanischen Sprachen in Beziehung gesetzt werden; man vergleiche dazu etwa lat. *hostis* ›Fremder, Gast, Feind‹.

Wie die germanischen Sprachen untereinander durch Ähnlichkeiten im Wortschatz und in der Grammatik eine historisch-genetische Verwandtschaft zu erkennen geben, so lassen sich auch Gemeinsamkeiten zwischen den germanischen Sprachen (als Einheit) und anderen nicht germanischen Sprachen feststellen. Diese Verwandtschaft lässt sich besonders an den ältesten erhaltenen Stufen der einzelnen Sprachen erkennen: Gotisch für das Germanische, Latein für die romanischen Sprachen, Altgriechisch, Altindisch (Sanskrit) usw. Das folgende Beispiel illustriert diese Ähnlichkeiten anhand der 3. Person Singular des Verbs *sein*:

lat.	*est*
altgriech.	*estí*
altind.	*ásti*
got.	*ist*

Diese Formen weisen starke Ähnlichkeiten untereinander auf. Für alle diese Sprachen lassen sich auf diese Art weitere Gleichungen im morphologischen und lexikalischen Bereich aufstellen: Diese Sprachen kann man als urverwandt betrachten.

Eine Gruppe von Sprachen, die aufgrund grammatischer und lexikalischer Parallelen als miteinander verwandt bezeichnet werden können, nennt man eine **Sprachfamilie**. Die Sprachfamilie, zu der die oben genannten Sprachen Latein, Altgriechisch, Altindisch, Gotisch und andere gehören, ist die **indogermanische** Sprachfamilie. Der Terminus *indogermanisch* bildet die geographische Verbreitung der Sprachfamilie ab (die indoiranischen Sprachen im Osten, die germanischen Sprachen im Westen). Da die besondere Betonung des Zweitglieds *germanisch* oft als chauvinistisch empfunden wird, hat sich daneben auch der Terminus *indoeuropäisch* etabliert, der freilich den falschen Eindruck erweckt, in Europa gebe es nur indoeuropäische Sprachen, der durch die Existenz der finno-ugrischen Sprachfamilie, des Baskischen sowie, auf einer anderen Ebene, durch die sprachlichen Resultate der Immigrationsbewegungen des 20. und 21. Jahrhunderts widerlegt wird.

Zu den als verwandt erkannten grammatischen und lexikalischen Formen der verschiedenen Sprachen lässt sich dann jeweils eine gemeinsame, nicht als solche belegte indogermanische Urform rekonstruieren. Bei dem obigen Beispiel heißt diese rekonstruierte Form **esti*.

Die Rekonstruktion der indogermanischen Grundsprache basiert also auf dem Sprachvergleich der erhaltenen Einzelsprachen. Die Wissenschaft, die sich mit solchen Gleichungen auseinandersetzt, ist die historisch-vergleichende Sprachwissenschaft.

Viel diskutiert ist die Frage nach einem Urvolk und nach einer Urheimat der Indogermanen. Es hat wohl ein so genanntes Urvolk gegeben, das die indogermanische Sprache gesprochen haben wird – jedoch ist es nicht zwingend als Einheit im ethnisch-genetischen Sinne zu verstehen. Eine ganze Reihe von Forschungsarbeiten befasst sich mit den Indogermanen und deren Urheimat. Viele Thesen sind hierzu aufgestellt worden: Die Urheimat ist sowohl in Europa als auch in Asien situiert worden. Viele setzen sie inzwischen in einem Raum nördlich des Schwarzen Meeres vor ca. 5000 bis 6000 Jahren an. Für den Beginn der Auseinanderentwicklung einzelner Gruppen wird das 3. Jahrtausend vor Christus angenommen.

1.1.6 Die indogermanischen Sprachen im Überblick

→ Übersicht 1

Die indogermanische Sprachfamilie lässt sich in weitere Sprachen und Sprachzweige untergliedern, von denen hier die wichtigsten mit einer geographischen Orientierung von Westen nach Osten genannt werden:

Keltisch: Der keltische Sprachzweig war früher weit in Europa verbreitet. Man unterscheidet zwischen Inselkeltisch und dem ausgestorbenen Festlandkeltisch. Heutige keltische Sprachen sind das Irische, das Schottisch-Gälische, das Kymrische (in Wales) und das Bretonische.

Italisch: Die bedeutendste alte Sprache dieser Gruppe ist das seit dem 6. Jahrhundert vor Christus belegte Lateinische, die Mundart der Landschaft Latium und der Hauptstadt Rom. Die späteren vulgärlateinischen Dialekte bilden die Grundlage für die heutigen romanischen Sprachen, unter anderem das Französische, Provenzalische, Spanische, Katalanische, Portugiesische, Italienische, Rätoromanische und Rumänische.

Germanisch: → 1.1.2.

Baltisch: Zur baltischen Gruppe gehören das Litauische, das Lettische und das Anfang des 18. Jahrhunderts ausgestorbene Altpreußische.

Slawisch: Der slawische Sprachzweig wird in Westslawisch (Tschechisch, Slowakisch, Polnisch, Sorbisch), Südslawisch (Bulgarisch, Mazedonisch, Serbokroatisch, Slowenisch) und in Ostslawisch (Russisch, Weißrussisch, Ukrainisch) unterteilt. Als wichtige alte slawische Sprache ist das Altkirchenslawische (auch Altbulgarische) zu nennen, das seit dem 9. Jahrhundert überliefert ist.

Albanisch: Außer in Albanien wird die albanische Sprache noch in Sprachinseln in Griechenland und in den angrenzenden Gebieten in Serbien und Mazedonien und in Süditalien gesprochen.

Griechisch: Griechisch ist eine der indogermanischen Sprachen mit alter schriftlicher Überlieferung; sie reicht bis in die Mitte des 2. Jahrtausends vor Christus. Das Neugriechische geht auf eine spätere gemeingriechische Verkehrssprache (Koiné) zurück.

Armenisch: Das Armenische wird unter anderem in Armenien, in der Türkei, im Libanon, in Syrien und im Iran gesprochen.

Iranisch, zum Beispiel Neupersisch, Afghanisch, Kurdisch, Ossetisch und Tadschikisch: Als älteste Sprachen der iranischen Gruppe sind das ab dem 6. Jahrhundert vor Christus belegte Avestische sowie das Altpersische zu nennen.

Indisch: Der indische Sprachzweig enthält heute viele Einzelsprachen, unter denen das Hindi als wichtigste Sprache neben dem Urdu und dem Bengali zu nennen ist. Auch das Romani und seine Einzelsprachen sind indischen Ursprungs. Von großer Bedeutung für die vergleichende Sprachwissenschaft sind aufgrund ihres relativ hohen Alters die altindischen Sprachen, besonders in Form des Sanskrit und des Vedischen, dessen älteste Überlieferung bis in das 2. Jahrtausend vor Christus zurückreicht.

Die indische und die iranische Sprachgruppe werden auch als indo-iranische Sprachgruppe zusammengefasst.

Ausgestorben, aber überliefert, sind folgende indogermanische Sprachen: das Tocharische, das Anfang des 20. Jahrhunderts bei Ausgrabungen im nordwestlichen China entdeckt wurde und in Texten ab dem 6. Jahrhundert nach Christus überliefert ist; das Hethitische, das ebenfalls Anfang des 20. Jahrhunderts bei Ausgrabungen in der Türkei entdeckt wurde und derzeit die indogermanische Sprache mit den ältesten schriftlichen Belegen ist (seit dem Anfang des 2. Jahrtausends vor Christus).

Ferner gibt es eine Reihe von indogermanischen Sprachen, die nur eine geringe Überlieferung aufweisen oder nur erschlossen werden können, wie etwa das nur spärlich überlieferte Illyrische auf dem Balkan.

1.1.7 Die Sprachen Europas im Überblick

Die obige Zusammenstellung der einzelnen Sprachzweige der indogermanischen Sprachfamilie erfasst den größten Teil der in Europa existierenden Sprachen. Es bleiben dabei einige übrig, die nicht indogermanisch sind: Das Ungarische, das Estnische und das Finnische gehören einer anderen Sprachfamilie an, die man finno-ugrisch nennt.

Ferner gehören Türkisch, Aserbeidschanisch und Usbekisch als Turksprachen in die altaische Sprachfamilie. In der weiteren Umgebung Europas sind noch die semitische Sprachfamilie (mit dem Hebräischen und Arabischen) sowie die kaukasische Sprachgruppe (mit dem Georgischen) zu nennen.

Völlig isoliert steht das Baskische mit ungefähr 650.000 Sprecherinnen und Sprechern in Nordspanien und Südwestfrankreich.

Die Karte Europas zeigt, dass die Sprachen nicht durchweg in geographisch zusammenhängenden Gruppen oder Familien verteilt sind. So ist etwa das Rumänische gegenüber den anderen romanischen Sprachen, das Ungarische gegenüber den anderen finno-ugrischen Sprachen relativ isoliert.

Allgemein kann bei einer Nachbarschaft mit anderen Sprachen jeweils mit Spracheinflüssen und Interferenzen gerechnet werden, durch die sich auch nicht verwandte Sprachen zu Sprachbünden entwickeln können. Eine wichtige Erscheinung sind etwa die Lehnbeziehungen im Bereich des Wortschatzes einer Sprache: Die Übernahme fremden Wortgutes zu verschiedenen Zeiten kennzeichnet so auch die jeweilige Sprache im Rahmen ihrer äußeren Sprachgeschichte, das heißt in ihren kulturellen, politischen und religiösen Beziehungen zu anderen Kulturen (für das Althochdeutsche → 1.2.4). Anderseits ist festzuhalten, dass **Sprachgrenzen** oft nicht mit Staatsgrenzen identisch sind, so dass es Mehrsprachigkeit innerhalb einzelner Staaten geben kann, wie etwa in Italien, der Schweiz, Belgien usw. Die so genannten sprachlichen Minderheiten gehören ebenfalls in diesen Kontext, so etwa Deutsch in Frankreich, Ungarn oder Russland, oder das Sorbische in der Lausitz.

Zusammenfassend sei festgehalten, dass ohne sprachliches, speziell sprachhistorisches Wissen ein Verständnis vergangener und aktueller Probleme innerhalb der politischen und kulturellen Beziehungen zwischen den Ländern nicht vollständig möglich ist.

Aufgabencode: E2

1.2   Erbwort – Lehnwort

1.2.1   Etymologie eines Erbwortes

Der deutsche Wortschatz enthält viele Wörter, die schon im Mittel- und Althochdeutschen vorhanden waren, die auch in der ältesten germanischen Sprache, dem Gotischen, bezeugt sind und die durch Parallelen in anderen indogermanischen Sprachen auch schon für die indogermanische Gemeinsprache vorausgesetzt werden können. Solche Wörter nennt man Erbwörter.

Ein Beispiel ist *Fuß*. Die etymologische Behandlung dieses Wortes in einem Wörterbuch kann diesen Aspekt veranschaulichen. Zugleich wird daran deutlich, wie die lauthistorischen Veränderungen in der Geschichte des Einzelwortes wirken.

> **Fuß**: Die gemeingerm. Körperteilbezeichnung mhd. *vuoʒ*, ahd. *fuoʒ*, got. *fōtus*, engl. *foot*, schwed. *fot* beruht mit verwandten Wörtern in anderen idg. Sprachen auf der Ablautform **pŏd-* von idg. **pĕd-* »Fuß«, vgl. z. B. griech. *poús*, Genitiv *podós* »Fuß« (↑Podium) und lat. *pes*, Gen. *pedis* »Fuß« (s. die Fremdwortgruppe um *Pedal*). Aus dem germ. Sprachbereich gehört hierher auch das unter ↑¹Fessel behandelte Wort. – Im Dt. bezeichnet ›Fuß‹ den untersten Teil des Beines, landsch. auch das ganze Bein (↑Bein), im übertragenen Gebrauch den unteren [tragenden] Teil von etwas (beachte Zusammensetzungen wie ›Bergfuß‹ oder ›Lampenfuß‹). Als Längenmaß ist ›Fuß‹ – im Gegensatz zu engl. *foot* – heute nicht mehr gebräuchlich.

aus: Duden. Herkunftswörterbuch. Etymologie der deutschen Sprache, 3. Auflage Mannheim u.a. S. 244

Der wiedergegebene Ausschnitt ist im Hinblick auf die konsonantischen Verhältnisse aufgrund der 1. und 2. Lautverschiebung verständlich (→ 2.1.1 und 2.1.3). Idg. *p* und *d* wie in lat. *pĕdis*, griech. *podós* erscheinen aufgrund der 1. Lautverschiebung im Germanischen als *f* und *t* wie in got. *fōtus*, engl. *foot*. Germ. *t* wird durch die 2. Lautverschiebung im Althochdeutschen postvokalisch zum Doppelfrikativ, der im

Auslaut vereinfacht ist: ahd. *fuoz.* Zu den ablautenden Wortformen lat. *pēd-is,* griech. *pod-ós* existierte auch eine dehnstufige Variante der *o*-Stufe: **pōd-* (zum Ablaut → 2.2.4). Für das Germanische ist diese Wurzel **pōd-* bestimmend, wie got. *fōtus* zeigt. Durch die althochdeutsche Diphthongierung (→ 2.2.2) entsteht die Form *fuoz.* Zum Neuhochdeutschen tritt dann noch die neuhochdeutsche Monophthongierung von *uo* zu *u:* ein.

1.2.2 Lehnwort und Fremdwort

Die Bezeichnung der aus der indogermanischen Vorstufe des Deutschen übernommenen Wörter als Erbwörter grenzt diese ab von den in historischer Zeit, d. h. nach dem Beginn schriftlicher Überlieferung, aus anderen Sprachen ins Deutsche aufgenommenen Wörtern, den so genannten Lehnwörtern. Dieser Begriff ist von dem des Fremdwortes strikt zu trennen, da beide Begriffe mit ganz verschiedenen Kriterien operieren. Lehnwörter des Deutschen sind zum Beispiel:

Pfeiler	aus lat.	*pilarium*
Pein	aus lat.	*poena*
Lanze	aus altfranz.	*lance*
Liste	aus ital.	*lista*
Porto	aus ital.	*porto*
Kompositum	aus lat.	*compositum*
komponieren	aus lat.	*componere*
Tante	aus franz.	*tante*
Salon	aus franz.	*salon*
Streik	aus engl.	*strike*
Boom	aus engl.	*boom*

Wie die Beispiele zeigen, lässt sich der Begriff Lehnwort unabhängig vom Zeitpunkt der Betrachtung und der Entlehnung anwenden. Das Wort *Tante* war im 17. Jahrhundert zur Zeit seiner Entlehnung Lehnwort und ist es auch noch in heutiger Betrachtung.

Nicht alle genannten Lehnwörter sind aber zugleich auch Fremdwörter. Fremdwörter sind nur solche Wörter, die – bezogen auf einen bestimmten Sprachzustand – fremde Merkmale enthalten. Als fremd kann man Merkmale bezeichnen, die im zentralen System der deutschen Sprache nicht vorkommen.

Beispiele:

der Nasalvokal [õ:] wie in *Salon*
die Graphem-Phonem-Relation <oo> – [u:] wie in *Boom*
die Pluralbildung *-o* → *-i* wie in *Crescendo – Crescendi*
die Pluralbildung *-um* → *-a* wie in *Kompositum – Komposita*

Das Lehnwort *Tante* hat den französischen Nasalvokal verloren und wird somit nach den deutschen Graphem-Phonem-Beziehungen ausgesprochen. Es ist also heute nicht mehr fremd, sondern wurde integriert. Je älter ein Lehnwort im Deutschen ist, umso stärker ist es in der Regel integriert und hat dann viele historische Lautveränderungen mitgemacht.

1.2.3 Etymologie eines Lehnwortes

> **Pfeiler:** Die nhd. Form des Wortes geht über mhd. *pfīlǣre* auf ahd. *pfīlāri* zurück. Das Wort gehört zu einer Reihe von Fachwörtern des römischen Steinbaues, die als Lehnwörter ins Germ. gelangten (vgl. zum Sachlichen den Artikel *Fenster*). Quelle des Lehnwortes (wie z. B. auch für entsprechend niederl. *pijler*) ist mlat. *pilarium, pilarius* »Pfeiler, Stütze, Säule«, eine Weiterbildung von lat. *pila* »Pfeiler«.

aus: Duden. Herkunftswörterbuch. Etymologie der deutschen Sprache, 3. Auflage Mannheim/Leipzig/Wien/Zürich 2001, S. 602

Das Wort *Pfeiler* hat die 2. Lautverschiebung mitgemacht, durch die anlautendes *p*- zu *pf*- wurde (→ 2.1.3). Der übernommene Langvokal ahd., mhd. *ī* wurde in der neuhochdeutschen Diphthongierung zu *ei* (→ 2.2.5). Das Wort wurde als *-ja*-Stamm in die Flexion integriert (→ 3.2.1) und nach dem Muster der *-āri*-Bildungen behandelt. Im Mittelhochdeutschen wurde das auslautende *-e* apokopiert (→ 2.2.3).

1.2.4 Historische Lehnwortschichten

Die Lehnwortliste in Abschnitt 1.2.2 vermittelt bereits im Nebeneinander verschiedener Sprachen und Sachbereiche eine erste Ahnung von der Vielfalt der Lehnwortaufnahmen im Deutschen. Der große Umfang des deutschen Wortschatzes und seine Differenziertheit beruhen zum erheblichen Teil auf der Aufnahme und Integration immer neuer Lehnwörter. Von den allgemeinen historischen, kulturellen und ökonomischen Voraussetzungen hing jeweils ab, aus welchen Sprachen besonders viele Lehnwörter kamen.

Das Nebeneinander von *Pfeiler* und *Pein*, also von zwei Lehnwörtern mit anlautendem lat. *p*, das einmal verschoben ist, einmal nicht, lässt überdies erkennen, dass die lautliche Gestalt des Lehnwortes in chronologischer Hinsicht aufschlussreich sein kann. Lehnwörter, die die 2. Lautverschiebung mitgemacht haben (wie *Pfeiler*), führen jedenfalls in die vordeutsche Zeit römisch-germanischer Kontakte in den römischen Provinzen an Rhein und Donau und den ihnen vorgelagerten Gebieten. Lehnwörter, die die 2. Lautverschiebung nicht mitgemacht haben (wie *Pein*), können erst nach deren Abschluss übernommen worden sein. Entlehnt werden überdies nicht nur einzelne Wörter, sondern ganze Bezeichnungssysteme, wie sich in seiner ganzen Differenziertheit am Beispiel der Wochentagsnamen zeigen lässt.

1.2.5 Die Wochentagsnamen im Deutschen: Etymologie und Sprachgeographie

Innerhalb der deutschen Bezeichnungen für die sieben Tage der Woche ist bereits das standardsprachliche Nebeneinander von *Samstag* im Westen und Süden des deutschen Sprachgebiets und *Sonnabend* im Nordosten auffällig, da wir sonst für jeden Tag nur eine Bezeichnung haben. In den deutschen Dialekten gibt es für den Samstag nicht nur die verschiedenen Lautformen dieser beiden Bezeichnungen wie *Sünnabend, Sonnobend* und *Samstach, Samschdag* usw., sondern im Nordwesten noch eine dritte Bezeichnung *Saterdag* (wiederum in verschiedenen Lautformen). Die Berücksichtigung der Dialekte gibt ein sprachgeographisches Nebeneinander zu erkennen, das nach historischer Erklärung verlangt. Die Einbeziehung benachbarter heutiger Fremdsprachen kann dabei bereits ansatzweise auf Zusammenhänge verweisen: So stellen sich zu nordwestdeutsch *Saterdag* niederländ. *zaterdag* (*z* wie dt. *s* im Anlaut) und engl. *saturday*, und mit dt. *Samstag* vergleicht sich – zumindest im ersten Teil des Wortes – franz. *samedi*.

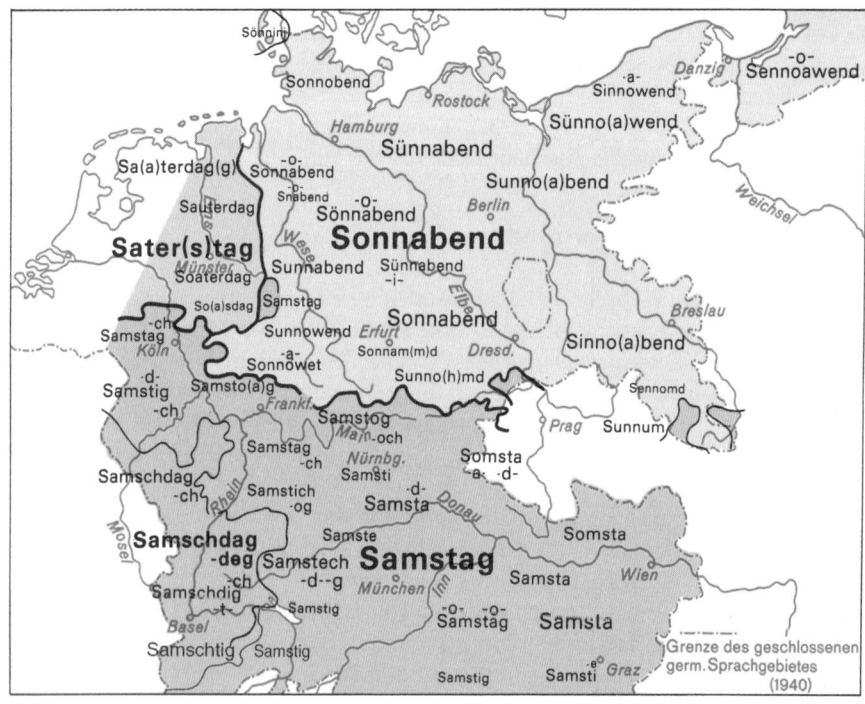

Die Bezeichnungen für *Sonnabend/Samstag* in den Mundarten des ehem. dt. Sprachgebiets (aus: W. König, dtv-Atlas zur deutschen Sprache. München 2007, S. 186)

Wenn wir den wortgeographischen Befund des Deutschen für die ganze Woche zusammenstellen[1], zeigt sich unter Berücksichtigung nichtstandardisierter regionaler Varietäten für weitere Tage ein Nebeneinander mehrerer Bezeichnungen. Dabei wird hier nur der Worttyp berücksichtigt und von den lautlichen Varianten abgesehen.

	Nordwesten	Nordosten	Südwesten	Südosten
Sonntag	*Sonntag*			
Montag	*Montag*			
Dienstag	*Dienstag*		*Ziestag*	*Ertag*
Mittwoch	*Gudensdag*		*Mittwoch*	
Donnerstag	*Donnerstag*			*Pfinztag*
Freitag	*Freitag*			
Samstag	*Saterdag*	*Sonnabend*	*Samstag*	

Ertag und *Pfinztag* sind ausschließlich im Südosten verbreitet und gehören zu den sogenannten bairischen Kennwörtern. *Ziestag* kommt demgegenüber nur im Südwesten vor und ist ein alemannisches Kennwort. *Gudensdag* ist wie *Saterdag* nur noch resthaft im Nordwesten belegt und vergleicht sich trotz des anlautenden *g* mit ndl. *woensdag* (*oe* wird als langes *u* gesprochen). *Dienstag* entspricht ndl. *dinsdag*, während *Ziestag* mit Verschiebung von *t* zu *z* dem engl. *tuesday* entspricht. Bair. *Ertag* und *Pfinztag* haben keine germanischen Parallelen. Die übrigen Bezeichnungen haben durchgehend germanische Entsprechungen: ndl. *zondag, maandag, donderdag, vrijdag*, engl. *sunday, monday, thursday, friday*.

---

1 Dazu vergleiche man die entsprechenden Karten bei Werner König, dtv-Atlas zur deutschen Sprache.

Erhellend ist nun ein Vergleich mit romanischen Sprachen und ihrer Grundlage, dem Lateinischen:

	Französisch	Italienisch	Lateinisch
Sonntag	*dimanche*	*domenica*	*dies Solis*
Montag	*lundi*	*lunedi*	*dies Lunae*
Dienstag	*mardi*	*martedi*	*dies Martis*
Mittwoch	*mercredi*	*mercoledi*	*dies Mercurii*
Donnerstag	*jeudi*	*giovedi*	*dies Iovis*
Freitag	*vendredi*	*venerdi*	*dies Veneris*
Samstag	*samedi*	*sabato*	*dies Saturni*

Innerhalb der romanischen Sprachen sind die Bezeichnungen von Montag bis Freitag klar als Fortsetzer der lateinischen erkennbar, die auf den Namen von Göttern und zugleich Gestirnen beruhen: Luna (Mond), Mars, Merkur, Jupiter, Venus. Für den Samstag und den Sonntag bewahren die romanischen Sprachen nicht die Namen der Götter und Gestirne Saturn und Sol (Sonne), sondern es liegen die späteren christlichen Bezeichnungen *dies dominica* ›Herrentag‹ und *sabbatum* ›Sabbat‹ zugrunde. Die ursprüngliche römisch-lateinische Woche beruht wie die parallel gebaute altgriechische Woche auf der orientalischen, insbesondere babylonischen Woche, in der die Zuordnung der Tage zu Gestirnen und Gottheiten angelegt war. Die Götter wurden bei der Übernahme jeweils entsprechend ihren Attributen und Funktionen ersetzt, was bei der Sonnen- und der Mondgottheit ein bloßer Wortersatz war.

Die deutschen Bezeichnungen (und ihre germanischen Entsprechungen) *Sonntag, Montag, Donnerstag, Freitag* sind deutlich als Nachbildungen der lateinischen Bezeichnungen erkennbar:[2] Bei *Sonntag* und *Montag* liegen die Wörter *Sonne* und *Mond* zugrunde, wie an den althochdeutschen Formen noch besser zu sehen ist: *sunnuntag* zu *sunna*, *mānetag* zu *māno*. Dem römischen Jupiter wurde in der Bezeichnung des Donnerstag der germanische Gott Donar gleichgesetzt (ahd. *toniristac*), der römischen Venus die germanische Göttin Freya (ahd. *frīadag*). Da dem römischen Mars der germanische Tiw, ahd. *Ziu*, entsprach, stellen sich auch engl. *tuesday* und alem. *Ziestag* in diesen Zusammenhang. Dasselbe gilt von engl. *wednes-*

---

2 Im Einzelnen vergleiche man die entsprechenden Wortartikel in den etymologischen Wörterbüchern des Deutschen.

day, ndl. *woensdag*, dt. *Gudensdag*, da dem römischen Merkur der germanische Gott Wotan entsprach. Die germanische Nachbildung der römisch-lateinischen Woche fällt demnach in die Zeit vor der Christianisierung der Germanen, und zwar wegen der noch heidnisch-römischen Bezeichnung des Sonntags als *dies Solis* und des Samstags als *dies Saturni* vor das 4. Jahrhundert. In den ersten Jahrhunderten der römischen Kaiserzeit ist für die römischen Rheinprovinzen Ober- und Niedergermanien von einem intensiven kulturellen und wirtschaftlichen Kontakt der dort angesiedelten und der benachbarten germanischen Stämme mit den Römern auszugehen, dem eine große Fülle von lateinischen Lehnwörtern zu verdanken ist. Die für das Markt- und Rechtswesen und für das Militär verwendeten römischen Tagesbezeichnungen wurden durch Lehnübersetzungen nachgebildet, außer beim Samstag, wo der Name des römischen Gottes *Saturn* direkt entlehnt wurde. Für die Bezeichnung *Dienstag*, ndl. *dinsdag* ist im gleichen historischen Zusammenhang von einem Beinamen des eigentlich namengebenden Mars als *Mars Thingsus* auszugehen, in dem das germanische Wort für Gericht *Thing*, ahd. *ding* steckt.

Mit den bairischen Bezeichnungen *Ertag* und *Pfinztag* werden wir in griechisch-gotisch-bairische Zusammenhänge des 5./6. Jahrhunderts geführt, in denen die zunächst im griechischen Balkanraum siedelnden Ostgoten mit ihrem von Theoderich in Norditalien und im Alpenraum begründeten Reich Nachbarn der Baiern waren. Die griechische Bezeichnung des Dienstag nach Ares (dem römischen Mars entsprechend) konnte bei den Goten als Bezeichnung nach dem für ihre arianische Form des Christentums namengebenden Bischof Arius verstanden werden. Ein gotisches **arjausdags* konnte mit **Umlaut** des *a* zu *e* im Deutschen zu Formen wie *Ertag* führen. Für *Pfinztag* wird freilich auf die griechische Tageszählung des Donnerstag als fünfter Tag zurückgegriffen; griech. *pémptē hēméra* hätte mit Ersatz von *hēméra* durch *dags* über got. **pintadags* ahd. *pfinztag* ergeben.

Einer ebenfalls etwas jüngeren, bereits christlichen Schicht gehört die auf das Deutsche beschränkte Bezeichnung *Samstag* an. Die ahd. Form *sambaztag* lässt noch deutlich erkennen, dass als Erstbestandteil des Kompositums eine voralthochdeutsche Form *sambatum* anzusetzen ist, die in der Tat als Variante zu dem aus dem Hebräischen stammenden *sabbatum* vorkommt, und zwar insbesondere in der westlichen Nachbarschaft zum späteren Deutschen, wo ja auch franz. *samedi* eine -*m*-Form zeigt, während ital. *sabato* und span. *sabado* dieses *m* nicht haben.

Erst in althochdeutscher Zeit sind die Bezeichnungen *Mittwoch* und *Sonnabend* entstanden. *Sonnabend*, ahd. *sunnūnāband*, wird als Klammerform aus ›Sonn(tag-Vor)abend‹ erklärt; es ist wohl einem altenglischen Wort nachgebildet und seit dem 9. Jahrhundert belegt. Ahd. *mittawehha* ist erst seit dem 11. Jahrhundert belegt, es handelt sich wohl um eine Lehnübersetzung von lat. *media hebdomas* ›Wochenmitte‹; das ursprünglich feminine Substantiv passt sich dann im Genus den übrigen Bezeichnungen an.

Die Erklärungen der einzelnen Wörter sind unterschiedlich sicher und überzeugend. An der römisch-heidnischen Grundlage besteht kein Zweifel. Soweit der Ersatz der entsprechenden germanischen Bezeichnungen, beispielsweise ›Wotanstag‹ durch *Mittwoch*, aus dem Bestreben erklärt wird, heidnische Vorstellungen zu beseitigen, lassen solche Erklärungen den Fortbestand des ebenso heidnischen ›Donartag‹ unerklärt.

Aufgabencode: E3

1.3   Vielfalt des Althochdeutschen

1.3.1   Grenzen und Gliederung des Althochdeutschen

Die zeitliche Begrenzung des Althochdeutschen ergibt sich für den Beginn von selbst aus dem Einsetzen der schriftlichen Überlieferung in der Volkssprache zu Beginn des 8. Jahrhunderts. Das Ende der althochdeutschen Periode wird von der Sprachgeschichtsforschung unter Anwendung (inner)sprachlicher Kriterien festgelegt. Im Allgemeinen wird dieses Ende und zugleich der Anfang des Mittelhochdeutschen in die Mitte des 11. Jahrhunderts gesetzt. Es versteht sich von selbst, dass eine Sprache in einem Zeitraum von über drei Jahrhunderten nicht unverändert bleibt. Vielmehr sind in der Phonologie und in der Morphologie deutlich frühalthochdeutsche und spätalthochdeutsche Züge erkennbar.

Das Althochdeutsche ist darüber hinaus auch räumlich gegliedert. Althochdeutsch ist eine Sammelbezeichnung für die kontinentalen westgermanischen Stammesdialekte, die die 2. Lautverschiebung durchgeführt haben. Die nicht verschiebenden Dialekte heißen Altniederfränkisch, Altsächsisch und Altfriesisch. In den althochdeutschen Dialekten wurde die 2. Lautverschiebung teilweise unterschiedlich durchgeführt (→ 2.1.3). Es gibt ferner Dialektunterschiede in der Flexion und im Wortschatz. Da für die schriftliche Verwendung der Volkssprache keine schriftsprachlichen Normen existierten, wurden die regionalen Varianten der Volkssprache verschriftet. Dabei ist in der Regel der Sprachstand des Entstehungsortes eines Werkes dominierend. So schrieb Otfrid († nach 870) in Weißenburg Südrheinfränkisch, Notker III. von St. Gallen († 1022) in St. Gallen Alemannisch. Das Zusammenwachsen der Dialekte auf der geschriebenen Ebene, die Ausbildung übergreifender **Schreibsprachen** und einer einheitlichen Schriftsprache war eine Aufgabe für Jahrhunderte.

Die althochdeutsche Überlieferung ist darüber hinaus nach Textfunktionen differenziert. Von einer zeilengetreuen Übersetzung des Bibeltextes wie im althochdeutschen Tatian wird man in vieler Hinsicht einen anderen Wortschatz und eine andere Syntax erwarten als von einem im archaischen Stabreimvers tradierten heroischen Lied wie dem Hildebrandslied. Sprachliche Vergleiche innerhalb der althochdeutschen Überlieferung sind daher nur in eingeschränktem Maße möglich.

1.3.2 Ostfränkisch im 2. Viertel des 9. Jahrhunderts

Die ostfränkische Tatian-Übersetzung ist im zweiten Viertel des 9. Jahrhunderts in Fulda in ostfränkischer Schreibsprache entstanden. Aufgrund des relativ einheitlichen Sprachstandes wurde diese Sprache als Grundlage für die Erstellung einer Grammatik des Althochdeutschen genommen. Der Lautstand des Textes (→ 7.1.1 und 7.1.2) lässt sich zunächst nach dem Kriterium der Tenuesverschiebung (→ 2.1.3) von germ. /p, t, k/ als oberdeutsch bestimmen. Verschiebung in postvokalischer Stellung liegt vor bei *teof* (T 87,3), *saz* (T 87,1), *ebanbrüchent* (T 87,2). *t* ist auch in den übrigen Stellungen verschoben, zum Beispiel im Anlaut: *zīt* (T 87,1). Dieser Verschiebungsstand bestimmt den Text als hochdeutsch. Anlautendes *p* ist verschoben in *phuzi* (T 87,3), der Text zeigt also oberdeutschen Lautstand. *k* ist im Anlaut nicht verschoben: *couftīn* (T 87,2); der südliche Teil des Oberdeutschen kommt daher für die Herkunft des Textes nicht infrage. Im Hinblick auf germ. /ƀ, đ, g/ bzw. /b, d, g/ zeigt der Tatian-Text folgenden Befund: *betōt* (T 34,6), *ubile* (T 34,6), *gib* (T 34,6) – *tagalihhaz* (T 34,6), *hiutu* (T 34,6), *brōt* (T 34,6) – *giheilagōt* (T 34,6), *burg* (T 87,1). In allen Stellungen treten die Medien als /b, t, g/ auf, die für das Ostfränkische charakteristisch sind. Die Produkte der althochdeutschen Diphthongierung (→ 2.2.2) schließlich erscheinen im Tatian als <ie> und <uo>, was wiederum zum Ostfränkischen passt: *giengun* (T 87,2), *muos* (T 87,2).

1.3.3 Rheinfränkisch am Ende des 9. Jahrhunderts

Das zwischen dem 3. August 881 (Sieg Ludwigs III. über die Normannen bei Saucourt) und dem Tod des Titelhelden, den der Text in den Eingangsversen noch als Lebenden preist (›Ich kenne einen König, er heißt Ludwig‹), am 5. August 882 entstandene ›Ludwigslied‹ (→ 7.1.4) weist eine Reihe von lautlichen Merkmalen auf, die seine sprachgeographische Situierung im Rheinfränkischen (mit mittel- und niederfränkischen Spuren) wahrscheinlich machen. In wortinitialer Position wird germ. /Þ/ noch durchweg als <th> notiert: *ther* (L 2a), *thaz* (L 7a), *thanana* (L 15b), aber auch in wortfinaler Stellung steht noch häufig <th>: *uuarth* (L 3a). In der wesentlich älteren Tatian-Bilingue steht am Wortanfang vereinzelt bereits <d>: *der* (T 87,1), gleichwohl dominiert insgesamt noch <th>: *ther* (T 87,3).

Die Medienverschiebung (→ 2.1.3) des Dentals findet nur ganz vereinzelt graphischen Niederschlag: *truhtīn* (L 4a), *trōstet* (L 32a), in der Regel stehen Schreibungen, die auf für das Westmitteldeutsche charakteristische unverschobene dentale Media in An- und Inlaut verweisen: *gode* (L 2a), *thancōdun* (L 29a), *duon* (L 25b), *dōt* (L 26a).

Die Verschiebung der dentalen Tenuis germ. /t/ ist postvokalisch ausnahmslos durchgeführt: *heiszit* (L 1b), *thaz* (L 19b). Die Verschiebung in Kleinwörtern wie *thaz* schließt eine Zuweisung des Textes zum Mittelfränkischen aus, wo germ. /t/ in *dat*, *it* usw. unverschoben auftritt. Die postkonsonantische Verschiebung der labialen Tenuis germ. /p/ ist ebenfalls durchgeführt: *hilph* (L 23b), *sigikamf* (L 56b). Die Verschiebung in postliquider Position schließt eine Zuordnung zum Ripuarischen aus.

Auffällig ist eine gewisse Häufung etymologisch nicht erklärbarer initialer *h*-Graphien: *heigun* (L 24a) statt *eigun*, *hiu* (L 32a u. ö.) statt *iu*, *hio* (L 58a) statt *io*. Hierbei handelt es sich um romanische Graphieinterferenzen, der Text ist aller Wahrscheinlichkeit nach in Flandern entstanden.

1.3.4 Bairisches Spätalthochdeutsch

Die Übersetzung von Psalm 138 (→ 7.1.5) ist Anfang des 10. Jahrhunderts im bairischen Sprachgebiet, möglicherweise in Freising, entstanden und weist eine Reihe lautlicher und morphologischer Charakteristika auf, die schon auf die spätere Entwicklung zum Mittelhochdeutschen hindeuten (→ 2.2.5). So ist zwar nicht durchgehend, aber doch in einer Reihe von Fällen die Abschwächung der Nebensilbenvokale zu *-e-* zu konstatieren: *gruozte* (Ps 2b) statt *gruozta*, *chērte* (Ps 7a) statt *chērta*. **Apokope** liegt vor in *far* (Ps 13a) statt *faru*; für das 10. Jahrhundert charakteristisch ist die Senkung von *-u* zu *-o* in der 1. Singular Indikativ Präsens in *ginīgo* (Ps 6b) statt *ginīgu*, *nespricho* (Ps 10b) statt *nesprichu*. Auslautverhärtung liegt vor in *iogiuedrehalp* (Ps 22b) und *lant* (Ps 35a). Die Endung der 2. Singular Indikativ Präsens lautet bereits *-st* statt *-s* in *hapēst* (Ps 9a).

Die Zuweisung zum Bairischen erfolgt zum einen aufgrund durchgeführter Medienverschiebung von germ. /b/ zu /p/ im Anlaut: *pin* (Ps 3b), *gipot* (Ps 10a), zum anderen aufgrund der Durchführung der Tenuesverschiebung von germ. /k/ zur **Affrikata** in Anlaut und postkonsonantischer Position: *chērte* (Ps 7a u. ö.), *gidanchun* (Ps 5a).

Überblicksartig lassen sich die Unterschiede zwischen Ostfränkisch, Rheinfränkisch und Bairisch folgendermaßen zusammenfassen:

germ. Phonem	Ostfränkisch (Tatian)	Rheinfränkisch (Ludwigslied)	Bairisch (Psalm 138)
þ	*der* (87,1) *ther* (87,3)	*ther* (2a)	*des* (27a)
d	*tagalihhaz* (34,6)	*duon* (25b)	*tuon* (20a)
b	*bis* (34,6)	*bruoder* (8a)	*pin* (3b)
k im Anlaut	*couftīn* (87,2)	*kuning* (46a)	*chērte* (7a)
k postnasal	*trinkan* (87,3)	*urankōn* (6a)	*gidanchun* (5a)

1.3.5 Schriftlichkeit im frühen Mittelalter

Das Althochdeutsche ist seit seinen Anfängen im 8. Jahrhundert in Form einer vielfältigen schriftlichen Überlieferung erhalten. Die sprachgeschichtliche Erforschung dieser Texte muss auch ihren historischen Kontext, ihre allgemeinen Entstehungsbedingungen mit berücksichtigen, um ein möglichst umfassendes Textverständnis zu erreichen. Die Analyse der Entstehung dieser Texte ist mit der Frage nach den Funktionen der Schriftlichkeit im Mittelalter, nach den Entstehungsorten, den Überlieferungsformen und den Überlieferungsinhalten verknüpft.

a) Die Rolle des Lateinischen
Die Bedürfnisse an Schriftlichkeit im frühen Mittelalter, also etwa während der Regentschaft Karls des Großen (768–814), können einerseits anhand der überlieferten Textsorten und Textinhalte erschlossen werden. Anderseits lassen sich erste Überlegungen anhand allgemeiner Rahmenbedingungen entwickeln: Das Christentum ist wie die jüdische Religion und wie der Islam eine Buchreligion und somit von seinem Wesen her auf Schriftlichkeit angewiesen. Schriftliche Tradition ist notwendig in erster Linie für den Text der Bibel selbst, ferner für die Liturgie des Gottesdienstes. Hinzu kommen die Texte des Kirchenrechts. Eine weitere wichtige Rolle spielen die Kommentierung der Bibel und theologische Wissenschaft überhaupt. Alle diese Texte wurden in lateinischer Sprache tradiert, der gemeineuropäischen Schriftsprache des Mittelalters, die auch in der Überlieferung des Christentums in den oben erwähnten Textsorten vorherrschend war. Das bedeutet etwa, dass auch die Bibel in lateinischen Übersetzungen weiter tradiert wurde, von denen sich die auf Hieronymus (Ende des 4. Jahrhunderts) zurückgehende Übersetzung, die so genannte Vulgata, allmählich durchsetzte.

Aus der Latinität des mittelalterlichen europäischen Christentums ergibt sich unmittelbar die Notwendigkeit des Unterrichts der lateinischen Sprache. Zu diesem Zweck sind Grammatiken, Glossare und entsprechende Lektüretexte notwendig. Als Schultexte werden auch bestimmte antike und spätantike Autoren gelesen, die entsprechend in der mittelalterlichen Überlieferung tradiert sind.

Außerhalb des religiösen Zusammenhangs sind ferner – ebenfalls in Latein – Rechtstexte schriftlich überliefert. Auch das mündliche germanische Rechtswesen wird unter antikem Einfluss verschriftlicht (man vergleiche die verschiedenen Stammesrechtstexte, wie die ›Lex Ribuaria‹, ›Lex Alamannorum‹ usw.). In rechtlichem Zusammenhang sind auch die zahlreichen lateinischen Urkunden zu sehen, in denen etwa Schenkungen von Grundbesitz dokumentiert werden.

b) Sprache und Schrift, Material und Form
Die erwähnten lateinischen Texte wurden in der lateinischen Alphabetschrift geschrieben. Diese Tatsache ist insofern nennenswert, als hiermit auch eine Grundlage für die Verwendung dieser Schrift für die einzelnen europäischen Volkssprachen, etwa für das Althochdeutsche, gelegt wird. Hieraus ergeben sich bis heute

orthographische Probleme, da der Buchstabenvorrat des Lateinischen den Lautvorrat etwa des Deutschen nur unvollständig wiedergeben kann (eine geläufige Lösung stellt die Verwendung diakritischer Zeichen wie des Tremas zur Kennzeichnung des Umlauts in *ä, ö, ü* dar).

Unter schriftgeschichtlichem (paläographischem) Aspekt ist die Zeit Karls des Großen wichtig. Sie wirkt in ihrem Bemühen um Ausgleich und Anknüpfung an antike Vorbilder auch auf das Schriftwesen: Es wird hier eine an antike Vorbilder anknüpfende Kleinbuchstabenschrift entwickelt, die die verschiedenen regionalen Varianten der lateinischen Schrift ablöst. Diese als karolingische Minuskel bezeichnete Schrift ergibt einen bis ins 12. Jahrhundert relativ einheitlichen, auch heute noch gut lesbaren Schrifttypus in den überlieferten Handschriften. Wichtig für die althochdeutsche Zeit ist außerdem die bis ins 9. Jahrhundert stellenweise verwendete angelsächsische Minuskel, die die aus England kommenden Missionare (wie etwa Bonifatius, † 754) in ihren Handschriften mitbrachten und dementsprechend weitervermittelten.

Als Beschreibstoff ist im frühen und hohen Mittelalter das Pergament vorherrschend; die regelmäßige Verwendung und die Herstellung von Papier setzten im deutschen Sprachgebiet erst im späten 14. Jahrhundert ein. Das aus Tierhäuten gewonnene Pergament war relativ kostbar. Die Pergamentstücke wurden zu gleichen Formaten zugeschnitten, in Doppelblättern zu Lagen ineinander gelegt und mit Fäden geheftet. Nach der Beschriftung wurden sie eingebunden, etwa zwischen zwei Holzdeckeln, die je nach Funktion der Handschrift mehr oder weniger geschmückt sein konnten. Ein solcher Pergamentband wird Codex genannt.

Die Herstellung einer Handschrift war aufwändig und vor allem zeitraubend. Die einzelnen Exemplare eines Textes stimmen aufgrund der manuellen Herstellung natürlich auch niemals so genau überein, wie es mit der Vervielfältigungsform des Buchdrucks ab der zweiten Hälfte des 15. Jahrhunderts möglich wurde.

c) Schreiber, Skriptorien, Bibliotheken

Die Frage nach den Schreibern im frühen Mittelalter beantwortet sich aus den überwiegend kirchlich-religiösen Funktionen der Schriftlichkeit: Die Geistlichen an den Bischofssitzen und in den (benediktinischen) Klöstern waren Träger der schriftlichen Kultur. Dort gab es die entsprechenden Schulen, in denen die lateinische Sprache gelehrt wurde. Die Bücher für den eigenen Bedarf wurden meist im eigenen Skriptorium, der Schreibstube des Klosters, hergestellt und in der Dom- oder Klosterbibliothek aufbewahrt. Tausch und Ausleihen von Handschriften aus anderen Bibliotheken lieferten die notwendigen Textvorlagen.

Auch die schriftlichen Texte für die staatliche Verwaltung wurden von Geistlichen betreut. Eine nennenswerte Schreib- und Lesefähigkeit von Laien bildet sich erst ab dem 12./13. Jahrhundert allmählich aus, dann mit entsprechenden Folgen für die Geschichte der deutschen Literatur und Sprache.

Wichtige Klöster im karolingischen Gebiet, auch unter dem Aspekt der Erhaltung der Bestände und der Bedeutung für die althochdeutsche Überlieferung, sind unter anderem Echternach, Prüm, Lorsch, Fulda, Weißenburg, Murbach, Reichenau, St. Gallen, Tegernsee, Mondsee. Bedeutende Domschulen und andere wichtige Klöster befanden sich etwa an den Bischofssitzen Köln, Trier, Mainz, Würzburg, Freising, Regensburg, Salzburg und Konstanz (→ Übersicht Nr. 2).

1.3.6 Althochdeutsche Schriftlichkeit. Überlieferungsformen und Überlieferungsinhalte

Vor dem Hintergrund der durchgehend lateinisch geprägten Schriftlichkeit im frühen Mittelalter stellt die schriftliche Niederlegung von volkssprachigen, im deutschen Sprachraum also von althochdeutschen Texten, etwas Besonderes dar. Die folgende Quellenübersicht soll auf die Vielfältigkeit der althochdeutschen Schriftlichkeit und die funktionale Bedeutung der hauptsächlichen Überlieferungsformen aufmerksam machen und dabei die wichtigsten Textzeugen nennen. Die Reihenfolge der aufgeführten Überlieferungstypen weist teilweise allgemeine Entwicklungslinien auf, jedoch ist sie nicht als rein chronologische Ordnung zu verstehen. Viele, besonders auch frühe Überlieferungsformen, wie etwa die althochdeutsche Glossographie, bleiben über den ganzen Überlieferungszeitraum erhalten.

a) Inschriften
Germanische Inschriften auf Stein, Waffen oder Schmuck sind ab dem 6. Jahrhundert bezeugt. Sie wurden vorwiegend in **Runen** geschrieben und sind hauptsächlich im skandinavischen Raum überliefert. Die Runenschrift ist funktional und zeitlich beschränkt und diente nicht der Herstellung geschriebener Mitteilungen in einem weiteren Rahmen. Im deutschen Sprachraum sind einige Runeninschriften überliefert (6. bis 8. Jahrhundert), von denen die meisten noch nicht als althochdeutsch bezeichnet werden können. Später sind auch Inschriften in lateinischer Schrift (etwa eine kölnische aus dem 9. Jahrhundert) bekannt.

b) Althochdeutsche Wörter in lateinischen Texten
Eine große Anzahl von volkssprachigen Wörtern ist in lateinischen Texten des frühen Mittelalters eingebettet, entweder in althochdeutscher Form oder mit lateinischen Endungen versehen. Dieser Quellentyp begegnet vor allem in solchen Texten, wo die althochdeutschen Wörter streng mit ganz bestimmten Bedeutungen verbunden und somit nicht übersetzbar sind. Dies ist vor allem im Bereich des Rechtswortschatzes der Fall, wo volkssprachige Ausdrücke mit rechtlicher Qualität unmittelbar wiedergegeben werden. Quellen sind dementsprechend die verschiedenen lateinischen Rechtstexte oder Urkunden, vor allem die Stammesrechte. So steht etwa in der ›Lex Alamannorum‹ folgende Stelle über den Meuchelmord: *Si quis [homo] hominem occiderit, quod Alamanni mortaudo dicunt, ...* (›Wenn einer einen Mann totschlägt, was die Alemannen *mortaudo* nennen‹).

c) Althochdeutsche Namen

Die althochdeutsche Namenüberlieferung ist sehr umfangreich; sie umfasst mehrere Zehntausende von Belegen. Neben der Überlieferung in Inschriften oder in anderen althochdeutschen Texten wie literarischen Denkmälern sind Namen besonders in spezifischen Quellenformen erhalten: Geographische Namen stehen oft in Texten, die Festlegungen beziehungsweise Änderungen des Besitzverhältnisses enthalten, also in Urkunden oder Reichsgutsurbaren.

Personennamen kommen ebenfalls in Urkunden vor, etwa als Namen von Schenkern, Zeugen usw. Ferner gibt es eine außerordentlich umfangreiche Namenüberlieferung im klösterlichen Zusammenhang: Nekrologe, Mönchslisten zur Gebetsverbrüderung und Professbücher sind reich an namenkundlichem Material.

d) Althochdeutsche Glossen und Glossare

In Zusammenhang mit der Lektüre, dem Studium und der Übersetzung lateinischer Texte in den Kloster- und Domschulen sind einzelne althochdeutsche Wörter oder Wortgruppen als Einträge am Rand oder zwischen den Zeilen in die lateinischen Handschriften geschrieben worden, ganz ähnlich dem heutigen Vorgehen vieler, wenn sie einen Text studieren oder einen fremdsprachigen Text lesen und sich dabei Notizen im Buch machen. Diese lateinischen Texten hinzugefügten Wörter nennt man Glossen. Bisher sind ungefähr 1300 Handschriften bekannt, in die ein oder mehrere althochdeutsche Wörter eingetragen sind. Teilweise gibt es Handschriften mit mehreren Hunderten oder Tausenden von Glossen. Die althochdeutschen Glossen beziehen sich in der Regel auf bestimmte Wörter des lateinischen Textes, oft in Form einer Übersetzung oder Erläuterung des betreffenden lateinischen Wortes. Das lateinische Wort wird Lemma genannt, die althochdeutsche Glosse ist das Interpretament.

Je nachdem, wo die Glossen in der Handschrift stehen, unterscheidet man Interlinearglossen (zwischen den Zeilen eingetragene Glossen) und Marginalglossen (Randglossen). Die Glossen sind meistens wie der Haupttext mit Feder und Tinte in die Handschrift eingetragen, sie können aber auch mit einem Rötel geschrieben oder mit einem Griffel in das Pergament eingeritzt sein. Griffelglossen sind dementsprechend schwer entzifferbar.

Glossen zu bestimmten Texten können als Wortlisten herausgezogen und zu Glossaren vereinigt werden. Glossare existierten auch schon im Lateinischen als Synonymenwörterbücher. Ein frühes Zeugnis althochdeutscher Überlieferung stellt der so genannte ›Abrogans‹ dar, die Übersetzung eines spätantiken lateinischen Synonymenwörterbuchs, die in drei Handschriften vom Ende des 8. beziehungsweise Anfang des 9. Jahrhunderts überliefert ist. Auch lateinische enzyklopädische Glossare und Sachwörterbücher sind erhalten, zum Teil mit althochdeutscher Glossierung. Als wichtiges Sachglossar der althochdeutschen Überlieferung sei hier der ›Vocabularius Sancti Galli‹ (Handschrift vom Ende des 8. Jahrhunderts in St. Gallen) genannt.

e) Althochdeutsche Übersetzungen

Von der mehr oder weniger umfangreichen interlinearen Glossierung lateinischer Handschriften bis zur durchgehenden interlinearen Übersetzung gibt es einen stufenlosen Übergang. Neben der interlinearen Übersetzung gibt es dann auch Handschriften, die mit einer zweispaltigen Anlage für den lateinischen und den deutschen Text versehen sind (zum Beispiel die althochdeutsche Tatian-Bilingue).

Viele Übersetzungen dienen dem erklärten, von Karl dem Großen zum Beispiel in der ›Admonitio generalis‹ von 789 geforderten Zweck der religiösen Unterweisung der Laien. In diesem Kontext sind die Übersetzungen des Vaterunsers, des Glaubensbekenntnisses, von Beichten und anderen Gebeten sowie von Predigten zu sehen.

Deutlich im Klosterzusammenhang steht die althochdeutsche (interlineare) Übersetzung der Benediktinerregel (1. Hälfte des 9. Jahrhunderts).

Ferner existieren Übersetzungen der Bibel (zum Beispiel Psalmenübersetzungen wie Psalm 138; → 7.1.5) und Texte zur Bibelerklärung. Ein Beispiel ist die althochdeutsche Übersetzung der Evangelienharmonie des Syrers Tatian (2. Jahrhundert) nach einer weit verbreiteten lateinischen Fassung (→ 7.1.1 und 7.1.2). Sie ist sicher nicht für die Laienunterweisung bestimmt, sondern im Klosterzusammenhang zu sehen, jedoch dort wohl kaum als Schulbuch, sondern im Kontext mehrsprachiger Bibelphilologie.

Ein weiteres wichtiges Übersetzungswerk stellt die althochdeutsche Fassung einer theologischen Abhandlung von Bischof Isidor von Sevilla († 636) über die Trinität dar; sie ist in einer Handschrift von der Wende des 8. zum 9. Jahrhundert überliefert und war vielleicht zum Vortrag auf einer Reichsversammlung am Ende des 8. Jahrhunderts bestimmt, die sich mit aktuellen Kontroversen um die Trinität befasste und an der auch des Lateinischen unkundige Adlige teilnahmen.

Eindeutig von der Klosterschule her motiviert ist das große Übersetzungswerk von Notker III. von St. Gallen († 1022), das die wichtigsten Bereiche des mittelalterlichen Bildungsgutes widerspiegelt und auch die erste wissenschaftliche Prosa des Deutschen darstellt. Unter anderem übersetzte Notker den Psalter und Boethius' ›De consolatione philosophiae‹.

f) Althochdeutsche Dichtung

Die Überlieferungsinhalte althochdeutscher Dichtung sind vorwiegend christlich-religiös geprägt.

Sprachhistorisch von Bedeutung ist die Tatsache, dass neben der mündlichen Tradierung die Volkssprache in althochdeutscher Zeit auch als Sprache der Dichtung in schriftlicher Form verwendet wird. Teilweise geschieht dies sogar mit expliziter Begründung. So betitelt der Mönch Otfrid von Weißenburg im Elsass das erste Kapitel seines um 870 entstandenen Evangelienbuches *Cur scriptor hunc librum theotisce dictaverit* (›Warum der Autor dieses Buch in der Volkssprache geschrieben hat‹). In diesem einleitenden Kapitel erläutert Otfrid die Gründe seiner Verwendung der Muttersprache, indem er unter anderem auf die Vorzüge der Volkssprache, auf die Griechen und Römer sowie deren literarische Tradition hinweist.

Otfrids von Weißenburg Evangelienharmonie (→ 7.1.3) ist die erste große Endreimdichtung in deutscher Sprache. Der Endreim ist im Gegensatz zum Stabreim keine ursprüngliche germanische Versform; seine Verwendung in der volkssprachigen Dichtung geht auf den Einfluss der christlichen lateinischen Dichtung zurück.

Neben dem Werk Otfrids ist als Bibeldichtung in Endreimform auch das Gedicht ›Christus und die Samariterin‹ zu nennen, das in einer Handschrift aus der Mitte des 10. Jahrhunderts überliefert ist.

Andere religiöse Dichtungen in Endreimvers sind zum Beispiel das ›Petruslied‹ und das ›Georgslied‹, die beide aus dem späten 9. Jahrhundert stammen und Heiligen gewidmet sind; Fürstenpreis in christlicher Tradition überliefert das ›Ludwigslied‹ (Ende 9. Jahrhundert; → 7.1.4). Politischen Inhalt in althochdeutsch-lateinischer Mischsprache bietet die Endreimdichtung ›De Heinrico‹ (um 1000), die wohl die Begegnung Kaiser Ottos III. mit Herzog Heinrich dem Zänker schildert.

In der germanisch tradierten Form des auf Alliteration beruhenden Stabreimverses sind zwei christliche Dichtungen vom Weltanfang (›Wessobrunner Schöpfungsgedicht‹, Anfang 9. Jahrhundert) und vom Weltende (›Muspilli‹, zweite Hälfte 9. Jahrhundert) überliefert. Ebenfalls in Stabreimform verfasst sind der altsächsische ›Heliand‹ (eine Evangelienharmonie aus der Mitte des 9. Jahrhunderts) und die ›Altsächsische Genesis‹ (Mitte 9. Jahrhundert).

In (teilweise bereits zerfallener) Stabreimform ist auch das um 830 in Fulda in althochdeutsch-altsächsischer Mischsprache aufgezeichnete ›Hildebrandslied‹ niedergeschrieben, das einzige erhaltene Zeugnis der altgermanischen, mündlich tradierten Heldendichtung in der deutschen Literatur.

Neben den erwähnten Texten gibt es noch eine ganze Reihe kleinerer Denkmäler, wie etwa Zaubersprüche, Segenssprüche und Sprichwörter oder die Basler (medizinischen) Rezepte.

g) Schreibformen und Schreibnormen

Die althochdeutsche Überlieferung ist, wie auch die mittelhochdeutsche, dadurch charakterisiert, dass es noch keine überregionale einheitliche Schriftsprache gibt, geschweige denn eine geregelte orthographische Norm. Die Schriftlichkeit ist daher prinzipiell von den lokalen und regionalen Besonderheiten der Sprache geprägt. Man geht in der Regel davon aus, dass die geschriebene Form des Althochdeutschen in einem klösterlichen Skriptorium auch der gesprochenen Volkssprache des Ortes und der jeweiligen Landschaft entspricht. So schrieb zum Beispiel ein im alemannischen Bereich geborener, später in Tegernsee wirkender Klosterlehrer Froumund um 990/993 in Köln althochdeutsche Glossen in charakteristischer kölnischer Sprachform ab.

Aufgabencode: E24

1.4 Varianz des Mittelhochdeutschen

1.4.1 Das Normalmittelhochdeutsche der Textausgaben

Die Arbeitsbuchkapitel zur mittelhochdeutschen Phonologie, Morphologie und Syntax stützen sich auf sprachliches Material, wie es die im universitären Unterricht verwendeten Textausgaben präsentieren. So wird das ›Nibelungenlied‹ zumeist in der Textgestalt jener allgemein als maßgeblich betrachteten Edition zitiert, die im 19. Jahrhundert von Karl Bartsch (1832–1888) begründet und im 20. Jahrhundert von Helmut de Boor (1891–1976) weitergeführt wurde.

NL 979
Bartsch/de Boor

Der brunne der was küele,	*lûter unde guot.*
Gunther sich dô neicte	*nider zuo der fluot.*
als er het' getrunken,	*dô riht er sich von dan.*
alsam het ouch gerne	*der küene Sîfrit getân.*

Im Bereich der Vokalgraphie weist die Ausgabe Bartsch/de Boor eine klare Trennung in Kurzvokalschreibung (einfacher Vokalbuchstabe: *brunne* [979,1a]), Langvokalschreibung (einfacher Vokalbuchstabe mit Zirkumflex: *lûter* [979,1b]), Diphthongschreibung (zwei Vokalbuchstaben: *guot* [979,1b]) und Umlautschreibung (Vokalbuchstabe mit Trema: *küele* [979,1a]) auf, wie wir sie auch aus der normierten Orthographie des Standarddeutschen kennen.

Obgleich die Ausgabe von Bartsch/de Boor ausdrücklich auf die Handschrift B (St. Gallen, Stiftsbibliothek Cod. 857) zurückgeht, weicht ihre Graphiepraxis unübersehbar von den Überlieferungsverhältnissen ab.

NL B 976

Der brvnne der was chvle,	*lvter vnd gvt.*
Gvnther sich do neigete	*nider zv dem flvt.*
als er het getrvnchen,	*do riht er sih von dan.*
alsam het ovch het ovch gerne	*der chvne Sifrit getan.*

Es findet sich hier keinerlei graphische Differenzierung der mhd. **Phoneme** /u/, /u:/, /uo/, /üe/, zu deren Bezeichnung unterschiedslos der Buchstabe <v> verwendet wird, dessen Gebrauch als Variante von <u> in den Graphiesystemen des Mittelhochdeutschen geläufig ist (vgl. *brunne* [A 920,1a] neben *getrvnken* [A 920,3a]).

Handschrift A unterscheidet zwar Kurzvokal (einfacher Vokalbuchstabe: *brunne* [A 920,1a]) und Langvokal (einfacher Vokalbuchstabe mit übergeschriebenem Kreis: *lûter* [A 920,1b]), unterscheidet von Letzterem aber nicht den Diphthong (*gût* [A 920,1b]), während der **Umlaut** durch übergeschriebenes <e> markiert wird (*kûne* [A 920,4b]):

NL A 920

Der brunne was kûle,	*lûter vñ gût.*
Gvnther si do neigte	*nider zû der vlût.*
als er hete getrvnken,	*do rihtete er sic von dan.*
alsam het ôch gerne	*der kûne Sifrit getan.*

In Handschrift C schließlich findet sich keine Unterscheidung von Lang- und Kurz-vokal (*brunne* [C 988,1a], *lutter* [C 988,1b]), dafür werden Diphthong und Umlaut aber eindeutig gekennzeichnet (*chv̂le* [C 988,1a] gegenüber *gv̂t* [C 988,1b]):

NL C 988

Der brunne was vil chv̂le,	*lutter uñ gv̂t.*
Gunther sich do legete	*nider zv der flv̂t.*
daz wazzer mit dem munde	*er von der flv̂te nam.*
si gedahten daz ovch Sivrit	*nach im mv̂se tv̂n alsam.*

Im Bereich der Konsonantengraphie variieren die einzelnen Hss. zwar untereinan-der bei der Wiedergabe von germ. /k/, weisen aber für sich genommen jeweils eine konsequente Bezeichnungspraxis auf: A hat (wie Bartsch/de Boor) <k> (*kûle* [A 920,1a]), B und C jeweils <ch> (*chvle* [B 976,1a], *chv̂le* [C 988,1a]). Auffälliger ist eine unterschiedliche Praxis von Ausgabe und Überlieferung bei der Bezeichnung der mhd. **Auslautverhärtung** des Velars: Bei Bartsch/de Boor wird sie berücksich-tigt (*neicte* [979,2a]), in Hs. A. ignoriert (*neigte* [A 920,2a]). Auch im Bereich der Konsonantengraphie ist Varianz innerhalb einer Handschrift zu beobachten, man vergleiche etwa die Varianten der Flexionsform *spranc* in der Hs. B: *sprang* (B 977,3a) gegenüber *spranch* (B 978,2b).

In der Morphologie fällt auf, dass die Regeln zum Auftreten des **Bindevokals** bei schwachen Verben in unterschiedlichem Maße berücksichtigt werden: Die Textaus-gabe sowie die Hss. A und B berücksichtigen in *neicte* (979,2a), *neigte* (A 920,2a) und *legete* (C 988,2a) die Regel ›Bindevokal bei kurzer Wurzelsilbe‹, während *nei-gete* (B 976,2a) diesen trotz langer Wurzel aufweist. Auffällig ist weiterhin Genusva-rianz im Falle von *fluot*, das sowohl als Femininum (Bartsch/de Boor 979,2b; A 920,2b; C 988,2b) als auch als Maskulinum (B 976,2b) vorkommt.

Neben diesen sprachlich-ausdrucksseitigen Differenzen können einzelne Hand-schriften sich auch inhaltlich unterscheiden und damit statt eines einheitlichen Textes, wie ihn die Ausgaben suggerieren, z. T. stark abweichende Fassungen über-liefern. Diese Tendenz ist besonders deutlich bei Gattungen wie der Heldenepik, die ursprünglich mündlich tradiert sind und erst schriftlicher Fixierung unterwor-fen waren, als sich verschiedene Erzählversionen herausgebildet hatten. Im vorlie-genden Fall weist bereits die stark abweichende Strophenzählung darauf hin, dass das ›Nibelungenlied‹ in besonderer Weise von solcher Fassungsvarianz betroffen ist: Handschrift A erzählt im Ganzen knapper als Hs. B, die ihrerseits weniger Stro-phen als Hs. C aufweist. Eine wesentliche Bearbeitungstendenz, die zur quantitativen und qualitativen Profilierung von C, der so genannten *liet*-Fassung, geführt hat, ist auch am vorliegenden Beispiel nachzuvollziehen: Während die Hss. A und B und mit ihnen die Ausgabe (die so genannte *nôt*-Fassung) die Absicht, aus dem Brunnen zu trinken, in die relativ neutrale Form eines beiläufigen Erzählerkommentars kleiden (*alsam het ouch gerne der küene Sîfrit getân* ›der mutige Siegfried hätte es ihnen gern gleichgetan‹), benennt Hs. C hier und anderswo die Beteiligten an dem Komplott, das bekanntlich zu Siegfrieds Tod führen wird: *si*, also Hagen und Gunther, *gedahten daz ovch Sivrit nach im mvse tvn alsam* (C 989,4) ›sie hatten sich überlegt, dass Siegfried es ihm [Gunther] nachtun würde‹.

Das Nebeneinander von inhaltlich divergierenden Textfassungen, die schwankende Realisierung einer grammatischen Kategorie wie Genus in verschiedenen Handschriften oder gar die Varianz von Schreibungen innerhalb einer Handschrift mögen zwar nicht den modernen Erwartungen an Substanz und Form von Texten genügen, sind aber bei näherer Betrachtung durchaus plausibel: Gerade mündliches Weitererzählen führt schnell zu unterschiedlichen Versionen eines Stoffs, deren Differenz dann zu Tage tritt, wenn diese schriftlich fixiert und damit vergleichbar werden. Schwankendes Genus kommt durchaus auch noch in der Gegenwartssprache vor, und zwar meist in Abhängigkeit vom Faktor Sprachlandschaft (norddt. *die Cola* vs. süddt. *das Cola*). Die Schreibmaxime schließlich, dass Gleiches auf gleiche Weise mit Buchstaben zu visualisieren sei, wird auch in der Gegenwartssprache regelmäßig unterlaufen, das wird hier jedoch, im Gegensatz zur Praxis vormoderner Schriftlichkeit, als Fehler verbucht.

Mittelalterlich-volkssprachige schriftliche Überlieferung, und nur diese ist der sprachhistorischen Analyse unmittelbar zugänglich, ist in Genese und Konzeption oft mündlich geprägt, in ihrem Wirkungsanspruch kleinräumig orientiert und zunächst wenig zugänglich für Normierung. Dabei existiert die Vorstellung, dass es kommunikativ vorteilhaft ist, wenn Sprachen aus dem Inventar des systematisch Möglichen eine für die Sprecher/Schreiber verbindliche Auswahl treffen, bereits in der Antike. Auf die mittelalterlichen Volkssprachen wird sie deswegen lange nicht oder nur einzelfallweise übertragen, weil diese in ihrer funktionalen Reichweite gegenüber dem Lateinischen eingeschränkt sind. Hinzu kommt, dass die Reproduktion von Texten vor der Erfindung des Buchdrucks mit beweglichen Lettern durch handschriftliches Kopieren erfolgt, was gleichfalls das Auftreten von Überlieferungsvarianz begünstigt. Für das Deutsche wird das Konzept der sprachlichen Norm erst im Zuge eines langwierigen Prozesses adaptiert, der von Vorläufern abgesehen zumindest vom 15. bis ins 19. Jahrhundert andauert und in die heutige Standardsprache mündet.

Dieser Standardisierungs- und Normierungsprozess hat Rückwirkungen auf die Gestalt der vormodernen volkssprachigen Texte, mit deren Untersuchung sich die Nationalphilologien des 19. Jahrhundert konstituieren. Mit den Maßstäben einer normierten Standardsprache sind graphische, morphologische u. a. Varianten nicht mehr als systematische Alternativen, sondern nur noch als Normabweichungen und damit als Fehler zu verbuchen. Ihrem Selbstverständnis nach beschäftigen sich die

Philologien des 19. Jahrhunderts aber ausdrücklich nicht mit fehlerhaftem Material, sondern mit kulturell hochstehenden Artefakten. Daraus ergeben sich zwei grundsätzlich mögliche Herangehensweisen, was den Umgang mit den Quellen betrifft:

Denkbar ist zum einen, dass die philologische Aufmerksamkeit ausschließlich solcher Textüberlieferung gilt, deren Sprachgestalt den modernen Ansprüchen an Normiertheit genügt. Ein derartiger Anspruch ist zwar anachronistisch, tatsächlich existieren aber für das Mittelhochdeutsche Handschriften, deren sprachliche Uniformität modernen Standardisierungsvorstellungen sehr nahe kommt. Ein bekanntes Beispiel für einen solchen Textzeugen ist eine heute in Gießen (Universitätsbibliothek Hs. 97) aufbewahrte Handschrift des Artusromans ›Iwein‹ Hartmanns von Aue, deren Vergleich mit der Textausgabe von Benecke/Lachmann/Wolff dann auch zu anderen Ergebnissen als im Falle des ›Nibelungenlieds‹ führt:

Gießen, Universitätsbibliothek Hs. 97	Ausgabe Benecke/Lachmann/Wolff 5061–66
do entweich im der lev dan.	dô entweich im der lewe dan,
vñ entraf den levn noch den man.	und entraf den lewen noch den man.
ze dem slage wart im so gach.	im wart zuo dem slage sô gâch.
daz er sich neicte dernach.	daz er sich neicte darnâch
vñ vil nach der nider gelac.	und ouch vil nâch dernider lac:
ê er erzv̂ge den andern slac.	ê er erzüge den andern slac [...]

Zwar weist die Handschrift insofern eine höhere Varianz als die Textausgabe auf, als Letztere Abkürzungen wie *vñ* auflöst, ansonsten sind hier die Normen des klassischen Mittelhochdeutschen im Wesentlichen erfüllt, sowohl im lautlichen (Schreibung der Auslautverhärtung: *slac*) als auch im morphologischen Bereich (Wegfall des Bindevokals bei langer Wurzelsilbe: *neicte*).

Die Mehrzahl der mittelhochdeutschen Handschriften verhält sich hinsichtlich ihrer sprachlichen Uniformität aber weniger wie die Gießener ›Iwein‹-Handschrift, sondern zeigt Schwankungen, die über das in der St. Galler ›Nibelungenlied‹-Handschrift Beobachtbare oft noch weit hinausgehen. Für eine Philologie, die nicht mit ›fehlerhaftem‹ Material arbeiten will, ergibt sich damit eine zweite Herangehensweise an die Überlieferung: Die sprachlich nicht modernen Normiertheitsvorstellungen gehorchenden Textzeugen werden so verändert, dass sie einem Uniformitätsniveau entsprechen, wie es etwa in der Gießener ›Iwein‹-Handschrift vorliegt. Diese Kunstsprache, für die sich der Terminus ›Normalmittelhochdeutsch‹ eingebürgert hat, ist bis heute Grundlage von Textausgaben sowie von darauf basierten Lehr- und Handbüchern. Ihr Erfolg ist sicher der Tatsache geschuldet, dass der Zugang zu nachträglich normierten Texten für moderne Benutzer, die dazu tendieren, varianzbedingte Abweichungen als Reflex von Sinnvarianten zu interpretieren, einfacher ist als der Umgang mit Nichtnormiertem.

Für valide Aussagen über die Sprachform der mittelhochdeutschen Überlieferung stellt das Normalmittelhochdeutsche jedoch eine denkbar ungünstige Basis dar, besonders, was die fundamentalen linguistischen Ebenen Lautung und Morphologie betrifft.

1.4.2 Mittelhochdeutsche Klassik und zeitliche Vielfalt des Mittelhochdeutschen

Neben dem Terminus ›Normalmittelhochdeutsch‹ wird für die Sprachform der Textausgaben auch die Bezeichnung ›klassisches Mittelhochdeutsch‹ verwendet. Basis ist hier kein anachronistischer Normbegriff, sondern ein literaturhistorisches Qualitätsurteil, welches die mittelhochdeutsche Epik und Lyrik während der Jahrzehnte von ca. 1180–1220 auf einem Gipfelpunkt angelangt sieht. Solche Urteile können sich durchaus auf entsprechende Aussagen von Zeitgenossen stützen. So rühmt Gottfried von Straßburg an Hartmann *sîniu cristallînen wortlîn* (Tristan 4629), begründet Klassikertum also mit sprachlich-formalen Argumenten. Ausgehend davon liegt es dann nahe, als ›klassisch mittelhochdeutsch‹ diejenige Sprachform zu postulieren, die in zeitlich autornahen Textzeugen wie der erwähnten, ins 2. Viertel des 13. Jahrhunderts zu datierenden Gießener ›Iwein‹-Handschrift vorliegt.

Problematisch ist nicht das Postulat einer klassisch-mittelhochdeutschen Sprachform an sich, sondern ihre Verabsolutierung. Bezogen auf die Gesamtüberlieferung selbst der klassischen Autoren machen autornahe Handschriften nämlich lediglich einen Bruchteil des Bezeugten aus, wesentlich charakteristischer sind zeitlich von der klassischen Epoche entfernte Textzeugen, wie sich paradigmatisch an Hartmanns ›Erec‹ zeigen lässt. Mehr oder weniger vollständig überliefert ist der erste Artusroman deutscher Zunge lediglich im Ambraser Heldenbuch, einer Prachthandschrift des frühen 16. Jahrhunderts, deren Sprachform phonologisch-graphematisch wie morphologisch erheblich von der klassischen Sprachform der Textausgabe abweicht, die ihre überlieferungsgeschichtliche Legitimität wenigen Fragmenten wie dem in die erste Hälfte des 13. Jahrhunderts zu datierenden Doppelblatt K verdankt:

Ausgabe Leitzmann/Gärtner (2006) 7618–23	Ambraser Heldenbuch (Wien, ÖNB, Cod. ser. nova 2663)	Fragment K (Koblenz, Landeshauptarchiv, Best. 701 Nr. 759,14b)
dar zuo suochet iu einen man	dartzů fůchet euch einen man	dar zv fvcht einen man
der si iu wol genennen kan:	der euch fy wol genennen kan	der fi ivch wol genennen kan
vindet ir des danne niht,	Vindet jr des dann nicht	Uindet ir fin denne niht
daz ouch vil lihte geschiht,	das auch vil leichte gefchicht	daz ouch fil lihte gefchiht
sô volget mînem râte	fo volget meinem rate	So uolget minem rate
und machet iuch ûf drâte.	vnd machet euch auf drate	Uñ machet iuch uf drate

Die Sprachform des Ambraser Textes ist frühneuhochdeutsch: mhd. /i:/ und /iu/ in Ausgabe und Fragment sind zu /ei/ bzw. /eu/ diphthongiert (*iu/ivch > euch*; *lihte/*

lihte > leichte). Dennoch steht außer Zweifel, dass Hartmanns ›Erec‹ zu den konstitutiven Texten der mittelhochdeutschen Klassik gehört, was sich ausdrucksseitig in der normalisierten Sprachgestalt der Ausgabe niederschlägt.

1.4.3 Die ›mittelhochdeutsche Dichtersprache‹

Neben expliziten Aussagen von Zeitgenossen wie Gottfried von Straßburg hat man verschiedentlich implizite sprachliche Normierungstendenzen aus den Texten des klassischen Mittelhochdeutschen herauspräparieren wollen. Mittlerweile hat sich die Einsicht durchgesetzt, dass der zuverlässige Nachweis einer literatursprachlichen Norm im Bereich von historischer Laut- und Formenlehre, dessen Basis gezwungenermaßen nur schriftliche Quellen sein können, auf den Bereich der Reimsprache beschränkt bleiben muss.

Wichtigstes Indiz für Ansätze einer überregionalen Normierung sind die so genannten neutralen Reime. Ein Epiker wie Heinrich von Veldeke musste daran interessiert sein, dass sein ›Eneasroman‹ nicht nur in seiner limburgisch-mittelniederdeutsch-mittelniederländischen Ursprungsmundart vorgetragen werden konnte, sondern auch im Mittel- oder Oberdeutschen. Voraussetzung war, dass der Endreim auch beim Transfer des Textes in einen anderen Schreibdialekt funktional blieb. Dazu mussten die Gegebenheiten der 2. Lautverschiebung (→ 2.1.3) berücksichtigt werden: Während etwa limb.-mnd.-mndl. *stat* und *vergat* reinen Endreim ergeben, wird der Reim im Hochdeutschen aufgrund der postvokalischen Verschiebung von germ. *t* unrein (*stat : vergaz*). Weil Veldeke solche nur kleinräumig funktionalen Reime meidet und stattdessen überlandschaftlich reine Reime bevorzugt (*stat : bat; sâten : vergâten > stat : bat; sâzen : vergâzen*), konnte die etwas paradoxe Situation entstehen, dass der ›Eneasroman‹ in erster Linie in mittel- und oberdeutschen Textzeugen überliefert ist. Hartmann von Aue verwendet in seiner Reimsprache sowohl die seiner alemannischen Mundart entsprechenden kontrahierten Formen (→ 4.1.2) *seit* und *geseit* als auch unkontrahiertes *saget* und *gesagt*, so dass sich zumindest vermuten lässt, dass durch dieses Nebeneinander eine überregionale Verbeitung der Texte begünstigt werden sollte.

1.4.4 Textsorten des Mittelhochdeutschen

Das Bild, welches Lehr- und Handbücher bis heute vom Mittelhochdeutschen zeichnen, basiert auf der Verabsolutierung und Idealisierung eines kleinen Ausschnitts aus der Gesamtüberlieferung, der Sprache der klassischen Lyrik und Epik. Dass eine Beschränkung auf diese Gattungen kein repräsentatives Bild der mittelhochdeutschen Textualität abgeben kann, versteht sich allein deswegen von selbst, weil die klassischen Texte durchweg in gebundener Sprache abgefasst sind. Dies bietet der historischen Linguistik im Falle des Endreims gewisse Zugriffsmöglichkeiten auf Laut- und Formenlehre. Auf der anderen Seite werden den Textproduzenten durch die Vorschriften der Metrik, die im klassischen achthebigen Reimpaarvers der höfischen Epik etwa idealerweise alle acht Silben einen Endreim fordern, im Vergleich mit der Prosa erhebliche Einschränkungen der lautlichen, morphologischen und v. a. syntaktischen Auswahl- und Kombinationsmöglichkeiten auferlegt. Zur Opposition Vers/Prosa kommt hinzu, dass Epenhandschriften, Spielrollen, Inschriften und Urkunden so divergenten kommunikativen Anforderungen unterliegen, dass ihre jeweilige Sprachform davon nicht unberührt bleibt. Auffälligstes Charakteristikum nicht normalisierter mittelhochdeutscher Schriftlichkeit ist dabei ihre eindeutige sprachräumliche Verhaftetheit. Vergleicht man die erwähnte Gießener ›Iwein‹-Handschrift mit dem nur wenig später entstandenen ersten deutschsprachigen Reichsgesetz, dem ›Mainzer Landfrieden‹ von 1235, treten die entsprechenden Unterschiede deutlich hervor:

1 *Wir sezzen vñ gebiten mit vnser keiserlichen*
2 *gewalt vñ mit andern des riches getruwin mannen*
3 *swelch svn sinen uatir von sinen bůrgen oder von*
4 *anderen sinem gůte vorstozet oder vorbůrnet oder*
5 *roubit oder zu sines vatir viendin sichert mit truwen*
6 *oder mit eiden das uf sines vater ere get* […] *der sůn*
7 *sal sin vorteilt · egenes vñ lenes vñ varndis gutes ·*
8 *vñ werlichen alles gutes des he von vatir odir von*
9 *mutir erbin solde* […]

(Übersetzung: Kraft unserer kaiserlichen Macht und mit den loyalen Vasallen des Reichs setzen wir fest und befehlen, dass ein Sohn, der seinen Vater von seiner Burg oder einer anderen Besitzung verstößt, ihn brandschatzt, beraubt oder der den Feinden seines Vaters gegenüber Sicherheit leistet oder Eide schwört, die die Ehre seines Vaters verletzen […], ein solcher Sohn soll zum Verlust von Eigentum, Lehen, beweglichen Gütern und allen Besitztümern verurteilt werden, dass ihm als Erbe von Vater oder Mutter zustehen würden […].)

Augenscheinlich gilt die standardsprachliche Maxime ›Gleiches wird gleich geschrieben‹ hier nicht, wie die graphischen Varianzen bei der Schreibung des Initialkonsonanten und des Nebensilbenvokals in *uatir* (3), *vatir* (5) und *vater* (6) zeigen. In der Gießener ›Iwein‹-Handschrift gilt die Maxime zumindest so lange, bis lautliche Varianz ins Spiel kommt (*lev, levn* vs. *slage, slac*).

Hinzu kommen im Fall des ›Mainzer Landfriedens‹ aber lautliche und morphologische Abweichungen vom Normalmittelhochdeutschen: die auf Monophthongierung verweisenden Schreibungen *gebiten* (1) statt normalmhd. *gebieten* und *egenes* (7) statt normalmhd. *eigenes* sowie das Auftreten der Verbform *sal* (7) statt normalmhd. *sol* bzw. des Personalpronomens *he* (8) statt normalmhd. *er* sind allesamt Charakteristika mitteldeutscher Schreibdialekte. Damit war der Mainzer Landfrieden in der vorliegenden Version außerhalb des mitteldeutschen Sprachraums in seiner Verständlichkeit eingeschränkt. Probleme für seine überregionale Verbreitung ergaben sich dennoch nicht, wurde diese doch im 13. Jahrhundert (und je nach Textsorte noch lange darüber hinaus) durch die lateinische Fassung gewährleistet.

Aufgabencode: E28

2. Einführung in die historische Phonologie

2.1 Konsonantismus

→ Übersichten 4 und 7

Konsonantismus und Sprachgeschichte
Den lateinischen Wörtern *pater, piper* und *poena* entsprechen im Neuhochdeutschen die Wörter *Vater, Pfeffer* und *Pein.* Es stellt sich also die Frage, warum dem lat. *p* im Neuhochdeutschen so unterschiedliche Laute entsprechen. Die althochdeutsche Form des Wortes *Pein* lautete *pīna.* Das Wort ist aus dem Lateinischen entlehnt, in dem neben der Form *poena* in jüngerer Zeit die Form *pēna* vorkam. Das Wort *Pfeffer,* ahd. *pfeffar,* geht auf lat. *piper* zurück. Anders als bei *poena – pīna* ist hier im Anlaut lat. *p-* durch die so genannte 2. Lautverschiebung zu ahd. *pf-* geworden, die Lautverschiebung, die das Althochdeutsche aus den anderen germanischen Dialekten ausgliederte (man vergleiche engl. *pepper*). Auch inlautendes *-ff-* in postvokalischer Stellung ist Ergebnis dieser 2. Lautverschiebung.

Wenn in *pīna* diese Veränderung nicht eingetreten ist, so kann die Übernahme aus dem Lateinischen bei diesem Wort erst nach der Durchführung der 2. Lautverschiebung erfolgt sein. Die Untersuchung der Konsonantenverhältnisse führt also zu sprachgeschichtlichen Erkenntnissen über das Alter von Lehnwörtern im Deutschen.

Das Nebeneinander von *pater* und *Vater* kann nicht auf Übernahme nach der 2. Lautverschiebung beruhen. Eine solche Übernahme hat nämlich zu dem Lehnwort *der Pater* ›Ordensgeistlicher‹ geführt. Es kann aber auch nicht eine Übernahme vor der 2. Lautverschiebung wie bei *Pfeffer* erfolgt sein, da dann eine Verschiebung des anlautenden *p-* und des inlautenden *-t-* zu erwarten wäre. Vielmehr sind lat. *pater* und nhd. *Vater* urverwandt, sie lassen sich auf eine gemeinsame indogermanische Form zurückführen. Lat. *pater* repräsentiert im Anlaut den für die gemeinsame indogermanische Ausgangsform anzusetzenden Konsonanten *p*, wie er auch in griech. *patér*, altindisch *pitár-* vorliegt. Der Konsonant *f* in nhd. *Vater*, ahd. *fater*, engl. *father* entstand durch die 1. Lautverschiebung aus diesem idg. *p*, der Lautverschiebung, die die germanischen Sprachen aus den anderen indogermanischen Sprachen ausgliederte. Dieser so entstandene Konsonant *f* blieb in der 2. Lautverschiebung unverändert.

Die unterschiedlichen Entsprechungen zu lat. *p* in *pater, piper* und *poena* repräsentieren unterschiedliche Altersstufen in der Entwicklung des Konsonantismus vom Indogermanischen bis zum Neuhochdeutschen, die im Folgenden systematisch dargestellt wird (→ 1).

2.1.1 Die 1. Lautverschiebung und der grammatische Wechsel

Der indogermanische Konsonantenbestand
Die Beobachtung von Übereinstimmungen in Formenbestand und Wortschatz einer Reihe von Sprachen hat zur Annahme einer gemeinsamen Vorstufe dieser Sprachen und zu der Rekonstruktion dieser Vorstufe (aber heute nicht mehr im Sinne einer Ursprache) geführt. **Indogermanisch** (oder Indoeuropäisch) nennt man die erschlossene gemeinsame Vorstufe der keltischen, romanischen, germanischen, slawischen, baltischen Sprachen sowie des Griechischen, Albanischen, Persischen und des Altindischen (Sanskrit). Latein als Vorläufer der romanischen Sprachen dient hier als nicht germanische Vergleichssprache gegenüber dem Althochdeutschen.

Die Konsonanten einer Sprache werden nach bestimmten Kriterien beschrieben, den artikulatorischen Merkmalen. Zur artikulationsphonetischen Beschreibung von Konsonantenphonemen werden unterschieden:

- die Artikulationsart: Je nachdem, wie der Luftstrom im Artikulationskanal behindert wird, unterscheidet man **Frikative** (Reibelaute) und **Explosive** (Verschlusslaute),
- die Stimmtonbeteiligung (stimmlos oder stimmhaft),
- die Artikulationsstelle: Je nachdem, von welchem Organ die Behinderung des Luftstroms ausgeht bzw. wo sie stattfindet, unterscheidet man **Labiale** (Lippenlaute), **Dentale** (Zahnlaute) und **Velare** (Gaumenlaute).

Zusätzlich können noch sekundäre Modifikationen auftreten, wie etwa die Behauchung.

Das Konsonanteninventar des Indogermanischen umfasst folgende Phoneme: b, d, g; p, t, k; b^h, d^h, g^h; p^h, t^h, k^h; s, m, n, l, r.

In Bezug auf die Artikulationsart steht der Frikativ s sämtlichen anderen Konsonanten gegenüber, die als Explosive bestimmt werden können. Bei den Explosiven werden behauchte und unbehauchte unterschieden; die Behauchung (Aspiration) wird durch ein hochgestelltes h bezeichnet. Innerhalb der behauchten und der unbehauchten Explosive sind nach der Stimmtonbeteiligung stimmhafte b, d, g und b^h, d^h, g^h von stimmlosen p, t, k und p^h, t^h, k^h zu unterscheiden. Diese vier Dreiergruppen zeigen jeweils dieselben Unterschiede in Hinsicht auf die Artikulationsstelle: b, b^h, p und p^h sind Labiale (Lippenlaute), d, d^h, t und t^h sind Dentale (Zahnlaute), g, g^h, k und k^h sind Velare (Gaumenlaute).

Die einzelnen Laute unterscheiden sich durch die jeweils verschiedene Verbindung der artikulatorischen Merkmale. b und d haben etwa die Merkmale explosiv, stimmhaft, unbehaucht gemeinsam; sie unterscheiden sich im Hinblick auf die

Artikulationsstelle (Labial gegenüber Dental). *b* und *p* haben dieselbe Artikulationsstelle (Labial), sind beide unbehaucht und beide Explosive; sie unterscheiden sich im Hinblick auf die Stimmtonbeteiligung (stimmhaft gegenüber stimmlos). In diesem Konsonantensystem sind nur die Merkmale und damit nur die Laute berücksichtigt, die im sprachlichen System als Phoneme fungieren. Als **Phoneme** bezeichnet man kleinste bedeutungsunterscheidende Einheiten einer Sprache. Sie lassen sich durch so genannte Minimalpaare ermitteln: So unterscheiden sich nhd. *Bein* und *dein* durch die jeweiligen Anlaute, die Phoneme /b/ und /d/. Die Phoneme /b/ und /d/ unterscheiden sich ihrerseits nur durch die Artikulationsstelle (/b/ ist labial, /d/ dental), hinsichtlich Stimmtonbeteilung (stimmhaft) und Artikulationsart (explosiv) sind sie identisch.

Insgesamt können die explosiven und frikativen Konsonantenphoneme des Indogermanischen wie folgt dargestellt werden:

Artikulationsart	Stimmton	Behauchung	Artikulationsstelle		
			Labiale	Dentale	Velare
Explosiv	stimmhaft	unbehaucht	/b/	/d/	/g/
		behaucht	/b^h/	/d^h/	/g^h/
	stimmlos	unbehaucht	/p/	/t/	/k/
		behaucht	/p^h/	/t^h/	/k^h/
Frikativ	stimmlos/ stimmhaft			/s/	

Die gleichfalls im indogermanischen Konsonantensystem enthaltenen **Liquide** *r* und *l* sowie die **Nasale** *m* und *n* haben sich zum Neuhochdeutschen nicht systematisch verändert (vgl. lat. *rota* – nhd. *Rad*, lat. *longus* – nhd. *lang*, lat. *mare* – nhd. *Meer*, lat. *novus* – nhd. *neu*).

Zur indogermanischen Sprachfamilie → 1.1.

Die 1. Lautverschiebung

Die indogermanischen Explosive wurden zum Germanischen hin in folgender Weise verändert:

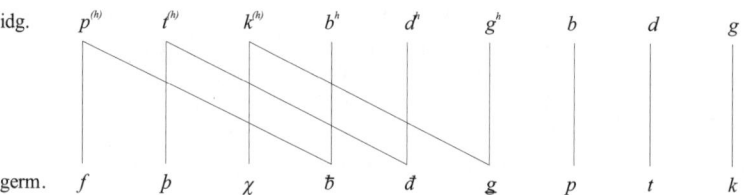

Die behauchten und unbehauchten stimmlosen Explosive des **Indogermanischen** sind zusammengefasst worden, da sie zum Germanischen hin dieselbe Entwicklung nahmen. Die behauchten und unbehauchten stimmhaften Explosive entwickelten sich dagegen in unterschiedlicher Weise. Im Einzelnen sind folgende Veränderungen festzuhalten:

Idg. *b, d, g* entwickeln sich zu germ. *p, t, k*. Aus stimmhaften werden stimmlose Explosive. Beispiele für diese Entwicklung können im Nebeneinander etymologisch identischer Wörter in verschiedenen indogermanischen Sprachen gefunden werden.

Beispiele:

  idg. *d*   >   germ. *t*:   lat. *decem*   gegenüber got. *taihun*
  idg. *g*   >   germ. *k*:   lat. *ager*   gegenüber got. *akrs*

Idg. b^h, d^h, g^h entwickeln sich zu germ. *ƀ, đ, g*. Aus behauchten stimmhaften Explosiven werden stimmhafte Frikative, die durch die durchstrichenen Buchstaben bezeichnet werden. Innerhalb des Germanischen werden diese Frikative vielfach zu den stimmhaften Explosiven *b, d, g*.

Beispiele:

  idg. b^h >   germ. *ƀ* :   lat. *frater*   gegenüber got. *brōþar*
                               $(f < b^h)$ $(b < ƀ)$
  idg. d^h >   germ. *đ* :   lat. *medius*   gegenüber got. *midjis*
                               $(d < d^h)$ $(d < đ)$
  idg. g^h >   germ. *g*:   lat. *hostis*   gegenüber ahd. *gast*
                               $(h < g^h)$ $(g < g)$

Idg. $p^{(h)}$, $t^{(h)}$, $k^{(h)}$ entwickeln sich entweder zu germ. *f, þ, χ* oder zu *ƀ, đ, g*. Aus den stimmlosen Explosiven werden entweder stimmlose oder stimmhafte Frikative. *þ* ist Zeichen für interdentalen Frikativ, *χ* für velaren Frikativ.

Beispiele:

idg. $p^{(h)}$ >	germ. f:	lat. *pater*	gegenüber got. *fadar*
idg. $t^{(h)}$ >	germ. $\th$:	lat. *frater*	gegenüber got. *brōþar*
idg. $k^{(h)}$ >	germ. χ:	lat. *canis*	gegenüber got. *hunds*

idg. $p^{(h)}$ >	germ. $\bar{b}$:	lat. *septem*	gegenüber got. *sibun*
			$(b < \bar{b})$
idg. $t^{(h)}$ >	germ. $\bar{d}$:	lat. *pater*	gegenüber got. *fadar*
			$(d < \bar{d})$
idg. $k^{(h)}$ >	germ. $\bar{g}$:	lat. *socrus*	gegenüber got. *swigar*
			$(g < \bar{g})$

Das Nebeneinander der germanischen stimmhaften und stimmlosen Frikative aus idg. $p^{(h)}$, $t^{(h)}$, $k^{(h)}$ ist auf das so genannte **Vernersche Gesetz** zurückzuführen und wird weiter unten behandelt.

Die oben beschriebenen konsonantischen Veränderungen der indogermanischen Explosive zum Germanischen hin werden als **1. Lautverschiebung** bezeichnet. Ein Vergleich der indogermanischen und germanischen Entsprechungen zeigt zunächst, dass die Artikulationsstelle in allen Fällen bewahrt bleibt. Besonders auffällig und für das Germanische charakteristisch ist die Veränderung der Artikulationsart: Aus Explosiven entstehen Frikative.

Ausgenommen von der 1. Lautverschiebung sind *p, t* und *k* in den Verbindungen *sp, st* und *sk*; ferner wird *t* in den Verbindungen *pt* und *kt* nicht verschoben.

Beispiele:

lat. *specio*	gegenüber	ahd. *spehōn*
lat. *stella*		ahd. *sterno*
lat. *piscis*		ahd. *fisc*

lat. *captus*	ahd. *haft* (mit *-ft* aus *-pt*)
lat. *octo*	ahd. *ahto* (mit *-ht* aus *-kt*)

Der grammatische Wechsel und die germanische Akzentfestlegung

Der Wechsel zwischen stimmhaftem dentalen Explosiv /d/ in nhd. *schneiden* oder *leiden* und stimmlosem dentalen Explosiv /t/ in *schnitten* oder *litten* ist **synchron**, d. h. aus den Verhältnissen der Gegenwartssprache heraus, nicht erklärbar – in vergleichbaren Fällen wie *meiden – mieden* oder *scheiden – schieden* steht durchgehend stimmhafter dentaler Explosiv im Wurzelauslaut. Er verlangt also eine sprachhistorische Erklärung.

Der gegenwartssprachlich relikthafte Wechsel /d/ – /t/ lässt sich in der alt- und z. T. auch in der mittelhochdeutschen Verbalflexion noch regelmäßig beobachten und betrifft dort neben dem Dental auch labiale und velare Wurzelauslaute starker Verben (→ 3.1.1 und 4.1.1):

ahd.	*heffen*	*heffu*	*huob*	*huobun*	*irhaban*
ahd.	*werdan*	*wirdu*	*ward*	*wurtun*	*wortan*
ahd.	*zīhan*	*zīhu*	*zēh*	*zigun*	*gizigan*

Da das Nebeneinander von ahd. *b, t, g* einerseits und ahd. *f, d, h* andererseits regelmäßig in den Flexionsparadigmen starker Verben auftritt, wird es auch als **grammatischer Wechsel** bezeichnet. Die Ursache dieses Wechsels ist aber nicht morphologischer, sondern phonologischer Natur und geht auf Vorgänge aus der Zeit der Ausgliederung des Germanischen aus dem Indogermanischen zurück.

Dem Nebeneinander von ahd. *h* und *g* entspricht im Germanischen ein Nebeneinander von χ und *g*; beide Laute gehen auf idg. $k^{(h)}$ zurück. Dem Nebeneinander von ahd. *d* und *t* entspricht im Germanischen ein Nebeneinander von *þ* und *đ*; beide Laute gehen auf idg. $t^{(h)}$ zurück. Zum Verständnis des Nebeneinanders von *h* und *g* sowie von *d* und *t* ist die Erklärung der Bedingungen erforderlich, unter denen idg. $t^{(h)}$, $k^{(h)}$ zu germ. *þ, χ* bzw. *đ, g* werden.

Im Indogermanischen konnte der nach bestimmten Regeln wechselnde Wortakzent auf den verschiedensten Silben eines Wortes liegen, wie an lateinischen Beispielen verdeutlicht werden kann:

Akzent auf der Wurzelsilbe:	*ámo, Róma*
Akzent auf der Endung:	*amavísti, Romanórum*

Im ältesten Germanischen war der freie Wortakzent zunächst auch erhalten. Er ist die Ursache für das Nebeneinander stimmloser und stimmhafter Frikative als Folgeformen von idg. $p^{(h)}$, $t^{(h)}$, $k^{(h)}$. Dieses Nebeneinander der stimmlosen und stimmhaften Frikative ist durch folgende Regelung zu erklären: Wenn der Akzent den idg. $p^{(h)}$, $t^{(h)}$, $k^{(h)}$ nicht unmittelbar vorausging und wenn die Umgebung stimmhaft war, entwickelten sich statt der stimmlosen die stimmhaften Frikative *b, đ, g*. In allen anderen Fällen, beispielsweise im Anlaut, der stets stimmlos ist, stehen die stimmlosen Frikative *f, þ, χ*. Diese Regelung heißt nach ihrem Entdecker, dem dänischen Sprachwissenschaftler Karl Verner (1846–1896), **Vernersches Gesetz:**

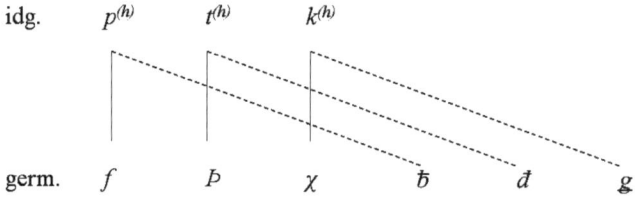

| idg. | $p^{(h)}$ | $t^{(h)}$ | $k^{(h)}$ | | |
| germ. | *f* | *þ* | *χ* | *b* | *đ* | *g* |

Wortakzent geht voraus	Wortakzent geht nicht voraus und Umgebung stimmhaft

Ein Zusammenhang zwischen Stimmhaftigkeit von Frikativen und Position des Wortakzents lässt sich auch noch an Beispielen aus der nhd. Gegenwartssprache demonstrieren. Wenn der Wortakzent wie in *Hannóver* und *Nérven* dem labialen Frikativ vorausgeht, erscheint dieser als stimmloses /f/. Sobald der Wortakzent wie in den Ableitungen *Hannoveráner* und *nervös* hinter dem labialen Frikativ auftritt, erscheint dieses als stimmhaftes /v/:

Wortakzent – stimmloser Frikativ	stimmhafter Frikativ – Wortakzent
Hannóver	*Hannoveráner*
[ha'noːfɐ]	[hanovə'raːnɐ]
Nérven	*nervös*
['nɛrfən]	[ner'vøːs]

In den Flexionsformen des Verbs *zīhan* kann also in den *g*-Formen *zigun, gizigan* der Wortakzent ursprünglich nicht vorausgegangen sein. In den *h*-Formen dagegen lag der Akzent auch im Indogermanischen auf der Wurzelsilbe. Diese indogermanischen Akzentverhältnisse in der Verbalflexion lassen sich an rekonstruierten Formen des Verbs *werdan* (mit * bezeichnet) aufzeigen:

	idg.	germ.	ahd.
1. Pers. Sing. Präs.	**u̯értō*	**werþō*	*wirdu*
1. Pers. Sing. Prät.	**(u̯e)u̯órta*	**warþ(a)*	*ward*
1. Pers. Plur. Prät.	**(u̯e)u̯r̥təmé*	**wurđum(i)*	*wurtun*
Part. Prät.	**u̯r̥tonós*	**wurđan(a)z*	*wortan*

Innerhalb der Verbalflexion ging der Akzent im Präsens und im Singular des Präteritums dem wurzelschließenden Konsonanten unmittelbar voraus; im Plural des Präteritums und im Partizip des Präteritums folgte der Akzent, so dass hier die stimmhaften Frikative entstanden. Im Althochdeutschen erscheinen þ und đ als d und t.

Bei den stimmhaften und stimmlosen germanischen Frikativen aus idg. $p^{(h)}$, $t^{(h)}$, $k^{(h)}$ handelte es sich zunächst um Varianten desselben Phonems, also um **Allophone**, deren Auftreten vom Akzent und der lautlichen Umgebung abhing; die Varianten waren komplementär distribuiert. Eine wichtige, für das Germanische charakteristische sprachliche Entwicklung ist die Festlegung des ursprünglich freien Wortakzents auf die Wurzelsilbe. Mit der Akzentfestlegung wird die Bedingung des Wechsels von stimmhaften und stimmlosen Frikativen aufgehoben; die Allophone bekommen phonemischen Charakter. Die stimmhaften Varianten bilden zusammen mit den germanischen Entsprechungen von idg. b^h, d^h, g^h jeweils die germ. Phoneme /b/, /d/, /g/; die stimmlosen Varianten *f*, *þ*, *χ* müssen ebenfalls als Phoneme betrachtet werden.

Zu den Folgelauten von idg. $p^{(h)}$, $t^{(h)}$, $k^{(h)}$ tritt im Germanischen der bewahrte stimmlose Frikativ *s* mit seiner stimmhaften Variante *z*, die im West- und Nordgermanischen durch Rhotazismus zu *r* entwickelt wird. Als **Rhotazismus** (nach dem griechischen Buchstaben *rhō*) bezeichnet man jeden Lautwandel zu *r*.

Zusammengefasst lässt sich die Entwicklung des grammatischen Wechsels bis zum Althochdeutschen in drei Schritten darstellen:

germ.	1.	/f, ƀ/		/þ, đ/		/χ, g/		/s, z/	
ahd.	2.	/f/	/ƀ/	/þ/	/đ/	/χ/	/g/	/s/	/r/
		/f/	/b/	/d/	/t/	/h/	/g/	/s/	/r/

Hinsichtlich der Verteilung des grammatischen Wechsels auf die Stammformen der Ablautreihen der althochdeutschen starken Verben (→ 2.2.4 und 3.1.1) kann also Folgendes festgehalten werden:

f   –   *b*
d   –   *t*
h   –   *g*
s   –   *r*

Inf.; Ind. Präs.;   Plur. Ind. Prät.;
Sing. Ind. Prät.   Part. Prät.

(Germ. Wortakzent ging   (Germ. Wortakzent folgte
ursprünglich $p^{(h)}$, $t^{(h)}$, $k^{(h)}$ ursprünglich $p^{(h)}$, $t^{(h)}$, $k^{(h)}$)
unmittelbar voraus)

Im Althochdeutschen sind innerhalb der Verbalflexion auch bereits Ausgleichstendenzen zu beobachten, so dass etwa der grammatische Wechsel aus dem Plural Präteritum auf die Singularformen übertragen wird: zum Beispiel *slahan, slahu, sluog, sluogun, gislagan* (zur Fortsetzung dieser Ausgleichstendenzen im Mittelhochdeutschen und besonders im Frühneuhochdeutschen und im Neuhochdeutschen → 4.1.1).

Aufgabecode: F22

2.1.2 Germanische Entwicklungen

Innerhalb des Germanischen haben noch weitere konsonantische Entwicklungen stattgefunden. Auf die wichtigsten wird im Folgenden eingegangen, sofern sie auch das Althochdeutsche betreffen.

a) Der Nasalausfall vor *h*
Innerhalb der Verbalflexion ist ein Nebeneinander von Formen mit und ohne *n* im Stamm zu beobachten, so etwa beim starken Verb ahd *fāhan – fāhu – fieng – fiengun – gifangan*. Das Fehlen des *n* im Infinitiv und im Indikativ Präsens hängt mit der Umgebung zusammen, in der das *n* auftritt.

Bereits gemeingermanisch schwindet *n* vor germ. *h*; dabei wurde der vorausgehende Vokal zuerst nasaliert, dann gedehnt. Man nennt diese Dehnung des vorausgehenden Vokals deshalb auch Ersatzdehnung. Für das Verb *fāhan* ist also von folgender Entwicklung auszugehen, bei der die Gruppe -*an*- durch nasaliertes gedehntes *ã* ersetzt wurde, aus dem durch Entnasalierung der Langvokal *ā* wurde:

Infinitiv: gemeingerm. **fanh-an > *fãhan > fāhan =* ahd. *fāhan*

In den Präsensformen schwindet das *n* der Regelung entsprechend ebenfalls unter Ersatzdehnung des vorausgehenden kurzen Vokals. Im Präteritum dieses Verbs steht dagegen kein *h*, sondern *g*: Hier tritt der grammatische Wechsel ein, wobei die Singularformen das *g* durch Ausgleich ebenfalls übernehmen. Das *n* bleibt erhalten, da ihm kein *h* folgte.

Innerhalb des Germanischen ist zudem das Schwinden von *n* vor den Frikativen *f*, *þ* und *s* mit Ersatzdehnung des vorangehenden Vokals zu beobachten. Dieser Nasalausfall kommt aber nur in bestimmten germanischen Sprachen vor: Im Altsächsischen und Altenglischen tritt er ein, während im Gotischen und im größten Teil des althochdeutschen Sprachraums das *n* erhalten bleibt:

as. *fīf*	ae. *fīf* (engl. *five*)	gegenüber	got. *fimf*	ahd. *fimf* (nhd. *fünf*)
as. *mūþ*	ae. *mūþ* (engl. *mouth*)	gegenüber	got. *munþs*	ahd. *mund* (nhd. *Mund*)
as. *ūs*	ae. *ūs* (engl. *us*)	gegenüber	got. *uns*	ahd. *uns* (nhd. *uns*)

b) Der primäre Berührungseffekt
Bereits auf Entwicklungen innerhalb des Indogermanischen bzw. des frühen Germanischen geht der so genannte primäre Berührungseffekt zurück, auf den bestimmte konsonantische Besonderheiten innerhalb der Verbalflexion zurückzuführen sind.

Der primäre Berührungseffekt betrifft den Zusammenstoß eines weiteren Konsonanten mit einem Dental innerhalb eines Wortes, was zu lautlichen Veränderungen führte. Betroffen sind folgende Kombinationen:

Velar	(g, k) + Dental	werden zu	ht
Labial	(b, p) + Dental	werden zu	ft
Dental	(d, t) + Dental	werden zu	ss

Diese Regel beschreibt die Lautgestalt bestimmter Flexionsformen der Präterito-Präsentien (→ 3.1.3 und 4.1.3; PBE = Primärer Berührungseffekt):

Indikativ Präsens:

> *dū weist*:   *wait-t > *waiss > *wais > ahd. *weis* > *weis-t*
>   (PBE)

An die ursprüngliche Wurzel *wait- wird die alte Personalendung der 2. Person Singular angehängt, was zum unmittelbaren Zusammenstoß von Dental + Dental und somit zum primären Berührungseffekt führt (*waiss). Im Auslaut wird der Doppelfrikativ vereinfacht (*wais). Die *t*-Endung im Althochdeutschen ist nicht lautgesetzlich, sondern später hinzugefügt worden, wohl in **Analogie** zu lautgesetzlichen Formen wie *dū scalt, dū darft.*
  Ähnlich wie *dū weist* sind die Formen *dū muost* (*mōt-t > *mōss > *mōs > ahd. *muos-t*) und *du maht* (*mag-t > *maht) zu erklären.

Indikativ Präteritum:

> *ih wissa*:   *wit-ta   > ahd. *wissa*
> *wir wissun*:   *wit-tun   > ahd. *wissun*
>   (PBE)

An die ursprüngliche Wurzel im Präteritum (Ablautreihe Ia) *wit- tritt unmittelbar die schwache Dentalendung des Präteritums (*wit-ta bzw. *wit-tun), ohne dass ein **Bindevokal** eingefügt wird. Dies führt zum Zusammenstoß von Dental + Dental und somit zum primären Berührungseffekt. Die althochdeutschen Formen heißen daher *wissa* bzw. *wissun*.
  Ähnlich wie bei *wissa* sind die Formen *muosa* (*mōt-ta > *muossa > *muosa* [nach Diphthong wird der Doppelfrikativ vereinfacht]) und die Formen *tohta, mahta/mohta* (*tug-ta, *mag-ta/*mug-ta) zu erklären.
  Der primäre Berührungseffekt und der Nasalausfall vor *h* ermöglichen ferner eine Erklärung der schwachen Präteritumsformen *dāhta, dūhta* zu ahd. *denken, dunken* (→ 3.1.2) bzw. *dâhte, dûhte* zu mhd. *denken, dünken* (→ 4.1.2):

Infinitiv	*þank-jan	>			ahd. *denken*
	*þunk-jan	>			ahd. *dunken*
Ind. Prät.	*þank-ta	>	*danh-ta	>	ahd. *ih dāhta*
	*þunk-ta	>	*dunh-ta	>	ahd. *ih dūhta*
	(kein Bindevokal	>	(Nasalausfall vor		
	im Prät.; PBE)		*h*; Ersatzdehnung		
			des Vokals)		

Im Präteritum tritt der primäre Berührungseffekt bei *dāhta, dūhta* ein, weil die Dentalendung des Präteritums unmittelbar, ohne Bindevokal, an die Wurzel getreten ist. In Fällen, wo ein Bindevokal -*i*- im Präteritum gestanden hat und danach erst ausgefallen ist, ist diese Regelung unterblieben, so etwa in *trenken – trankta* (< *trank-i-ta*; das *i* fällt nach langer Wurzelsilbe aus).

Die schwache Präteritumsform zum starken Verb *bringen* ist ebenfalls mit den beiden erwähnten Regelungen zu erklären. Ahd. *ih brāhta* geht auf *brang-ta* zurück (schwaches Präteritum ohne Bindevokal, Antritt der Endung unmittelbar an die Wurzel des starken Präteritums *brang* von *bringan*, Ablautreihe IIIa): *brang-ta* (PBE) > *branhta* (Nasalausfall vor *h* und Ersatzdehnung des vorausgehenden Vokals) > ahd. *brāhta*.

c) Die westgermanische Konsonantengemination

Mit dem Nebeneinander von einfachem *t* und doppeltem *t* in ahd. *gibetan* und *bitten* lässt sich das Nebeneinander von einfachem *l* in ahd. *zala* und doppeltem *l* in dem davon abgeleiteten *jan*-Verb *zellen* vergleichen. Bei den althochdeutschen *jan*-Verben trat eine Verdopplung des wurzelschließenden Konsonanten ein, wenn das ehemalige *j* der Endung nicht seiner interkonsonantischen Variante *i* gewichen ist.

Doppeltes *t* in *bitten* lässt ebenfalls ein nachfolgendes *j* als Ursache der Gemination vermuten. Die Endung -*an* des Partizips zeigt aber, dass es sich nicht um ein schwaches Verb der *jan*-Klasse handeln kann. Mit *bitten* tritt also ein starkes Verb mit ehemaligem *j*-Suffix im Präsens auf, weshalb solche Verben auch *j*-Präsentien genannt werden.

Gemination durch nachfolgendes *j* ist Kennzeichen einer Reihe von germanischen Sprachen (Althochdeutsch, Altsächsisch, Altfriesisch, Altenglisch), die im Hinblick auf diese Lauterscheinung als westgermanische Sprachen dem Altnordischen und dem Gotischen gegenübergestellt werden.

Gemination bedeutet Dehnung des Konsonanten, die durch Doppelschreibung ausgedrückt wird. Außer *j* bewirken auch *w, r* und *l* Gemination eines vorausgehenden Konsonanten; da *j* in vielen Suffixen auftritt, ist dieser Fall der weitaus häufigste. Nach Langvokal beziehungsweise Diphthong wurde die Gemination meist wieder vereinfacht: Man vergleiche got. *dailjan* – ahd. *teilen*.

Beispiele:

germ.	*hugjan-	ae.	hycgan
(got.	hugjan)	as.	huggian
		ahd.	huggen
germ.	*kunja	ae.	cynn
(got.	kuni)	as.	kunni
		ahd.	kunni
germ.	*bidjan-	ae.	biddan
(got.	bidjan)	as.	biddian
		ahd.	bitten
germ.	*apla-	ae.	æppel
		ahd.	apfel (pf < pp)
germ.	*akr-	as.	akkar
(got.	akrs)	ahd.	ackar

Innerhalb der Flexion kann die Gemination auf ein *j*-haltiges Stammbildungselement des Germanischen verweisen, so dass diese geradezu ein Kennzeichen der Unterklasse der *ja-/jō*-Flexion ist (man vergleiche zum Beispiel *kunni, sippa*). Das Beispiel *kunni* zeigt ferner, dass innerhalb eines Flexions**paradigmas** teilweise schon im Westgermanischen früh Ausgleichstendenzen eingetreten sein müssen. In den einzelnen Kasusformen steht im Althochdeutschen durchgehend Gemination, obwohl das *j* teilweise schon früh ausgefallen war und keine lautgesetzliche Gemination bewirken konnte.

Die mit *jan*-Suffix gebildeten schwachen Verben können die Gemination der Regel entsprechend nur in den Flexionsformen zeigen, in denen *j* nachfolgte. Zwischen Konsonanten erscheint *j* in seiner vokalischen Variante *i*, so dass hier keine Gemination eintreten konnte:

ahd. *sellen*	<	*sal-jan*
ahd. *selita*	<	*sal-i-ta*

Vor einem *i* der Flexionsendung ist *j* ausgefallen, so dass auch hier keine Gemination eintreten konnte:

ahd. *ih bittu*	<	*bid-j-u*
ahd. *dū bitis*	<	*bid-j-is*

Das Nebeneinander geminierter und ungeminierter Formen innerhalb desselben Flexionsparadigmas wurde im Althochdeutschen vielfach vereinheitlicht.

Zu den *j*-Präsentien → 3.1.1, zu den ahd. *jan*-Verben → 3.1.2.

Aufgabecode: F23

2.1.3 Die 2. Lautverschiebung

→ Übersichten 6 und 7

Die Entwicklung des germanischen Konsonantenbestandes zum Althochdeutschen hin ist zum Teil schon im Zusammenhang mit dem grammatischen Wechsel vorgestellt worden.

Die germanischen stimmlosen Frikative *f*, *þ*, *s*, *χ* erscheinen im Althochdeutschen als *f*, *d*, *s*, *h*. Die Frikative *f* und *s* bleiben also unverändert. *þ* wird im Althochdeutschen zuerst *th* geschrieben, was den stimmhaften Frikativ bezeichnen dürfte; der Frikativ *χ* wird teilweise bewahrt (man vergleiche ahd. *sehs*), teilweise zum Hauchlaut *h*; im Anlaut vor Konsonant schwindet er ganz. Man vergleiche insgesamt folgende Beispiele, wobei die altsächsischen Formen den germanischen Stand repräsentieren. Die zusätzlichen Beispiele aus dem Englischen dienen der Verdeutlichung:

germ. *f*	>	ahd. *f*	as.	*findan*	ahd.	*findan*
			engl.	*find*		
germ. *þ*	>	ahd. *d*	got.	*brōþar*	ahd.	*bruoder*
			engl.	*brother*		
germ. *s*	>	ahd. *s*	as.	*singan*	ahd.	*singan*
			engl.	*sing*		
germ. *χ*	>	ahd. *h*	as.	*fehu*	ahd.	*fihu*
germ. *χ*	>	ahd. Ø	as.	*hnīgan*	ahd.	*nīgan*
		im Anlaut				

Zu diesen Entwicklungen im Konsonantismus treten solche konsonantischen Veränderungen, die das Althochdeutsche von den anderen germanischen Dialekten trennen und die für das Althochdeutsche charakteristisch sind. Diese Neuerungen, die als **2. oder hochdeutsche Lautverschiebung** bezeichnet werden, betreffen die Entwicklung der germanischen Konsonanten *ƀ, đ, g* und *p, t, k*.

Die stimmhaften germanischen Frikative *ƀ, đ, g* beziehungsweise die aus ihnen entstandenen stimmhaften Explosive *b, d, g* werden auch als Medien (›Mittellaute‹) bezeichnet, ihre Verschiebung entsprechend als Medienverschiebung. Durchgehend wird diese im Althochdeutschen nur beim Dental durchgeführt, die germanischen Medien erscheinen in diesem Fall als *b, t, g*

Stimmhafte Explosive werden auch als Medien (›Mittellaute‹) bezeichnet, die Verschiebung von germ. *b, d, g* nennt man entsprechend auch Medienverschiebung. Beispiele:

germ. *ƀ*	>	ahd. *b*	as. *geƀan*	ahd. *geban*
germ. *đ > d*	>	ahd. *t*	as. *dag*	ahd. *tag*
germ. *g*	>	ahd. *g*	as. *stīgan*	ahd. *stīgan*

Abweichungen von diesem Befund sind sprachgeographisch zu erklären (->1.3.2–1.3.4). So erscheint im Anlaut germ. *b* im Südobd. (=Südbair. und Südalem.) zu *p* verschoben (as. *bodo* > bair. *poto*), die Verschiebung von germ. *d* zu *t* unterbleibt

demgegenüber im An- und Inlaut im gesamten Westmitteldeutschen (as. *dag* >
wmd. *dag*, as. *liudi* > wmd. *liudi*):

as. *bodo*	>	ofr. *boto*
	>	bair. *poto*
as. *dag*	>	ofr. *tag*
	>	wmd. *dag*
as. *liudi*	>	obd. *liuti*
	>	wmd. *liudi*

Die wichtigste Veränderung innerhalb des Konsonantismus betrifft die stimmlosen
germanischen Explosive *p*, *t*, *k*, die auch als Tenues (›Dünnlaute‹) bezeichnet werden, ihre Verschiebung entsprechend als Tenuesverschiebung. Sie werden je nach
Stellung im Wort unterschiedlich verändert, und zwar danach, ob sie postvokalisch
stehen oder nicht:

postvokalisch			nicht postvokalisch a) im Anlaut b) postkonsonantisch c) in der Gemination		
p	t	k	p	t	k
|	|	|	|	|	|
ff	ss	hh	pf	ts	kch

In postvokalischer Stellung entwickeln sich aus einfachen Explosiven Doppelfrikative. Diese werden nach Langvokal, Diphthong sowie im Auslaut vereinfacht. Die
Doppelfrikative werden meist *ff*, *zz*, *hh* oder *ch* geschrieben. Der mit *zz* bezeichnete
Laut ist mit dem aus germ. *s* und seiner Geminate *ss* stammenden ahd. *s* und *ss*
(geschrieben *s* und *ss*) artikulatorisch nicht identisch.

Für diese Entwicklung von germ. *p*, *t* und *k* in postvokalischer Stellung vergleiche
man folgende Beispiele, wobei der Lautstand des Germanischen durch altsächsische
Formen repräsentiert und durch Beispiele aus dem Englischen verdeutlicht wird:

germ. *p*	>	ahd. *ff*	as. *opan*	ahd. *offan*
			engl. *open*	
	>	ahd. *ff* > *f*	as. *slāpan*	ahd. *slāfan*
			engl. *sleep*	
		(nach Langvokal)		
germ. *t*	>	ahd. *ss*	as. *watar*	ahd. *wazzar*
			engl. *water*	
	>	ahd. *ss* > *s*	as. *lātan*	ahd. *lāzan*
			engl. *let*	
		(nach Langvokal)		

germ. *k*   > ahd. *hh*   as. *makōn*   ahd. *mah-*
                             engl. *make*   *hōn*
        > ahd. *hh > h*   as. *ōk*   ahd. *ouh*
         (nach Langvokal bzw.
         Diphthong und im Auslaut)

In nicht postvokalischer Stellung, also im Anlaut, nach Konsonant und in der Gemination, entwickeln sich aus den germanischen Explosiven *p, t, k* die Affrikaten *pf, ts, kch*. **Affrikaten** (Singular: die Affrikate) sind Verbindungen aus einem Explosiv und einem an derselben Stelle artikulierten Frikativ; sie werden meist *pf* oder *ph*, *zz* oder *z* oder *tz, kh* oder *ch* geschrieben:

germ. *p*   > ahd. *pf*   as. *pund*   ahd. *phund*
                            engl. *pound*
                            as. *appul*   ahd. *aphul*
                            engl. *apple*
                            as. *krampo*   ahd. *kramph(o)*
                            engl. *cramp*

Statt *pf* erscheint nach Liquid (*r, l*) *f*:

germ. *p*   > ahd. *pf > f*   as. *helpan*   ahd. *helfan*
                            engl. *help*

           (nach Liquid)

germ. *t*   > ahd. *ts*   as. *tīd*   ahd. *zīt*
                            engl. *tide*
                            as. *luttil*   ahd. *luzzil*
                            engl. *little*
                            as. *herta*   ahd. *herza*
                            engl. *heart*

Die Verschiebung von nicht postvokalischem *k* findet nur hoch- und höchstalemannisch sowie südbairisch statt:

germ. *k*   > ahd. *kch*   as. *kind*   ahd. *chind*
                            as. *akkar*   ahd. *acchar*
                            as. *werk*   ahd. *werch*

Hinsichtlich der Graphien ist anzumerken, dass die Schreibungen *zz* und *ch* sowohl für die Doppelfrikative als auch für die Affrikate erscheinen.

Die Ausnahmen von der 2. Lautverschiebung sind wie bei der 1. Lautverschiebung *p, t, k* in den Verbindungen *sp, st, sk* sowie *t* in den Verbindungen *ft* und *ht*, man vergleiche ahd. *spil, stein, skōni*; ahd. *haft, naht*. Außerdem bleibt anlautendes *t* vor *r* unverschoben: got. *triggwa* – ahd. *triuwa*.

Abweichungen von der Verschiebung der germ. *p, t, k* sind – wie die Abweichungen bei der Behandlung der germ. *b, d, g* – sprachgeographisch zu interpretieren.

Zu den Folgen von Medien- und Tenuesverschiebung für die Gliederung der ahd. Dialekte → 1.3.

Das Zusammenwirken von Konsonantengemination und 2. Lautverschiebung

Die Kenntnis der 2. Lautverschiebung und der Konsonantengemination ermöglicht z. B. die Erklärung der althochdeutschen Formen des Verbs *sizzen, sizzu, saz, sāzun, gisezzan.* Den Lautstand des Germanischen repräsentieren neben rekonstruierten germanischen Formen altsächsische Formen:

	germ.	as.	ahd.
Infinitiv	**sit-jan*	*sittian*	*sizzen*
1. Pers. Sing. Ind. Präs.	**sit-ju* (< *set-jō*)	*sittiu*	*sizzu*
3. Pers. Sing. Ind. Präs.	**sit-iđ*	*sitid*	*sizzit*
3. Pers. Sing. Ind. Prät.	**sat*	*sat*	*saz*
3. Pers. Plur. Ind. Prät.	**sēt(-um)*	*sātun*	*sāzun*
Partizip Präteritum	**-set(-anaz)*	*gisetan*	*gisezzan*

Das Altsächsische zeigt *tt* vor *j* im Infinitiv und in der 1. Person Singular Indikativ Präsens; es zeigt *t* in den übrigen Fällen, in denen kein *j* folgt. *tt* ist durch die westgermanische Konsonantengemination entstanden.

Geminiertes und einfaches *t* verhalten sich in der 2. Lautverschiebung unterschiedlich: Das *zz* in *sizzen* und *sizzu* ist daher als Affrikate (germ. *tt* > ahd. *ts*), das *zz* in *sizzit, gisezzan* als Doppelfrikativ (germ. *t* postvokalisch > ahd. *ss*, geschrieben <*zz*>) zu interpretieren, der im Auslaut und nach Langvokal in *saz, sāzun* zu *z* vereinfacht ist. Später wurden die Präsensformen vereinheitlicht. Sie zeigen bis heute Affrikaten, während im Präteritum und im Partizip Präteritum Frikative bewahrt sind (nhd. *sitzen – saß – gesessen*).

Zu den *j*-Präsentien → 3.1.1, zur westgermanischen Konsonantengemination → 2.1.2.

Die sprachgeographische Gliederung des Althochdeutschen aufgrund der 2. Lautverschiebung

Die vielfältige sprachliche Überlieferung des Althochdeutschen ist auf zeitliche, sprachsoziologische und sprachgeographische Gegebenheiten zurückzuführen. In althochdeutscher Zeit ist Latein die überregionale Schriftsprache. Deutsche Sprachformen gelangen nur in regional geprägter Form auf das Pergament, so dass sich hinter der Bezeichnung ›Althochdeutsch‹ stets eine Pluralität althochdeutscher Dialekte verbirgt. ›Hochdeutsch‹ in ›althochdeutsch‹ ist nicht im Sinne einer überregionalen Hochsprache zu verstehen, sondern grenzt hochdeutsche von niederdeutschen Dialekten ab. Ferner wird die sprachgeographische Vielfalt von der zeitlichen

Erstreckung des Althochdeutschen (ca. 750–1050) überformt: Es stehen sich ältere und jüngere althochdeutsche Sprachformen gegenüber.

Die regionale Gliederung des Deutschen ist seit Beginn des Althochdeutschen insbesondere durch die unterschiedliche Ausprägung der 2. Lautverschiebung bestimmt. Der folgende Überblick orientiert sich an der heutigen Dialektgliederung, wobei die erst in nachalthochdeutscher Zeit entstandenen östlichen Siedlungsmundarten unberücksichtigt bleiben.

Die Bezeichnung ›hochdeutsch‹ umfasst die mitteldeutschen und oberdeutschen Mundarten. Die hochdeutschen Mundarten stehen dem Niederdeutschen (in althochdeutscher Zeit: Altsächsischen) gegenüber, das von der 2. Lautverschiebung nicht erfasst wurde: germ. *p, t, k* und germ. *b̄, d̄, g* / *b, d, g* sind hier unverändert bewahrt.

Gemeinsamkeit aller hochdeutschen Mundarten ist die Verschiebung von germ. *p, t, k* in postvokalischer Stellung zu *ff, ss, hh,* außer bei *t* nach Vokal in Kleinwörtern wie *dat, et, allet.* Darüber hinaus ist *t* im Anlaut, in der Gemination und in postkonsonantischer Stellung im gesamten Hochdeutschen zur Affrikate *ts* verschoben.

Die **Isoglosse** zwischen Niederdeutsch und Hochdeutsch heißt nach dem Ort, bei dem sie den Rhein überquert, **Benrather Linie**. Sie trennt zum Beispiel:

postvokalisch	*p*	*t*	*k*	nicht postvokalisch *t*
nd.	*open*	*water*	*maken*	*tīd*
hd.	*offen*	*wasser*	*machen*	*zeit*

Die weitere Untergliederung des Hochdeutschen ist durch die geographische Verteilung der Verschiebung von germ. *p* in nicht postvokalischer Stellung bedingt. Im westlichen Mitteldeutschen ist germ. *p* im Anlaut, postnasal und in der Gemination unverändert bewahrt. Im Ostmitteldeutschen tritt im Anlaut *f* auf, in der Gemination *pp* und postnasal *p*. Im Oberdeutschen ist *p* in allen diesen Stellungen zu *pf* verschoben.

Die Isoglosse zwischen den mitteldeutschen und oberdeutschen Mundarten heißt ebenfalls nach dem Ort der Rheinüberquerung Speyerer Linie. Sie trennt also zum Beispiel:

	im Anlaut	in der Gemination	postnasal
md.	*pund* (wmd.)	*appel*	*damp*
	fund (omd.)		
obd.	*pfund*	*apfel*	*dampf*

Die Verschiebung von germ. *k* in nicht postvokalischer Stellung zu *kch* gilt nur in einem südlichen Teil des Oberdeutschen, nämlich südlich der *kind/chind*-Linie im Südalemannischen und Südbairischen, man vergleiche *kind – chind, dank – danch, lecken – lekchen.*

Durch eine Reihe von Sonderfällen wird es möglich, den westmitteldeutschen

Raum weiter zu untergliedern. Die meist schwach betonten Kleinwörter *das, was, es, alles* haben *t* auch südlich der Benrather Linie bewahrt. Die *dat/das*-Linie teilt das westliche Mitteldeutsche in Mittelfränkisch und Rheinfränkisch. Nördlich dieser Linie bleiben die Kleinwörter unverschoben, südlich werden sie entsprechend der Regelung zu *ss* (im Auslaut vereinfacht zu *s*) verschoben:

| mfrk. | *dat* | *wat* | *et* | *allet* |
| rhfrk. | *das* | *was* | *es* | *alles* |

Das Mittelfränkische wird heute in nördliches Ribuarisch bzw. Ripuarisch (< lat. ripa ›Ufer‹) und südliches Moselfränkisch gegliedert; die Isoglosse wird durch den Gegensatz von unverschobenem *p* nach Liquid (also *rp, lp*) und den entsprechenden verschobenen Formen (also *rf, lf*) im Süden gebildet (*dorp/dorf-Linie*):

| rib. | *dorp* | *helpen* |
| moselfrk. | *dorf* | *helfen* |

Insgesamt fällt die Häufung von Isoglossen in der westmitteldeutschen Sprachlandschaft auf. Weil sich diese von Osten gesehen fächerartig um den Rhein gruppieren, bezeichnet man diese sprachgeographische Konstellation auch als **Rheinischen Fächer**.

Zum Verständnis der Mundartkarten (→ Übersichten Nr. 3 und 7) muss betont werden, dass die einzelnen Dialektgebiete grundsätzlich nicht durch eine scharfe Grenzlinie, sondern durch einen Grenzstreifen getrennt sind. Entsprechend sind auch alle Linien stets als Repräsentanten ganzer Bündel von ähnlich verlaufenden Linien zu verstehen. So verläuft beispielsweise im Bereich der *dat/das*-Linie auch die Grenze von nördlichem *korf* mit *f* aus germ. *b̄* gegenüber südlichem *korb*.

Aufgrund der Ergebnisse der historischen Sprachgeographie kann wenigstens für die Hauptmundartgrenzen eine im Großen und Ganzen entsprechende Lage auch für die Zeit des Althochdeutschen angenommen werden. Daher können die althochdeutschen Texte aufgrund ihres Lautverschiebungsstandes auch sprachgeographisch eingeordnet werden, hierzu → 1.3.

Aufgabencode: F224

2.1.4 Vom Althochdeutschen zum Mittelhochdeutschen

Neben den tiefgreifenden Veränderungen im Vokalismus (→ 2.2.3) zeigt das Mittelhochdeutsche gegenüber dem Althochdeutschen einige konsonantische Entwicklungen, die anhand der folgenden Beispiele aus dem ›Nibelungenlied‹ veranschaulicht werden können:

mhd.	*huop*	*schilt*	*künic*	*vliezende*
	(NL 2037,4a)	(NL 978,2a)	(NL 978,4a)	(NL 2042,3b)
ahd.	*huob*	*skild*	*kuning*	*ûfspringanti*
	(L 27b)	(L 42a)	(L 1a)	(T 87,4)

Die mittelhochdeutschen Formen *huop, schilt, künic* zeigen im Vergleich zu den entsprechenden althochdeutschen Formen eine wichtige Veränderung im Bereich des Konsonantismus: Im Wort- und auch im Silbenauslaut, wenn kein Vokal folgt, verlieren die althochdeutschen stimmhaften Explosive /b/, /d/, /g/ ihre Stimmhaftigkeit. Dieses als **Auslautverhärtung** bezeichnete Phänomen wird im Mittelhochdeutschen graphisch gekennzeichnet, indem im Auslaut *p, t* und *c* geschrieben wird: mhd. *huoben* aber *er huop*; mhd. *des schildes* aber *der schilt*; mhd. *des küniges* aber *der künic* (diese Regel gilt für das so genannte Normalmittelhochdeutsche, → 1.4.1).

Im Neuhochdeutschen bleibt diese Auslautverhärtung bestehen. Graphisch wird sie aber nicht mehr gekennzeichnet, um die morphologische Zusammengehörigkeit der verschiedenen Formen innerhalb der Flexion eines Wortes zu kennzeichnen (morphematisches Prinzip der Orthographie): nhd. *der Schild* [ʃilt] – *des Schildes*.

Die mittelhochdeutsche Form *schilt* zeigt im Anlaut die Schreibung *sch* für ahd. *sk*: Hier wird der Mitte des 11. Jahrhunderts stattfindende Aussprachewandel von ahd. /sk/ zum mittelhochdeutschen Zischlaut *sch* graphisch gekennzeichnet. Da kein entsprechendes Zeichen in dem aus dem Lateinischen übernommenen Alphabet vorhanden war, sind im Mittelhochdeutschen neben *sch* verschiedene Schreibungen belegt (etwa *ss, sh, s*), auch die alten Schreibungen *sk* und *sc* bleiben noch vielfach erhalten.

Das Partizip Präsens mhd. *vliezende* zeigt gegenüber dem ahd. Partizip Präsens *ûfspringanti d* statt *t* nach Nasal. Diese als Lenisierung bezeichnete Veränderung eines stimmlosen zu einem stimmhaften Explosiv, die zum Teil bereits im Althochdeutschen zu beobachten ist, wird im Mittelhochdeutschen regelhaft: ahd. *bintan* – mhd. *binden*; ahd. *des lantes* – mhd. *des landes*. Auch in den schwachen Präteritumsformen kann entsprechend *-de* statt *-te* erscheinen: *er diende* neben *er diente*. So erscheint auch *nd* statt *nt* bei den Präterito-Präsentien *günnen* und *künnen* im Präteritum: *er gunde/gonde* und *er kunde/konde*. Gelegentlich wird *t* auch nach *l* stimmhaft: *er solde, wolde* neben *er solte, wolte*.

Im ›Nibelungenlied‹ erscheint ferner die Form *gekleit* (991,3b): Es handelt sich um eine Kontraktion aus dem Partizip Präteritum *geklaget*. Vielfach schwinden im Mittelhochdeutschen *b, d, g* oder *h* zwischen Vokalen mit folgender Vokalkontraktion. Dies begegnet, wie im Falle von *gekleit*, häufig innerhalb der Verbflexion: so etwa *er seit, leit, gît* (*er saget, leget, gibet*); → 4.1.2.

Aufgabencode: F228

2.2 Vokalismus

2.2.1 Vom Indogermanischen zum Germanischen

Die Entwicklung der Vokalphoneme ist zu unterscheiden nach den Kurzvokalen einerseits und den Langvokalen und Diphthongen andererseits. Der Kurzvokalismus des Indogermanischen entwickelt sich gemäß folgender Übersicht zum Germanischen:

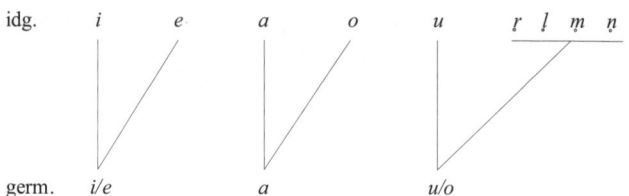

Beispiele:

idg. *a* >   germ. *a*:   lat. *ager* –   ahd. *ackar* ›Acker‹
      o >   *a*:   lat. *octo* –   ahd. *ahto* ›acht‹

Zu idg. *u* trat der vor silbischem *r̥, l̥, m̥, n̥* entwickelte Vokal *u* (silbische Nasale und Liquide bilden ohne Vokal den Silbenkern, wie z. B. in den Eigennamen *Srbik* oder *Krk*).

Idg. *u* wird im Germanischen zu *u* oder *o*, idg. *i* und *e* werden im Germanischen zu *i* oder *e*. Die Produkte dieser Entwicklung liegen im Althochdeutschen vor. Die Verteilung ist gleich geregelt: Vor *i, j, u* der Folgesilbe oder vor Nasalverbindung erscheinen *i* bzw. *u*, vor *a, e, o* der Folgesilbe erscheinen *e* bzw. *o*. Germ. *i/e* und *u/o* sind also komplementär verteilt, das heißt sie können nicht in derselben Umgebung auftreten.

Beispiele:

idg. *i* > germ. *i* vor *i*: lat. *piscis*   –   ahd. *fisk*   ›Fisch‹
      i >   *e* vor *o*: lat. *vir[os]* –   ahd. *wer*   ›Mann‹
      e >   *e* vor *a*: lat. *edere*   –   ahd. *ezzan*   ›essen‹
      e >   *i* vor *u*: lat. *edo*   –   ahd. *izzu*   ›ich esse‹
      u >   *u* vor *i*:   ahd. *guldīn* ›golden‹, vgl. *gold*
      u >   *o* vor *o*: lat. *iugum*   –   ahd. *joh*   ›Joch‹

Diese Vokalentwicklungen werden Vokalsenkung und Vokalhebung genannt; manchmal begegnet auch die Bezeichnung ›Brechung‹. Die Entwicklung hat sich vor allem in den Ablautreihen der starken Verben ausgewirkt.

Die Langvokale und Diphthonge entwickeln sich gemäß der folgenden Übersicht zum Germanischen:

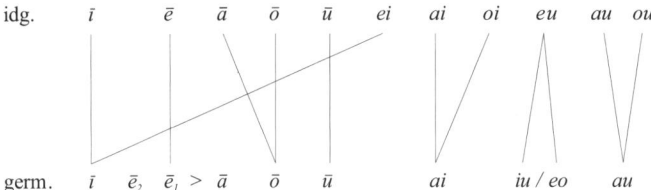

idg.	ī	ē	ā	ō	ū	ei	ai	oi	eu	au	ou
germ.	ī	ē₂	ē₁ > ā	ō	ū		ai		iu / eo	au	

Beispiele:

idg.	ī	> germ.	ī:	lat. *suīnus* Adj.	–	ahd. *swīn*	›Schwein‹
	ei	>	ī:	gr. *steícho*	–	ahd. *stīgu*	›ich steige‹
	ē	> ē₁ >	ā:	lat. *sēmen*	–	ahd. *sāmo*	›Same‹
	ā	>	ō:	lat. *frāter*	–	got. *brōþar*	›Bruder‹
	ō	>	ō:	lat. *flōs*	–	got. *blōma*	›Blüte‹
	ū	>	ū:	lat. *mūs*	–	ahd. *mūs*	›Maus‹
	ai	>	ai:	lat. *haedus*	–	got. *gaits*	›Bock‹
	oi	>	ai:	altlat. *oino(m)*	–	got. *ains*	›eins‹
	eu	>	iu:	gr. *geúomai*	–	ahd. *kiusu*	›ich wähle‹
	eu	>	eo:	gall. *Teuto-*	–	ahd. *deota*	›Volk‹
	au	>	au:	lat. *augēre*	–	got. *aukan*	›sich mehren‹
	ou	>	au:	idg. **roudhos*	–	got. *rauþs*	›rot‹

Zu den Langvokalen ī, ā und ū traten durch Ersatzdehnung nach Nasalausfall entstandene Langvokale aus ursprünglichen Kurzvokalen, wie z. B. in *dāhta, dūhta* usw.; zum Nasalausfall → 2.1.2.

Der Langvokal ē₂ ist ein in der Entwicklung von idg. ē (= germ. ē₁) unterschiedener Laut von komplexer und zum Teil unsicherer Herkunft.

Aufgabencode: F32

2.2.2 Vom Germanischen zum Althochdeutschen

Die Kurzvokale des Germanischen erscheinen im Althochdeutschen gemäß folgender Entwicklung:

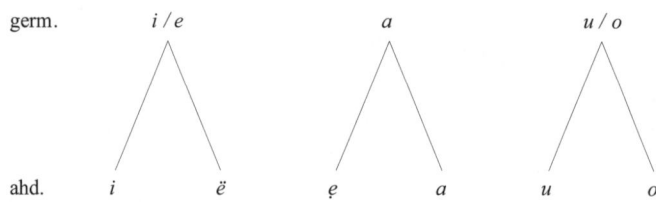

Im Germanischen sind *i / e* und *u / o* **Allophone**, d. h. ihr Auftreten hängt von den Folgelauten ab. Die Kurzvokale *i* und *u* treten vor *i, j, u* und Nasalverbindung auf, *e* und *o* vor *a, e, o*. Im Althochdeutschen erscheinen *i, u* und *e, o* zu **Phonemen** verselbstständigt, da in vielen Fällen die ursprünglichen Bedingungen nicht mehr erhalten sind. So lautet zum Beispiel der Infinitiv eines *j*-Präsens der V. Ablautreihe *bitten*. Der Wurzelvokal *i* (statt *e* wie in *geban*) beruht auf dem ursprünglich folgenden *j* (Infinitiv **bid-jan*). Der aus idg. *i* oder *e* stammende *e*-Laut wird in der historischen Grammatik mit *ë* bezeichnet. Damit ist er graphisch unterschieden von *ę*, dem durch **Umlaut** aus *a* entstandenen *e*-Laut, der sich auch phonetisch von *ë* unterschied bzw. in manchen Dialekten bis heute unterscheidet. Germ. *a* wurde vor folgendem *i* oder *j* zu *ę* umgelautet; → 2.1.1 und 2.2.3. Dieser Umlaut von *a* zu *ę* wird **Primärumlaut** genannt; er unterbleibt im Althochdeutschen allgemein vor den Konsonantenverbindungen *hs* und *ht* sowie vor Konsonant + *w*, im Oberdeutschen zum Teil auch vor anderen Konsonantenverbindungen.

Diese Veränderung ist der im Germanischen wirkenden Senkung oder Hebung von Vokalen in Abhängigkeit von den Folgelauten prinzipiell vergleichbar. Es wirken jeweils folgende hohe Vokale hebend und folgende tiefe Vokale senkend, wie sich mithilfe des Vokaldreiecks veranschaulichen lässt (da für das Deutsche der *a*-Vokal nicht weiter differenziert werden muss, ist das Modell des Vokaltrapezes entbehrlich). Das Vokaldreieck ist eine schematische Darstellung der Orte der jeweils höchsten Zungenerhebung bei der Artikulation der verschiedenen Vokale. Zugrunde liegt eine Abstrahierung von einem Querschnitt durch den nach links gerichteten Mundraum: Bei der Artikulation von /i/ nähert sich der Zungenrücken dem harten, vorderen Gaumen (Palatum), bei der Artikulation von /u/ nähert er sich dem weichen, hinteren Gaumen (Velum):

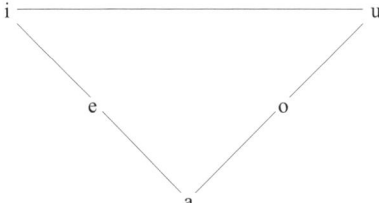

Je nach der Zungenwölbung können hohe von mittleren und tiefen Vokalen unterschieden werden (*i, u – e, o – a*) sowie vordere von hinteren (*i, e – o, u*).

Vor den mittleren Vokalen *e* und *o* sowie dem tiefen Vokal *a* stehen im Germanischen nur die mittleren Vokale *e* und *o* sowie der Diphthong *eo*. Vor den hohen Vokalen *i* (mit seiner konsonantischen Variante *j*) und *u* stehen im Germanischen nur die hohen Vokale *i* und *u* sowie der Diphthong *iu*.

In der Entwicklung zum Althochdeutschen wirkt ein folgendes *i* bzw. *j* auf ein vorausgehendes *a* ein: Die Veränderung des *a* zu *ę* vor *i/j* in der Folgesilbe ist als partielle Assimilation des *a* an *i/j* zu interpretieren und heißt *i*-Umlaut.

Beispiele für den Umlaut von *a* zu *ę* bieten alle *j*-haltigen Bildungen, besonders die *jan*-Verben. Das schwache Verb zum starken Verb *trinkan* wird von der Präteritumsform *trank* abgeleitet. Aus **trank-jan* wird durch Umlaut (und Endsilbenabschwächung) *trenken*.

Die Langvokale und Diphthonge zeigen vom Germanischen zum Althochdeutschen folgende Entwicklung:

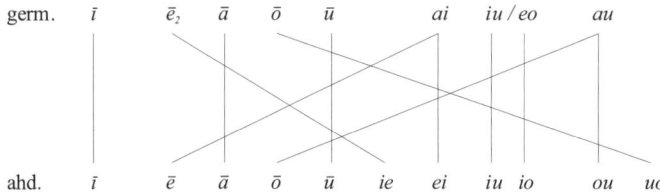

Germ. *ī, ā, ū* sind im Althochdeutschen unverändert erhalten. In einigen Wörtern werden die Kurzvokale *i, a, u* durch Nasalausfall vor Frikativ zu Langvokalen *ī, ā, ū*, z. B. *dāhta*; → 4.1.2, 2.1.2).

Der je nach Folgelaut wechselnde Diphthong *iu/eo* erscheint im Althochdeutschen verselbstständigt, wobei *eo* nur im ältesten Althochdeutschen erhalten ist und bald zu *io* wird. Entsprechend steht in der II. Ablautreihe

biogan im Infinitiv mit *io* vor *a*,
biugu in der 1. Pers. Sing. Ind. Präs. mit *iu* vor *u*.

Die germanischen Langvokale *ē₂* und *ō* und die Diphthonge *ai* und *au* werden durch die althochdeutsche Diphthongierung und die althochdeutsche Monophthongierung verändert.

In der althochdeutschen Diphthongierung werden die Langvokale $\bar{e}_2$ und $\bar{o}$ zu den Diphthongen *ie* und *uo*. Diphthonge sind Laute mit verbundener Artikulation aufeinander folgender Vokale.

Beispiele:

as. *fōr* – ahd. *fuor* ›ich ging‹
as. *hēt* – ahd. *hiez* ›ich befahl‹

In der althochdeutschen Monophthongierung werden

germ. *ai* vor *r, w, h* und im Auslaut zu ahd. *ē*
germ. *au* vor *h* oder Dentalen zu ahd. *ō*.

Aus einem Diphthong entsteht ein einfacher, langer Vokal (= **Monophthong**). In allen anderen Positionen bleiben die Diphthonge als *ei* und *ou* erhalten.

Beispiele:

got. *stains* – ahd. *stein* ›Stein‹
got. *saiws* – ahd. *sē(o)* ›See‹
got. *bagms* – ahd. *boum* ›Baum‹
got. *rauþs* – ahd. *rōt* ›rot‹

Die althochdeutsche Monophthongierung begründet die Unterklassen Ib und IIb der Ablautreihen.

Aufgabencode: F33

2.2.3 Vom Althochdeutschen zum Mittelhochdeutschen

Die Kurzvokale des Althochdeutschen entwickeln sich folgendermaßen zum Mittelhochdeutschen:

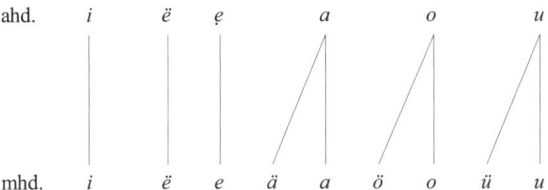

Im Mittelhochdeutschen erscheinen also weitere umgelautete Vokale: *a* wird in den Positionen zu *ä*, in denen zuvor kein Umlaut eingetreten war, nämlich vor den Konsonantenverbindungen *hs*, *ht* und vor Konsonant + *w* (→ 2.1.2). Dieser Umlaut von *a* > *ä* wird als **Sekundärumlaut** vom **Primärumlaut** von *a* > *ę* unterschieden, der bereits im Althochdeutschen erscheint (z. B. *gast – gesti*). *o* und *u* werden zu *ö* und *ü*.

Beispiele:

ahd.	*mahtig*	–	mhd.	*mähtec*	›mächtig‹
	tohti	–		*töhte*	›es würde taugen‹
	kunni	–		*künne*	›Geschlecht‹

In allen Fällen bewirkt folgendes *i* oder *j* eine Assimilation des Vokals an *i*, hier eine Palatalisierung. Sie muss eingetreten sein, solange der bewirkende Faktor noch vorhanden war. In der schriftlichen Überlieferung treten die Umlaute im Spätalthochdeutschen vereinzelt, regelmäßiger erst im Mittelhochdeutschen auf. Was durch die Endsilbenabschwächung an Differenzierung verloren geht, wird durch den Umlaut in gewisser Weise kompensiert. Der Umlaut kann somit grammatische Funktion übernehmen, man spricht hier auch von Grammatikalisierung des Umlautes. So wird zum Beispiel die althochdeutsche Endungsopposition *tohta* (Indikativ) – *tohti* (Konjunktiv) durch die Binnenopposition bei Endungsgleichheit *tohte* (Indikativ) – *töhte* (Konjunktiv) ersetzt.

Die Langvokale und Diphthonge des Althochdeutschen entwickeln sich folgendermaßen zum Mittelhochdeutschen:

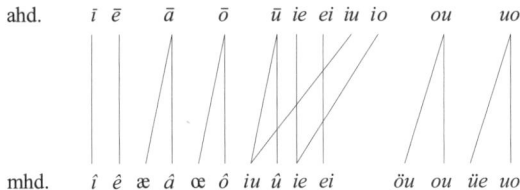

Im Langvokalismus und bei den Diphthongen tritt durchgehend Umlaut auf.

Beispiele:

ahd.	*dū nāmi*	–	mhd.	*dû næme*	›du nahmst‹
	rōtī	–		*rœte*	›Röte‹
	hūsir	–		*hiuser*	›Häuser‹
	troumen	–		*tröumen*	›träumen‹
	(*jan*-Verb)				
	kuoni	–		*küene*	›kühn‹

Der althochdeutsche Diphthong *iu* wird zum Langvokal *ü:* monophthongiert und fällt mit dem Umlaut von *ū* zusammen (geschrieben wird weiterhin *iu*):

| ahd. | *hiutu* | – | mhd. | *hiute* | ›heute‹ |

Der althochdeutsche Diphthong *io* wird zu *ie* und fällt mit *ie* aus germ. *ē₂* zusammen:

| ahd. | *biogan* | – | mhd. | *biegen* | ›biegen‹ |

Charakteristisch für den mittelhochdeutschen Vokalismus ist einerseits der Umlaut, der nicht mehr nur wie beim althochdeutschen Primärumlaut *a > e*, sondern auch bei allen umlautfähigen Kurzvokalen, Langvokalen und Diphthongen auftritt (so genannter Sekundärumlaut), andererseits die relativ große Zahl ungerundeter mittlerer vorderer Vokale *ë, ę, ä, ē* und *æ*. An diesen Stellen ist das Phonemsystem auf dem Weg zum Neuhochdeutschen reduziert worden.

Für das Mittelhochdeutsche ebenfalls charakteristisch sind wichtige Veränderungen im Bereich des Vokalismus der Nebensilben. Hier ist vor allem die **Nebensilbenabschwächung** zu nennen, die das Mittelhochdeutsche gegenüber dem Althochdeutschen stark verändert, indem die vollen Vokale der althochdeutschen Nebensilben zu *e* [ə] abgeschwächt werden: Man vergleiche etwa ahd. *zunga* – mhd. *zunge*, ahd. *bigraban* – mhd. *begraben*. Zum Teil führt diese Nebensilbenabschwächung zu grundlegenden Umstrukturierungen im morphologischen Bereich, so etwa bei der oben erwähnten Grammatikalisierung des Umlautes im Zusammenhang mit der Endsilbenabschwächung im Verbalbereich. Erste Belege für die Nebensilbenabschwächung finden sich bereits im Spätalthochdeutschen (→ 1.3.4).

Darüber hinaus ist im Bereich der Nebensilben mit dem Phänomen der **Apokope** und **Synkope** zu rechnen: Der abgeschwächte Endungsvokal *e* wird regelmäßig in einsilbigen auf *r* oder *l* ausgehenden Wörtern mit kurzer Wurzelsilbe sowie in mehrsilbigen auf *-er, -el, -em, -en* ausgehenden Wörtern aufgegeben. Dieser Wegfall wird im Wortinnern (*faran > varen > varn*) Synkope, am Wortende (*faru > vare > var*) Apokope genannt.

Aufgabencode: F324

2.2.4 Die Struktur der Ablautreihen

Im Indogermanischen wirkte der **Ablaut** als regelmäßiger Wechsel des Wurzelvokals in etymologisch zusammenhängenden Wortformen. Ablaut begegnet daher häufig in der Etymologie germanisch-indogermanischer Erbwörter (→ 1.2.1). Ablaut prägt auch das verbale Flexionssystem des Indogermanischen. Im Germanischen wurde der Ablaut zur Bildung der Tempusformen systematisiert.

Der für die starken Verben charakteristische Ablaut lässt sich aufgrund der vorangehenden Behandlung des Vokalismus nun im Rückgang auf das Indogermanische in seiner Verteilung genauer beschreiben.

Die Wurzelvokale der I. Ablautreihe im Althochdeutschen, Germanischen und Indogermanischen können durch Anwendung der beobachteten Lautveränderungen aufgestellt werden:

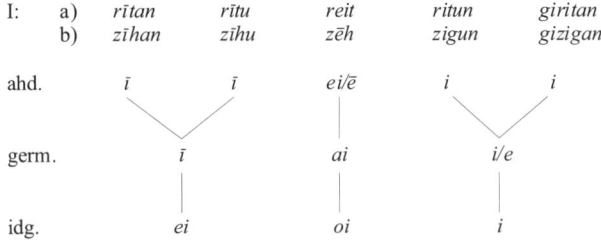

I: a) *rītan* *rītu* *reit* *ritun* *giritan*
   b) *zīhan* *zīhu* *zēh* *zigun* *gizigan*

ahd. *ī* *ī* *ei/ē* *i* *i*

germ. *ī* *ai* *i/e*

idg. *ei* *oi* *i*

Statt auf idg. *ei, oi, i* könnten germ. *ī, ai, i/e* auch auf idg. *ī, ai, e* zurückgehen (→ 2.2.1). Die Entscheidungen für idg. *ei, oi* und *i* sind jeweils durch entsprechende Parallelen in anderen indogermanischen Sprachen begründet, z. B. griech. *leipō – leloipa – elipon* ›lassen‹.

Die Wurzelvokale der II. Ablautreihe lauten:

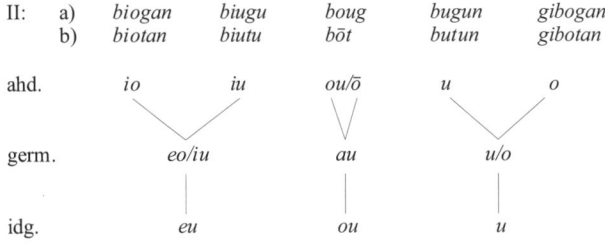

II: a) *biogan* *biugu* *boug* *bugun* *gibogan*
    b) *biotan* *biutu* *bōt* *butun* *gibotan*

ahd. *io* *iu* *ou/ō* *u* *o*

germ. *eo/iu* *au* *u/o*

idg. *eu* *ou* *u*

Statt auf idg. *ou* könnte germ. *au* auch auf idg. au zurückgehen (→ 2.2.1). Die Entscheidung für *ou* als Vorstufe von germ. *au* ist durch entsprechende Parallelen in anderen indogermanischen Sprachen begründet, z. B. griech. *eleusomai – eileloutha – elython* ›kommen, gehen‹.

Der Vergleich der indogermanischen Verhältnisse in den Ablautreihen I und II zeigt jeweils ein gleich bleibendes und ein wechselndes Element:

I. $e + i$ $o + i$ i
II. $e + u$ $o + u$ u

Kennzeichen der Reihe I ist das gleichbleibende Element i, Kennzeichen der Reihe II das gleichbleibende Element u. Beiden Reihen gemeinsam ist der Wechsel zwischen $e - o - \emptyset$ vor den gleichbleibenden Elementen.

Dieselben Ablautverhältnisse liegen in der Reihe III vor, wo das gleichbleibende Element die Verbindung von Nasal bzw. Liquid und Konsonant ist. Aus der Nullstufe mit silbischem Nasal bzw. Liquid entwickelt sich der Vokal u, der teils u bleibt, teils zu o gesenkt wird.

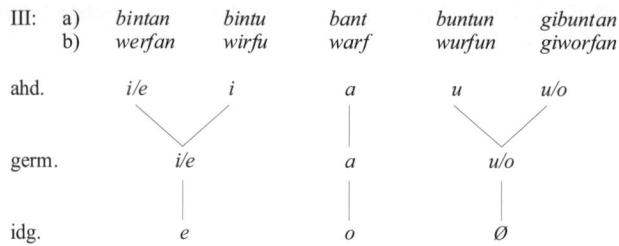

In Reihe IV ergeben sich folgende Ablautverhältnisse:

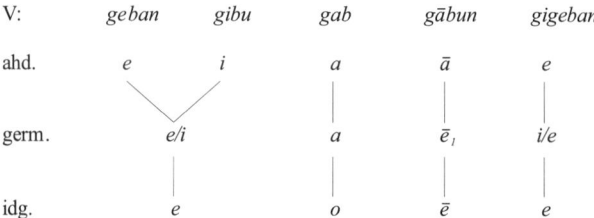

Die Ablautreihe zeigt e-/o-Ablaut vor einfachem Nasal oder Liquid. Im Präteritum Plural steht $\bar{e}$, im Partizip Präteritum entwickelt sich aus silbischem Nasal oder Liquid u, das zu o gesenkt wird.

Die Wurzelvokale der V. Ablautreihe lauten:

V: geban   gibu   gab   gābun   gigeban

ahd. e i a $\bar{a}$ e

germ. e/i a $\bar{e}_1$ i/e

idg. e o $\bar{e}$ e

Die V. Ablautreihe zeigt in Übereinstimmung mit den ersten vier Ablautreihen im Präsens und im Singular des Präteritums *e-/o*-Ablaut. Im Plural des Präteritums und im Partizip steht im Gegensatz zur dritten Ablautreihe nicht Ø, sondern *ē* bzw. *e*.

Der **Ablaut** zeigt in den Reihen I – V zwei grundsätzlich verschiedene Ausprägungen: Qualitativer Ablaut (oder Abtönung) erscheint als Wechsel in der Klangfarbe zwischen den Vokalen der mittleren Ebene, *e* und *o*. Quantitativer Ablaut (oder Abstufung) erscheint als Wechsel in der Vokaldauer zwischen Kurzvokal (Grundstufe) und Ø (Nullstufe) bzw. Langvokal (Dehnstufe). Das dem Ablautvokal folgende Element ist in allen Formen einer Ablautreihe gleich und bildet das eigentliche Kennzeichen der Reihe (Reihe I: *i*, Reihe II: *u*, Reihe III: Nasal oder Liquid + Konsonant, Reihe IV: Nasal oder Liquid, Reihe V: Konsonant außer *r, l, m, n*).

Der *e-/o*-Ablaut ist für die ersten fünf Ablautreihen bestimmend; der Vokalismus der VI. Ablautreihe führt dagegen nicht auf diesen *e-/o*-Wechsel zurück, wie sich leicht ermitteln lässt.

VI:	*faran*	*faru*	*fuor*	*fuorun*	*gifaran*
ahd.	*a*	*a*	*uo*	*uo*	*a*
germ.	*a*	*a*	*ō*	*ō*	*a*
idg.	*a/o*		*ō/ā*		*a/o*

Je nach Rekonstruktion liegt quantitativer Ablaut *a/ā* oder *o/ō* beziehungsweise qualitativer und quantitativer Ablaut *a/ō* oder *o/ā* zugrunde.

Die Verben der althochdeutschen VII. Ablautreihe bildeten das Präteritum ursprünglich durch Reduplikation der Wurzelsilbe und teilweise auch durch Ablaut. Der Präteritumsvokal *ie* ist hier erst sekundär entstanden, so dass eine Rückführung auf indogermanische Ablautverhältnisse nicht direkt möglich ist.

Im Gotischen sind diese Verhältnisse noch erkennbar: Nichtablautend-reduplizierend war z.B. *haldan* (ahd. *haltan*) – *haíhald* (ahd. *hielt*), ablautend-reduplizierend z.B. *lētan* (ahd. *lāzan*) – *laílōt* (ahd. *liez*).

Für eine zusammenfassende Übersicht über die Ablautverhältnisse der starken Verben → Übersicht Nr. 8.

Code für Schnellsuche: F328

2.2.5 Vom Mittelhochdeutschen zum Frühneuhochdeutschen

Die wesentlichen lautlichen Entwicklungen, die das Mittelhochdeutsche zum Frühneuhochdeutschen hin durchläuft, betreffen den Vokalismus der Haupttonsilben. Die Reichweite der einzelnen Veränderungen ist unterschiedlich groß und hängt von außersprachlichen Parametern wie Raum und Zeit (Diphthongierung, Monophthongierung) sowie von innersprachlichen Parametern wie der lautlichen Umgebung ab. Die frühneuhochdeutschen Veränderungen des mittelhochdeutschen Haupttonvokalismus sind durchweg ohne weitere Veränderungen auch an der neuhochdeutschen Standardsprache erkennbar.

(Neuhochdeutsche) Diphthongierung
Die mittelhochdeutschen Langvokale /î, iu, û/ treten im Neuhochdeutschen als **Diphthonge** /ei, öu, au/ auf:

mhd. *mîn* > nhd. *mein*
mhd. *niuwez* > nhd. *neues*
mhd. *hûs* > nhd. *Haus*

Die frühneuhochdeutsche Diphthongierung der mittelhochdeutschen Langvokale /î/, /iu/, /û/ ist am Ende der frühneuhochdeutschen Periode zwar im gesamten hochdeutschen Sprachgebiet mit Ausnahme von Teilen des Westoberdeutschen (vgl. den Haupttonsilbenvokalismus der Sprachbezeichnung *Schwizerdütsch*) durchgesetzt, die Entwicklung selbst unterliegt aber erheblichen regionalen Differenzen. Die ersten Diphthongbelege treten im 12. Jahrhundert in Kärnten, also im südlichen Ostoberdeutschen auf und breiten sich im 13. Jahrhundert erst ins Bairische, dann ins Ostfränkische und Böhmische, im 14. Jahrhundert ins Schwäbische und Rheinfränkische einerseits und ins Schlesische andererseits, sowie im 15. und 16. Jahrhundert schließlich ins Mittelfränkische und ins Obersächsische aus.

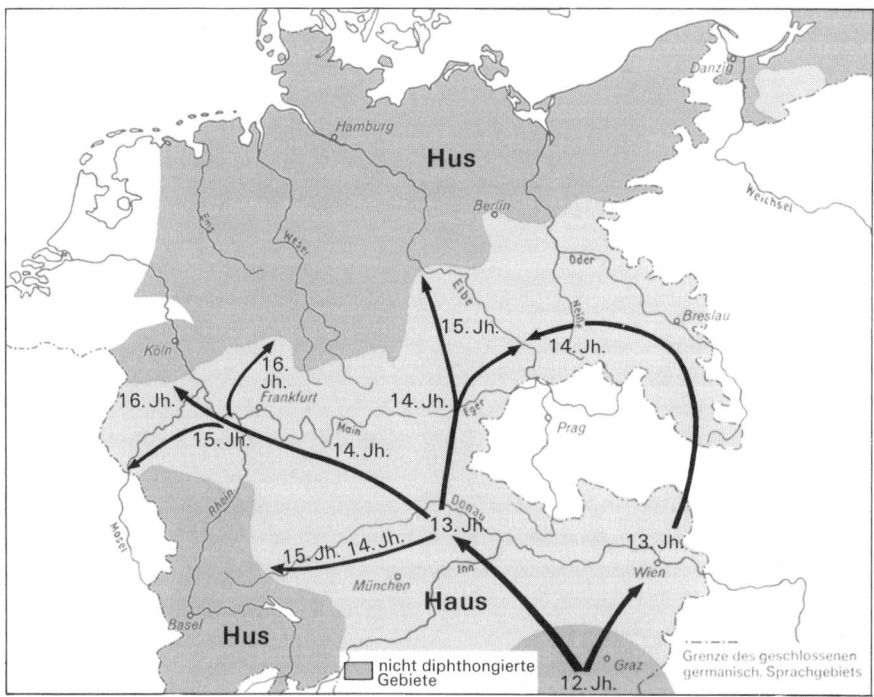

Ausbreitung der nhd. Diphthongierung (aus: Werner König, dtv-Atlas Deutsche Sprache, 16., durchgesehene und korrigierte Auflage. München 2007, S. 146)

(Mitteldeutsche) Monophthongierung
Die mittelhochdeutschen Diphthonge /ie, uo, üe/ treten im Neuhochdeutschen als lange Monophthonge /î, y:, û/ auf:

mhd. *liebe* > nhd. *liebe*
mhd. *guote* > nhd. *gute*
mhd. *brüeder* > nhd. *Brüder*

Bei der Monophthongierung von mhd. /ie/ ist zu beachten, dass die neuhochdeutsche Orthographie die mittelhochdeutsche Diphthongschreibung zu einem Längenzeichen umfunktioniert hat, so dass die Graphie den Lautwandel nicht reflektiert. Umgekehrt gehen nicht alle nhd. <ie>-Graphien auf mittelhochdeutsche Diphthonge zurück (mhd. *liggen* > nhd. *liegen*).
   Die Ausbreitung der Monophthongierung der mittelhochdeutschen Diphthonge /ie/, /uo/, /üe/ beschränkt sich auf das Mitteldeutsche. Dort tritt sie im 11./12. Jahrhundert im Westen des Dialektgebiets auf und dehnt sich über das Rheinfränkische

und Ostfränkische ins Ostmitteldeutsche aus. Im Oberdeutschen ist sie bis heute unterblieben, worauf Namengraphien wie *Flüela* oder *Rüedi* verweisen.

Nukleussenkung

Diphthonge sind Phoneme, die aus zwei vokalischen Lautphasen bestehen, deren erste auch als Nukleus (›Kern‹) bezeichnet wird. Der Nukleus der mittelhochdeutschen Diphthonge /öu, ou, ei/ wird zum Neuhochdeutschen gesenkt, so dass die Diphthonge /äu, au, ae/ entstehen:

mhd. *vröude* > nhd. *Freude*
mhd. *boum* > nhd. *Baum*
mhd. *leit* > nhd. *Leid*

In den frühneuhochdeutschen Schreibdialekten werden die Produkte von Diphthongierung und Nukleussenkung häufig graphisch unterschieden. So tritt mhd. /ei/ im Oberdeutschen lange als <ai>/<ay> gegenüber <ei>/<ey> für diphthongiertes mhd. /î/ auf. Zur neuhochdeutschen Standardsprache hin werden solche historisch bedingten Schreibungen zusehends überlagert, vereinzelte Spuren sind gleichwohl zu beobachten. So geht die Differenzierung von nhd. *Laib* < mhd. *leip* und *Leib* < mhd. *lîp* auf unterschiedliche lautliche Herkunft zurück.

Dehnung in offener Tonsilbe

Der Kurzvokal mittelhochdeutscher Silben mit wurzelschließendem Vokal erscheint im Neuhochdeutschen als Langvokal. Zu beachten ist, dass die Länge von der neuhochdeutschen Graphie in der Mehrzahl der Fälle nicht explizit, etwa durch Längen-<h> oder Doppelschreibung, signalisiert wird:

mhd. *geben* > nhd. *geben*
mhd. *nemen* > nhd. *nehmen*
mhd. *klage* > nhd. *Klage*
mhd. *bote* > nhd. *Bote*
mhd. *her* > nhd. *Heer*

Kürzung in geschlossener Tonsilbe

Der Langvokal mittelhochdeutscher Silben mit wurzelschließendem Konsonanten erscheint im Neuhochdeutschen als Kurzvokal, die Kürzung unterbleibt jedoch häufig, etwa, wenn der mittelhochdeutsche Langvokal diphthongierungsfähig ist (mhd. *bîhte* > nhd. *Beichte*, nicht **Bichte*):

mhd. *brâhte* > nhd. *brachte*
mhd. *hêrlich* > nhd. *herrlich*

Rundung

Als rund bezeichnet man solche Vokale, die mit gerundeter Lippenstellung artikuliert werden: /ö/, /ö:/, /u/, /u:/, /y/ und /y:/. Eine Reihe einschlägiger neuhochdeutscher Wurzelvokale hat sich aus den mit gleicher Zungenhöhe artikulierten ungerundeten mittelhochdeutschen Vokalen entwickelt:

mhd. *lewe* > nhd. *Löwe*
mhd. *finf* > nhd. *fünf*

Im Fall der Rundung /â/ > /ô/ liegt zusätzlich eine Hebung des mit tiefer Zungenstellung artikulierten /â/ zu mittlerem /ô/ vor:

mhd. *âne* < nhd. *ohne*

Entrundung
Komplementär haben sich in einer Reihe von Fällen ungerundete nhd. Wurzelvokale aus den mit gleicher Zungenhöhe artikulierten gerundeten mittelhochdeutschen Vokalen entwickelt:

mhd. *gümpel* > nhd. *Gimpel*
mhd. *slöufe* > nhd. *Schleife*
mhd. *stiuz* > nhd. *Steiß*

Senkung
Hauptsächlich in pränasaler und präliquider Position werden die mit hoher Zungenstellung artikulierten mhd. Kurzvokale /i/, /ʏ/, /u/ im Nhd. mit mittlerer Zungenstellung artikuliert und z. T. auch gedehnt:

mhd. *sunne* > nhd. *Sonne*
mhd. *künec* > nhd. *König*
mhd. *helle* > nhd. *Hölle*

Für die wurzelvokalische Profilierung des Neuhochdeutschen gegenüber dem Mittelhochdeutschen sind in erster Linie Diphthongierung, Monophthongierung, Nukleussenkung sowie Dehnung in offener Tonsilbe verantwortlich, die, von wenigen Sonderfällen bei der Dehnung abgesehen, ausnahmslos durchgeführt werden. Die Bedingungen für das Auftreten von Kürzung, Rundung, Entrundung und Senkung lassen sich hingegen nur selten zuverlässig angeben. So wird die Senkung von mhd. /u/ > nhd. /o/ vor Nasalen in aller Regel durchgeführt. Demgegenüber steht neben der Rundung von mhd. *helle* > nhd. *Hölle* der lautlich analoge Fall mhd. *zelle*, in dem die Rundung unterbleibt (nhd. *Zelle*).

Die Auswirkungen, die die vokalischen Veränderungen für das phonologische System haben, werden bei einer überblicksartigen Gegenüberstellung des mittelhochdeutschen und neuhochdeutschen Phonemsystems deutlich. Dabei fällt zweierlei auf:

1) Die mhd. Monophthonge /î, iu, û/ und komplementär dazu die mhd. Diph-

thonge /ie, üe, uo/ verändern sich nicht isoliert, ihre Entwicklung lässt sich als Reihenverschiebung erklären;

2) Die mhd. Monophthonge /î, iu, û/ fallen im Zuge von neuhochdeutscher Diphthongierung und Nukleussenkung mit den mhd. Diphthongen /ei, öu, ou/ zusammen, wobei die Dialekte die mittelhochdeutschen Verhältnisse teilweise bewahren.

Die Kurzvokalsysteme:

mhd.

/i/	/ü/	/u/
/ẹ/ /ë/ /ä/	/ö/	/o/
/a/		

nhd.

/ɪ/	/ʏ/	/ʊ/
/ɛ/	/œ/	/ɔ/
/a/		

Die Langvokalsysteme:

mhd.

/î/	/iu/	/û/
/ê/ /æ/	/œ/	/ô/
/a/		

nhd.

/i:/	/y:/	/u:/
/e:/ /ɛ:/	/ø:/	/o:/
/a/		

Die Diphthongsysteme:

mhd.

/ie/	/üe/	/uo/
/ei/	/öu/	/ou/

nhd.

/ae̯/	/ɔɣ̯/	/aɔ̯/

Aufgabencode: F32C

3. Einführung in die althochdeutsche Flexionsmorphologie

3.1 Das Verb

3.1.1 Starke Verben

(→ Übersichten Nr. 9–11)

Flektierte Verbform und Wörterbuchansatz
Voraussetzung für das Verständnis eines alt- oder mittelhochdeutschen Satzes ist das Erkennen der Beziehungen zwischen den Wörtern und das Ermitteln der Wortbedeutungen. Für beides ist die Zurückführung der belegten Wortform auf eine Grundform nötig. In zahlreichen Fällen bereitet dies keine besonderen Schwierigkeiten, wie einige Beispiele zeigen können.

> *Thō nam her skild indi sper.*
> *Uuolder uuār errahchōn*
> *Thō ni uuas iz burolang,*
> *Gode lob sagēda,*
> *Ther kuning reit kuono,*
> *Ioh alle saman sungun*
> *Sang uuas gisungan,*
> *Bluot skein in uuangōn:*

> *Ellianlīcho reit her:*
> *Sīna(n) uuidarsahchōn.*
> *Fand her thia northman:*
> *Her sihit thes her gerēda.*
> *Sang lioth frāno,*
> *›Kirrieleison‹.*
> *Uuīg uuas bigunnan,*
> *Spilōdun ther urankon.*

Ludwigslied, vv. 42–49.
Übersetzung: Da ergriff er seinen Schild und seine Lanze, mutig ritt er fort. Er wollte seinen Feinden die Wahrheit verkünden. Da dauerte es nicht allzu lang, bis er auf die Normannen traf. Er pries Gott, er sieht, wonach er verlangte. Der König ritt tapfer, sang das Lied des Herrn, ebenso sangen alle zusammen »Kyrie eleison«. Es wurde gesungen, die Schlacht begonnen, das Blut schien durch die Wangen, da kämpften die Franken.

Manche Wortformen finden sich im ›Althochdeutschen Wörterbuch‹ von R. Schützeichel in der gleichen Form wie im Text: *sper, sang, bluot* usw. In anderen Fällen ist auch schon ohne Kenntnis der althochdeutschen Flexion die Erschließung einer Grundform möglich: *uuangōn* steht im Wörterbuch unter *wanga, urankon* unter *franko* usw.

Aus mehreren Gründen beginnt die Einführung in die Flexionsmorphologie mit der Wortart Verb. Das Verb ist als vorgangs- und zustandsbeschreibende Wortart für das Verständnis des Satzes von grundlegender Bedeutung. Der Weg von der flektierten Wortform im Text zur Grundform im Wörterbuch, dem Infinitiv, ist hier schwieriger als bei den anderen Wortarten. Innerhalb der Verben ist aus verschiedenen Gründen der Beginn mit den so genannten **starken Verben** sinnvoll. Die starken Verben sind historisch betrachtet primär; sie liegen abgeleiteten Wörtern anderer Wortarten und auch schwachen Verben zugrunde. Es ist ferner erforderlich, sofort die Regeln zu kennen, nach denen zu einer Form *reit* ein Infinitiv *rītan* (L 22) gebildet wird. Bei Formen schwacher Verben wie *spilōdun* ist der Infinitiv *spilōn* leichter zu finden.

Die althochdeutschen Ablautreihen
Besonderes Kennzeichen der starken Verben sind die Veränderungen des Vokals im Grundmorphem. Als **Grundmorphem** bezeichnet man den die lexikalische Bedeutung des Wortes tragenden Bestandteil, der nach Abtrennung der **Flexions-** und **Wortbildungsmorpheme** übrig bleibt. Er wird in historischem Zusammenhang vielfach auch Wurzel genannt. Die Flexion der Wörter erscheint im Allgemeinen in den Flexionsmorphemen, den Endungen, wie auch teilweise noch im Neuhochdeutschen: *ich komm-e, du komm-st, er komm-t.* Bei den starken Verben tritt auch eine Veränderung innerhalb des Grundmorphems auf: *rīt-an – reit.* Die in der Textprobe vorkommenden Verbformen zeigen verschiedene Vokalverhältnisse:

reit	= *reit-ø*	gehört zu	*rīt-an*
-ei-		gehört zu	*-ī-*
nam	= *nam-ø*	gehört zu	*nem-an*
-a-		gehört zu	*-e-*
sungun	= *sung-un*	gehört zu	*sing-an*
-u-		gehört zu	*-i-*

Auf der anderen Seite gilt aber nicht für jedes Verb eine eigene Regelung, sondern bestimmte Vokalverhältnisse wiederholen sich bei ganzen Gruppen von Verben:

reit	gehört zu	*rīt-an*
skein	gehört zu	*skīn-an*

Aus dieser Regelmäßigkeit kann man folgern, dass eine Präteritumsform mit *-ei-* auf einen Infinitiv mit *-ī-* im Grundmorphem schließen lässt.

Den auf lautliche Verhältnisse des Indogermanischen zurückgehenden regelmäßigen Wechsel des Vokals in Grundmorphemen zusammengehöriger Wortformen nennt man **Ablaut**. Im Althochdeutschen unterscheidet man aufgrund der regelmäßigen Vokalveränderungen sieben Klassen starker Verben. Die verschiedenen Verbklassen werden Ablautreihen genannt. Sie werden durch fünf Formen des Verbs repräsentiert, aus denen alle anderen Formen ableitbar sind.

Die Kennzeichen der Ablautreihen

Reihe I:	a)	*rītan*	*rītu*	*reit*	*ritun*	*giritan*	›reiten, fahren‹
	b)	*zīhan*	*zīhu*	*zēh*	*zigun*	*gizigan*	›bezichtigen, zeihen‹

Präteritumsformen mit *ei* oder *ē* im Singular und *i* im Plural und im Partizip gehören stets in Reihe I und verweisen auf einen Infinitiv mit *ī*, der für diese Reihe kennzeichnend ist. Der Vokal *ē* statt *ei* in der 1. und 3. Person Singular Indikativ Präteritum tritt nur vor *h* oder *w* auf. Zu dieser Monophthongierung → 2.2.2; zu dem Konsonantenwechsel *h – g* siehe weiter unten (Der grammatische Wechsel, S. 90 f.).

Reihe II:	a)	*biogan*	*biugu*	*boug*	*bugun*	*gibogan*	›biegen‹
	b)	*biotan*	*biutu*	*bōt*	*butun*	*gibotan*	›bieten‹

Präteritumsformen mit *ou* oder *ō* im Singular gehören stets in Reihe II und verweisen auf einen Infinitiv mit *io*, der für diese Reihe kennzeichnend ist. Der Vokal *ō* in der 1. und 3. Person Singular Indikativ Präteritum tritt nur vor *h* oder Dentalen (*t*, *d*, *z*, *s*) auf. Zu dieser Monophthongierung → 2.2.2. Zur II. Ablautreihe gehören auch einige Verben mit dem Präsensvokal *ū*: ahd. *lūhhan* ›schließen‹, *sūfan* ›saufen‹ und *sūgan* ›saugen‹.

Die Präteritumsformen mit den Vokalen *u* und *o* verweisen nicht notwendig auf den Infinitiv mit *io*, da diese Vokale auch in den Präteritumsformen der Reihen III und IV auftreten. Es sind also weitere Kriterien zur Unterscheidung der Reihen II, III und IV notwendig.

Reihe III:	a)	*bintan*	*bintu*	*bant*	*buntun*	*gibuntan*	›binden‹
	b)	*werfan*	*wirfu*	*warf*	*wurfun*	*giworfan*	›werfen‹

Für die Kennzeichnung der einzelnen Ablautreihen ist außer den Vokalen selbst auch die konsonantische Umgebung der ablautenden Vokale von Bedeutung. Verben, in denen dem ablautenden Vokal *m*, *n*, *r* oder *l* + Konsonant folgen, gehören in Reihe III. *m* und *n* heißen nach ihrer Artikulationsart **Nasale**, *r* und *l* **Liquide**. Verben mit Nasal + Konsonant (z. B.: *nt*, *nd*, *nn*, *mm*) gehören in Reihe IIIa, Verben mit Liquid + Konsonant (z. B.: *rf*, *rd*, *lf*, *ll*) in Reihe IIIb.

Zur Ablautreihe IIIb gehören auch einige Verben, deren Grundmorphem auf mehrfache Konsonanz ausgeht und bei denen teilweise *r* oder *l* vor dem Vokal des Grundmorphems stehen: ahd. *brestan* ›bersten‹, *flehtan* ›flechten‹, *fehtan* ›fechten‹ usw.

Reihe IV:	*neman*	*nimu*	*nam*	*nāmun*	*ginoman*	›nehmen‹

Nach Reihe IV gehen alle starken Verben, in denen dem ablautenden Vokal *m*, *n*, *r* oder *l* allein, also ohne einen weiteren Konsonanten, folgen. Von diesem Befund aus ist auch eine eindeutige Zuordnung von Partizipien wie *gibogan*, *giworfan* oder *ginoman* möglich. *gibogan* gehört in Reihe II, weil dem ablautenden Vokal *o* kein Nasal oder Liquid folgt. *giworfan* gehört in Reihe IIIb, weil dem Vokal *o* Liquid + Konsonant folgen. *ginoman* gehört in Reihe IV, weil dem Vokal *o* ein Nasal ohne einen weiteren Konsonanten folgt.

Reihe V:	*geban*	*gibu*	*gab*	*gābun*	*gigeban*	›geben‹

Die Verben der Reihe V unterscheiden sich aufgrund der Ablautverhältnisse von den Reihen I und II und im Hinblick auf den nachfolgenden Konsonanten von den Reihen III und IV. In Reihe V gehören Verben mit dem Vokal *e* im Infinitiv, in denen dem ablautenden Vokal kein Nasal oder Liquid, sondern ein anderer Konsonant folgt.

Reihe VI: *faran   faru   fuor   fuorun   gifaran*   ›fahren‹

Die ablautenden Vokale dieser Reihe kommen in den Reihen I bis V nicht in dieser Verteilung vor. In Reihe VI gehören daher Verben mit *a* im Präsens und im Partizip Präteritum und *uo* im Präteritum.

Reihe VII: *rātan   rātu   riet   rietun   girātan*   ›raten‹

Kennzeichen der Reihe VII ist der Diphthong *ie* in den Präteritumsformen, der auch in den Varianten *ia, io, eo* auftritt. Diese Verbklasse enthält Verben, die ihr Präteritum ursprünglich durch Reduplikation (mit oder ohne Ablaut) bildeten. Reduplikation ist die Verdopplung des Grundmorphemanlauts, zum Beispiel got. *haita – haihait* (ahd. *heizu – hiez;* ›ich heiße‹ – ›ich hieß‹). Diese Verben sind daher im ›Althochdeutschen Wörterbuch‹ von R. Schützeichel als ›red. V.‹ = ›ehemals reduplizierendes Verb‹ bestimmt. Sie werden auch in der ›Althochdeutschen Grammatik‹ von W. Braune – I. Reiffenstein aus historischen Gründen als reduplizierende Verben und nicht als Reihe VII bezeichnet.

Dem Präteritumsvokal *ie* können sechs verschiedene Präsensvokale entsprechen. Bei der Ermittlung des im Präsens geltenden Vokals kann häufig die Kenntnis der entsprechenden neuhochdeutschen Formen helfen:

ahd. *stiez* → nhd. *stieß* → nhd. *stoßen* → ahd. *stōzan*

Folgende Vokale treten im Präsens und im Partizip Präteritum auf:

ā	:	*rātan*	›raten‹		*a*	:	*haltan*	›halten‹
ei	:	*heizan*	›heißen‹		*ou*	:	*loufan*	›laufen‹
uo	:	*ruofan*	›rufen‹		*ō*	:	*stōzan*	›stoßen‹

Mit Ausnahme des Vokals *a* (= kurzes *a*) kommen diese Vokale in den entsprechenden Formen anderer Ablautreihen nicht vor. Der Vokal *a* tritt in Reihe VII nur vor *l* oder *n* + Konsonant auf (Beispiele: *haltan, gangan*). In Reihe VI steht *a* bis auf geringe Ausnahmen vor einfachem Konsonanten. Wichtigste Ausnahme bildet *stantan – stuont* (Reihe VI).

Die Flexionsformen

Die althochdeutsche Verbalflexion ist wie die neuhochdeutsche durch die Kategorien **grammatische Person**, **Numerus**, **Tempus** und **Modus** bestimmt:

grammatische Personen: 1. Person, 2. Person, 3. Person
Numeri: Singular, Plural
Tempora: Präsens, Präteritum
Modi: Indikativ, Konjunktiv, Imperativ

Die nach diesen Kategorien flektierten Formen sind die **finiten** Formen. Daneben existieren die **infiniten**, das heißt, nicht nach Person und Numerus bestimmten **Formen** des Infinitivs und der Partizipien.

Auch im Althochdeutschen begegnen schon zusammengesetzte Verbformen (finites Hilfsverb + Infinitiv oder Partizip), die wie im Neuhochdeutschen zur Umschreibung des Passivs und zur Bildung weiterer Tempora dienen, zum Beispiel die Passivform *uuas gisungan* (L 48).

Die Endungen sind bei allen starken Verben gleich. Die Indikativformen muss man sich einprägen. Dabei ist es hilfreich, die auffälligen, von der Gegenwartssprache besonders abweichenden Formen hervorzuheben. Die Konjunktivformen haben jeweils gemeinsame Merkmale, an denen man sie stets erkennen kann. Hier genügt es also, sich diese Merkmale einzuprägen.

Im Indikativ Präsens lauten die Formen von *werfan*:

ih	*wirf-u*
dū	*wirf-is*
er, siu, iz	*wirf-it*
wir	*werf-emēs, werf-ēn*
ir	*werf-et*
sie, sio, siu	*werf-ent*

Die Schreibweise mit Bindestrich trennt das Grundmorphem (die Wurzel) vom Flexionsmorphem (der Endung).

Besonders zu merken sind: die Form der 1. Person im Singular mit der Endung -*u*, die Form der 1. Person im Plural mit der langen Endung -*emēs*, neben der auch schon eine verkürzte Form auf -*ēn* vorkommt, sowie insbesondere die 3. Person Plural mit der Endung -*nt*.

Im Indikativ Präteritum lauten die Formen:

ih	*warf-Ø*
dū	*wurf-i*
er, siu, iz	*warf-Ø*
wir	*wurf-un*
ir	*wurf-ut*
sie, sio, siu	*wurf-un*

Besonders zu merken ist die Form der 2. Person Singular, die im Wurzelvokal mit dem Plural übereinstimmt. Das Zeichen Ø in der 1. und 3. Person Singular steht für die so genannte Nullendung und signalisiert das Fehlen einer eigentlichen Endung.

Der Imperativ lautet in der 2. Person Singular *wirf* mit Nullendung; der Imperativ in der 2. Person Plural ist mit dem Indikativ identisch: *werfet*. Im Konjunktiv Präsens steht in allen Endungen der Vokal *ē*, im Konjunktiv Präteritum der Vokal *ī*. Diese Langvokale werden im Auslaut gekürzt. Es heißt also im Konjunktiv Präsens *ih werfe, dū werfēs* usw., im Konjunktiv Präteritum *ih wurfi, dū wurfīs* usw.

In den einzelnen Teilbereichen der Flexion treten die verschiedenen Vokale der Ablautreihe in einer charakteristischen Verteilung auf. Aus den Formen der Ablautreihe lassen sich daher sämtliche Flexionsformen ableiten.

werfan:	*e* gilt	im Infinitiv: *werfan*
		im Partizip Präsens: *werfenti*
		im Plural Indikativ Präsens: *wir werfemēs* usw.
		im ganzen Konjunktiv Präsens: *ih werfe, dū werfēs* usw.
		im Imperativ Plural: *werfet*
wirfu:	*i* gilt	im Singular Indikativ Präsens: *ih wirfu* usw.
		im Imperativ Singular: *wirf*
warf:	*a* gilt	in der 1. und 3. Person Singular Indikativ Präteritum: *ih warf* usw.
wurfun:	*u* gilt	in der 2. Person Singular Indikativ Präteritum: *dū wurfi*
		im Plural Indikativ Präteritum: *wir wurfun* usw.
		im ganzen Konjunktiv Präteritum: *ih wurfi, dū wurfīs* usw.
giworfan:	*o* gilt	im Partizip Präteritum: *giworfan*

Der Infinitiv und die beiden Partizipien (Präsens und Präteritum) werden selbst als Substantive und Adjektive flektiert; → 3.2.1 und 3.2.3.

Der grammatische Wechsel

Bei einigen Verben ist außer dem Ablaut noch eine konsonantische Veränderung zu berücksichtigen. Die Form *giquetan* (T 87,2) ist am Präfix *gi-* und an der Endung *-an* als Partizip Präteritum erkennbar. Der Vokal *e* kommt im Partizip Präteritum nur in der Reihe V vor und entspricht dem Infinitivvokal. Der Infinitiv lautet jedoch *quedan* mit *d* statt *t*. In den Ablautreihen I – V tritt der Konsonantenwechsel zwischen Infinitiv, Präsens und 1. und 3. Person Singular Indikativ Präteritum einerseits und 2. Person Singular Indikativ Präteritum, Plural Präteritum und Partizip Präteritum andererseits auf. In den Reihen VI und VII erscheint er zwischen Infinitiv und Präsens einerseits, Präteritum und Partizip Präteritum andererseits, was auf Ausgleichserscheinungen im Präteritum beruht. Folgende Konsonanten wechseln miteinander:

h und *g*:	*zīhan*	*zigun*
d und *t*:	*werdan*	*wurtun*
f und *b*:	*heffen*	*huobun*
s und *r*:	*wesan*	*wārun*

Der grammatische Wechsel tritt auch bei einigen hochfrequenten Verben auf, in der I. Ablautreihe bei *snīdan snīdu sneid snitun gisnitan* ›schneiden‹, in der II. Ablautreihe bei *ziohan ziuhu zōh zugun gizogan* ›ziehen‹ und *kiosan kiusu kōs kurun gikoran* ›wählen‹, in der III. Ablautreihe bei *findan findu fand funtun funtan* und *werdan wirdu ward wurtun wortan*, in der V. Ablautreihe bei *wesan wisu was wārun* (Partizip nicht belegt), *lesan lisu las lārun gileran* und *quedan quidu quad quātun giquetan* ›sagen‹ sowie in der VI. Ablautreihe bei *slahan slahu sluog sluogun gislagan*. Hier tritt der grammatische Wechsel so auf, dass auch die Präteritum-Singular-Form den Konsonanten des Plurals und des Partizips hat.

Zur Ursache dieses Konsonantenwechsels → 2.1.1.

Besondere Verben der IV. Ablautreihe
Neben den Verben, deren Grundmorphem auf einfachen Nasal oder Liquid ausgeht (*m, n, r, l*), gehören zur IV. Ablautreihe einige Verben, deren Grundmorphem auf *-hh* ausgeht, sowie ein Verb auf *-ff*: *brehhan, sprehhan, stehhan, treffan* sind die wichtigsten Verben dieser Gruppe. Die Ablautreihe lautet also zum Beispiel:

sprehhan   *sprihhu*   *sprah*   *sprāhhun*   *gisprohhan*

In der 1. und 3. Person Singular Indikativ Präteritum *sprah* ist der Doppelkonsonant im Auslaut vereinfacht.

Die Einordnung dieser Verben kann man sich mit Hilfe der neuhochdeutschen Partizipien *gesprochen, gebrochen* usw. mit *-o-* klar machen.

Die *j*-Präsentien der V. und VI. Ablautreihe
In der V. und VI. Ablautreihe gibt es einige Verben, die zu regelmäßigen Formen des Präteritums Präsensformen mit abweichendem Vokal zeigen. In der V. Ablautreihe erscheint *i* statt *e*, in der VI. Ablautreihe *e* statt *a*. So gehört die 3. Person Singular Indikativ Präteritum *huob* (L 27) zu dem Infinitiv *heffen* (mit grammatischem Wechsel *f – b*). Man vergleiche etwa in der VI. Ablautreihe:

3. Sing. Ind. Prät.	Infinitiv
er fuor	*faran*
er huob	*heffen*

Die Infinitivendung lautet bei diesen Verben *-en* statt *-an*. Der Wurzelvokal im Infinitiv und im Präsens Plural ist *e* statt *a* bzw. *i* statt *e*. Der Imperativ (2. Person Singular) endet auf *-i*. Ursache für diese Besonderheiten ist die Bildung der Präsensformen im Germanischen mit einem zusätzlichen *j* vor der Flexionsendung, das im Althochdeutschen in den meisten Fällen bereits geschwunden ist. Deshalb werden diese Verben *j*-Präsentien genannt (Singular: das *j*-Präsens). Wegen der geringen Zahl dieser Verben und der Häufigkeit ihres Vorkommens prägt man sich am besten die ganze Gruppe ein:

V. Ablautreihe:

bitten	*bittu*	*bat*	*bātun*	*gibetan*	›bitten‹
liggen	*liggu*	*lag*	*lāgun*	*gilegan*	›liegen‹
sizzen	*sizzu*	*saz*	*sāzun*	*gisezzan*	›sitzen‹

VI. Ablautreihe:

heffen	*heffu*	*huob*	*huobun*	*irhaban*	›heben‹
skepfen	*skepfu*	*skuof*	*skuofun*	*giskaffan*	›schaffen‹
swerien	*sweriu*	*swuor*	*swuorun*	*gisworan*	›schwören‹

(mit -*o*- statt -*a*- im Partizip Präteritum, wohl in **Analogie** zu Reihe IV).

Infinitiv und Präsens zeigen bei diesen Verben zum Teil Gemination, das heißt Dehnung des Konsonanten im Auslaut des Grundmorphems, die in der Schrift durch Verdopplung wiedergegeben wird: *bitten* gegenüber *bātun*. Zu dieser Konsonantengemination und zu den Auswirkungen im Flexionssystem → 2.1.2.

Umlautende Verben der VI. und VII. Ablautreihe
Verben der Ablautreihen VI (*faran*) und VII (*haltan*) mit kurzem *a* als Wurzelvokal des Infinitivs (also nicht alle Verben der Ablautreihe VII) weisen in der 2. und 3. Person Singular Indikativ Präsens eine Vokalveränderung auf: *a* wird zu *e* umgelautet. Der **Umlaut** unterbleibt allgemein vor *ht* und *hs* (deshalb heißt es *wahsit* zu *wahsan*) sowie vor Konsonant + *w*, im Oberdeutschen zum Teil auch vor anderen Konsonantenverbindungen.

VI:	*faran*	VII:	*haltan*
	ih faru		*ih haltu*
	dū feris (< *faris)		*dū heltis* (< *haltis)
	er ferit (< *farit)		*er heltit* (< *haltit)
	wir faremēs		*wir haltemēs*

Die Ursache für diesen Umlaut von *a* zu *e* ist das *i* in der Folgesilbe. Zum *i*-Umlaut → 2.2.2 und 2.2.3.

Die Präfigierung des Partizip Präteritum
Einfache Verben bilden das Partizip Präteritum mit dem **Präfix** *gi-*: *neman – ginoman*. Präfigierte Verben behalten ihr Präfix im Partizip und bilden es ohne das *gi*-Präfix: *firneman – firnoman*. Zusammengesetzte Verben fügen das *gi*-Präfix zwischen dem ersten Bestandteil, dem Bestimmungswort, und dem zweiten Bestandteil, dem Grundwort, ein: *abaneman – abaginoman*. Diese Regelungen entsprechen denen der Gegenwartssprache: *nehmen – genommen, vernehmen – vernommen, abnehmen – abgenommen.*

Da das *gi*-Präfix perfektivische Bedeutung hat, also die Abgeschlossenheit einer im Verb bezeichneten Handlung ausdrückt, ist es bei den Verben entbehrlich, die ohnehin schon eine perfektivische Bedeutung besitzen. Deshalb wird das Partizip Präteritum bei folgenden Verben meist ohne *gi-* gebildet:

findan	–	*funtan*
queman	–	*queman* oder *quoman*
treffan	–	*troffan*
werdan	–	*wortan*
bringan	–	*brāht*

Die Verben *findan* und *werdan* zeigen zusätzlich grammatischen Wechsel. Bei *queman* tritt neben dem regelmäßigen Ablautvokal *o* häufiger *e* im Partizip auf. Zu der mit Ablaut und schwacher Endung gebildeten Form *brāht* und ihrer konsonantischen Besonderheit → 2.1.2.

Grammatische Bestimmung von Formen starker Verben

Um eine in einem althochdeutschen Text vorkommende Form eines starken Verbs bestimmen zu können, sind folgende Kenntnisse erforderlich:

– die Endungen und ihre Verteilung
– die Verteilung der Ablautstufen auf die Flexion
– die Ablautreihen

Die Rückführung der im Text belegten flektierten Form auf den Infinitiv erlaubt die Ermittlung der Bedeutung im Wörterbuch; die Formenbestimmung nach den grammatischen Kategorien und die Berücksichtigung des Kontextes ermöglichen ihre richtige syntaktische Einordnung.

Die Form *giengun* (T 87,2) ist zunächst aufgrund ihrer Endung *-un* als 1. oder 3. Person Plural Indikativ Präteritum zu bestimmen. Der Diphthong *ie* in einer Präteritumsform weist eindeutig in die VII. Ablautreihe der ehemals reduplizierenden Verben; für den Infinitiv kommen mehrere mögliche Vokale in Frage. Bei der Findung des passenden Infinitivs kann in diesem Fall die Bildung der verschiedenen möglichen Formen des Partizip Präteritums helfen: Die Form *gigangan* erinnert an das neuhochdeutsche *gegangen*, der passende Infinitiv muss daher im Althochdeutschen *gangan* lauten. Er ist im ›Althochdeutschen Wörterbuch‹ unter *g* eingeordnet (zur Anlage des Wörterbuchs und zu den Einordnungsprinzipien → 6.2.1). Für die Entscheidung, ob es sich um die 1. oder 3. Person Plural handelt, muss der weitere Kontext analysiert werden. Unabhängig von der Tatsache, ob man in der Lage ist, *sīne iungorōn* (›seine Jünger‹) als Subjekt zu identifizieren, bietet sich in der Erzählsituation mit einem Erzähler der dritten Person nicht die 1. Person Plural an, es sei denn, es handelt sich um wörtliche Rede.

Formenbestimmungen sollten nach folgendem Muster angegeben werden:

giengun: 3. Pers. Plur. Ind. Prät. des st. V. *gangan gangu gieng giengun gigangan*, VII. Ablautreihe wegen des Vokalismus *a – ie*.

Aufgabencode: E488

3.1.2 Schwache Verben

→ Übersicht 12

Unterschiede zwischen starken und schwachen Verben

In den folgenden Textstellen aus Otfrid, IV, 32–33,16 (→ 7.1.3) stehen sich unterschiedliche Verbformen gegenüber, die jeweils in gleicher Weise zu bestimmen sind:

Thes scīmen thi ich nu zelita, thes sih worolt frewita,
irzēh si in thes zi nōti thrio dages zītī
›Den Schein, von dem ich gerade berichtete, über den sich die Welt freute, verweigerte sie ihnen in der Tat über den Zeitraum von drei Stunden des Tages.‹

Thaz er sia zi imo nāmi, si drōstolōs ni wāri,
in ira kindes wehsal sia bisuorgēti ubar al.
›[Er befahl,] dass er sie zu sich nehmen und sie nicht ohne Schutz sein würde, dass er sich an Stelle ihres Sohnes ganz und gar um sie sorgen würde.‹

ni liaz in scīnan thuruh thaz ira gisiuni blīdaz;
›Sie ließ ihnen ihr helles Antlitz deshalb nicht erscheinen.‹

ni wolta si in then riuōn thāra zi in biscōuōn.
›Sie wollte da in ihren Schmerzen nicht auf ihn schauen.‹

Die vergleichbaren Verbformen zeigen Unterschiede in den Endungen:

3. Pers. Sing. Ind. Prät.:	*frewita/irzēh*	*-ita/-Ø*
3. P. Sing. Konj. Prät.:	*bisuorgēti/nāmi*	*-ēti/-i*
Infinitiv:	*biscōuōn / scīnan*	*-ōn/-an*

Den bereits bekannten Endungen starker Verben stehen Formen mit *-t-* in den Endungen des Präteritums (d.h. Dentalsuffix) gegenüber. Der Infinitiv endet nicht wie bei den starken Verben auf *-an*. Verben mit diesen Kennzeichen heißen **schwache Verben**. Sie haben im Unterschied zu den starken Verben keinen Ablaut.

Die Einteilung der schwachen Verben

Die Präteritumsformen *scōwōta* (32,1), *bisorgēta* (32,11), *frewita* (33,7) und *gruazta* (33,16) lassen sich folgendermaßen vergleichend analysieren: Die Flexionsendung lautet in allen Formen *-ta*. Die zum Teil durch Präfixe erweiterten Grundmorpheme lauten *scōw-*, *bisorg-*, *frew-* und *gruaz-*. Zwischen dem Grundmorphem und der Flexionsendung steht jeweils ein anderer Vokal beziehungsweise nichts.

Die Bestandteile der Wortformen werden folgendermaßen bezeichnet:

Wurzel (= Grundmorphem, z.T. mit Präfix)	Stammvokal, Bindevokal, Themavokal (= Wortbildungsmorphem)	Flexionsendung (= Flexionsmorphem)
Stamm		
scōw-	-ō-	-ta
bi-sorg-	-ē-	-ta
frew-	-i-	-ta
gruaz-	-Ø-	-ta

Die auf die Grundmorpheme folgenden Vokale sind die Ableitungsmittel (hier: **Suffixe**) der schwachen Verben. Von dem Substantiv *s(w)orga* ist mithilfe von *ē*-Suffix und Präfix das schwache Verb *bi-sorgēn* abgeleitet worden. Von dem Substantiv *wuntar* ist mithilfe des *ō*-Suffixes das schwache Verb *wuntarōn* abgeleitet worden. Im Hinblick auf die Infinitivendung spricht man von *ōn*- und *ēn*-Verben. Die Suffixvokale *ō* und *ē*, die auch als **Bindevokale, Themavokale** oder **Stammvokale** bezeichnet werden, sind in sämtlichen Flexionsformen dieser Verben enthalten, so dass die Zugehörigkeit dieser Formen zu den *ōn*- und *ēn*-Verben ohne Weiteres erkannt werden kann.

Die Infinitivformen zu *frewita* und *gruazta* lauten *frewen* und *gruazen*. Im Hinblick auf diese Endungsgleichheit im Infinitiv (und im ganzen Präsens) werden die Verben mit -*i*- und -*Ø*- im Präteritum einer Klasse zugewiesen. Die Infinitivendung -*en* ist entstanden durch Abschwächung aus voralthochdeutsch -*ja-n*. Nach dieser Gestalt des Suffixes wird diese Klasse der schwachen Verben *jan*-Verben genannt. Das *j* des Suffixes erscheint zwischen Konsonanten als *i* und ist in dieser Form bei einer Gruppe der *jan*-Verben im Präteritum erhalten (*frewita*), bei einer anderen Gruppe dagegen weggefallen (*gruazta*). Das Fehlen eines in anderen vergleichbaren Fällen vorhandenen Elements wird durch das Zeichen -*Ø*- ausgedrückt: *gruaz-Ø-ta*. Nach diesem unterschiedlichen Verhalten des *i* im Präteritum werden zwei Unterklassen der *jan*-Verben unterschieden. Der Vokal *i* ist normalerweise nach kurzer Wurzelsilbe erhalten, nach langer Wurzelsilbe ausgefallen. Lang sind Wurzelsilben, die einen Langvokal oder einen Diphthong enthalten oder auf mehrfache Konsonanz ausgehen. Als lang gelten auch mehrsilbige Wurzeln. Ferner steht *i* im unflektierten Partizip Präteritum der *jan*-Verben mit langer Wurzelsilbe.

Es lassen sich also drei schwache Verbklassen unterscheiden, die *jan*-, *ōn*-, *ēn*-Verben. Die *jan*-Verben werden danach unterteilt, ob das *i* im Präteritum erhalten ist oder nicht.

Die Flexionsformen der schwachen Verben

Die Flexion der *jan*-Verben stimmt im Präsens Indikativ und Konjunktiv völlig mit der der starken Verben überein. Es heißt also *ih zellu, dū zelis* usw. wie *ih wirfu, dū wirfis* usw. Die *ōn*- und *ēn*-Verben haben außer in der 1. Person Singular Indikativ Präsens ebenfalls dieselben Endungen, denen jeweils die charakteristischen Suffixvokale *ō* und *ē* vorausgehen. Es heißt also *dū salbōs, habēs* usw. Die 1. Person hat dieselbe Endung wie der Infinitiv, der aber ebenfalls der Suffixvokal vorausgeht: *ih salbōn, habēn*. Im Konjunktiv Präsens zeigen alle schwachen Verben den charakteristischen Vokal *ē*, der nach den Suffixvokalen *ē* oder *ō* aber wegfallen kann (*salbōs* statt *salbōēs, habēs* statt *habēēs*). Im Auslaut wird der Vokal zu *e* gekürzt.

Im Präteritum lauten im Indikativ wie im Konjunktiv die Endungen der verschiedenen schwachen Verbklassen gleich. Im Indikativ Präteritum heißen sie:

-ta	*-tōs*	*-ta*	*-tun*	*-tut*	*-tun*

Im Konjunktiv Präteritum steht als Moduskennzeichen durchgehend der Endungsvokal *ī*, der im Auslaut zu *i* gekürzt wird:

-tī	*-tīs*	*-ti*	*-tīmēs*	*-tīt*	*-tīn*

Die schwachen Verben als abgeleitete Verben

Da die schwachen Verben nicht ablautende Verben sind, kann das Grundmorphem von jeder Verbform aus isoliert werden:

strangēta:	*strang-*	*gileitit*:	*-leit-*
gifultēn:	*-ful-*	*gicostōt*:	*-cost-*
uuonēta:	*won-*	*fastēta*:	*fast-*
uuāntun:	*wān-*	*hungirita*:	*hungir-*
suohtun:	*suoh-*	*araugta*:	*-aug-*
frāgēntan:	*frāg-*	*betōs*:	*bet-*
vvuntorōtun:	*wuntor-*	*ambahtitun*:	*ambaht-*
sērēnte:	*sēr-*		

Einige dieser Grundmorpheme sind im Althochdeutschen als selbstständige Wörter belegt: *strang* Adj. ›stark‹, *wān* st.M. ›Glaube‹, *wuntar* st.N. ›Wunder‹, *sēr* st.N. ›Schmerz‹, *sēr* Adj. ›schmerzlich‹, *hungar* st.M. ›Hunger‹, *ambaht* st.N. ›Dienst‹, *ambaht* st.M. ›Diener‹.

Andere Grundmorpheme stehen außer im schwachen Verb auch noch in anderen Wörtern: *ful-* in *fulli* st.F. ›Vollendung‹, *won-* in *wonunga* st.F. ›Wohnung‹, *suoh-* in *irsuohhunga* st.F. ›Versuchung‹, *suoh* 1. und 3. Person Singular Indikativ Präteritum des st. V. *sahhan* ›streiten‹ (Reihe VI), *leit-* in *firleitare* st.M. ›Verführer‹, *leito* sw.M. ›Führer‹, *leid* 1. und 3. Person Singular Indikativ Präteritum des st. V. *līdan* ›fahren‹ (Reihe I), *cost-* in *costunga* st.F. ›Versuchung‹, *fast-* in *fasta* st.sw.F. ›Fasten(zeit)‹, *aug-* in *auga, ouga* st.sw.N. ›Auge‹, *-bet* in *gibet* st.N. ›Gebet‹.

Es wird eine direkte Beziehung zwischen schwachen Verben und Wörtern anderer Wortart sichtbar. Schwache Verben sind im Unterschied zu starken Verben von anderen Wörtern abgeleitet. Es kommen Ableitungen von Wörtern verschiedener Wortarten vor. Bei der Ableitung von starken Verben wird die Ablautstufe der 1. und 3. Person Singular Indikativ Präteritum zugrunde gelegt:

sahhan – suoh : *suohhen*

Semantische Funktionen der Suffixe *-jan, -ōn, -ēn*

Ein Vergleich der Bedeutungen von schwachen Verben mit den Bedeutungen der Wörter, von denen sie abgeleitet sind, führt zu folgendem Befund:

trenken	›tränken‹	–	*trinkan*	›trinken‹
leiten	›führen‹	–	*līdan*	›fahren‹
fuoren	›führen‹	–	*faran*	›gehen‹
tuomen	›urteilen‹	–	*tuom*	›Urteil‹
heilen	›heilen‹	–	*heil*	›gesund‹
salbōn	›salben‹	–	*salba*	›Salbe‹
lobōn	›loben‹	–	*lob*	›Lob‹
dankōn	›danken‹	–	*dank*	›Dank‹
mihhilōn	›preisen‹	–	*mihhil*	›groß‹
heilēn	›heil werden‹	–	*heil*	›gesund‹
fūlēn	›faulen‹	–	*fūl*	›faul‹

Es ist möglich, die Bedeutungen der abgeleiteten Wörter zu umschreiben, indem man die zugrundeliegenden Wörter verwendet. Diese Wortbildungsparaphrase liefert im Bezug auf die einzelnen Suffixe häufig eine charakteristische Umschreibungsmöglichkeit:

Bei den *jan*-Verben ergibt sich in vielen Fällen eine Umschreibung mit ›machen‹: ›tränken‹ = ›trinken machen‹. Verben mit dieser Bedeutungsfunktion nennt man Faktitiva (von lat. *facere* ›machen‹) oder Kausativa (von lat. *causare* ›bewirken‹).

Die *ōn*-Verben lassen sich vielfach durch ›versehen mit‹ wiedergeben: ›salben‹ = ›mit Salbe versehen‹. Diese Verben nennt man Ornativa (von lat. *ornare* ›schmücken‹).

Bei den *ēn*-Verben ergibt sich oft die Möglichkeit, mit ›werden‹ zu umschreiben: ›faulen‹ = ›faul werden‹. Solche Verben nennt man Inchoativa (von lat. *inchoare* ›beginnen‹).

Besondere Merkmale der *jan*-Verben: Gemination, Umlaut, Rückumlaut

Wie die Flexionstabelle (→ Übersicht Nr. 11) zeigt, bereitet es bei den schwachen Verben keine Schwierigkeiten, zu einer Flexionsform den Infinitiv zu bilden. Der Suffixvokal in den Endungen gibt Auskunft über die Flexionsklasse. Bei Formen ohne die charakteristischen Vokale *ō* oder *ē* handelt es sich um ein *jan*-Verb mit der Infinitivendung *-en*. Dennoch zeigen einige *jan*-Verben vokalische und konsonantische Veränderungen innerhalb der Flexion und im Vergleich zu den zugrunde liegenden Wörtern.

Gemination

Der Infinitiv *zellen* zeigt gegenüber dem Substantiv *zala*, von dem das Verb abgeleitet ist, und gegenüber der Präteritumsform *zelita* Gemination des *l*, das heißt Dehnung des Konsonanten im Auslaut des Grundmorphems. Die Konsonantendehnung wird in der Schrift durch eine Verdopplung wiedergegeben. Diese Gemination wird durch *j* der Folgesilbe bewirkt und steht im Zusammenhang mit der **westgermanischen Konsonantengemination**, die außer durch *j* auch noch durch andere Folgekonsonanten bewirkt wird. Die Gemination tritt in den *jan*-Verben insgesamt häufig auf, jedoch nur in den Formen, in denen das *jan*-Suffix auch als *j* erschien. Wo es als *i* erschien, konnte keine Gemination eintreten. Deshalb heißt es im Präsens neben *ih zellu* mit Gemination *dū zelis, er zelit* ohne Gemination, deshalb lautet das Präteritum *zelita* ohne Gemination. Zur westgermanischen Konsonantengemination → 2.1.2.

Umlaut

Die Formen *zellen* und *zelita* zeigen gegenüber dem zugrunde liegenden Substantiv *zala* auch eine Vokalveränderung von *a* zu *e*. Diese Veränderung gehört in den Zusammenhang des Umlauts. Umlaut erscheint im Althochdeutschen als Veränderung von kurzem *a* zu *e* vor folgendem *i* oder *j*. Er tritt deshalb in allen Formen der *jan*-Verben auf, sofern deren Grundmorphem ursprünglich den Vokal *a* enthielt. Zum Umlaut → 2.2.2.

Rückumlaut

Das Verb *trenken* ist von der Präteritumsform *trank* des starken Verbs *trinkan* abgeleitet und zeigt mit dem Vokal *e* gegenüber *a* in *trank* Umlaut. Das Präteritum zu *trenken* lautet aber *trankta*. *trankta* enthält im Gegensatz zu einer Form wie *zelita* nicht den Bindevokal *i*. Nach langer Wurzelsilbe ist der Bindevokal *i* im Präteritum der *jan*-Verben ausgefallen, ehe er Umlaut bewirken konnte. Das Nichteintreten des Umlauts im Präteritum langwurzliger *jan*-Verben wird **Rückumlaut** genannt. Rückumlaut kommt im Althochdeutschen in der Regel nur in langwurzligen *jan*-Verben mit dem Wurzelvokal *e* im Infinitiv und im Präsens vor. Rückumlaut hat auch das Präteritum *dāhta* zu *denken*, das darüber hinaus besondere konsonantische Veränderungen zeigt. Zu der Form *dāhta* und den vergleichbaren Formen *dūhta* (zu *dunken*) und *brāhta* (zu *bringan*) → 2.1.2 und 4.1.2.

Die Einteilung der *jan*-Verben lässt sich folgendermaßen zusammenfassen:

jan-Verben			
Präteritum ohne -i- in der Regel nach langer Wurzelsilbe		**Präteritum mit -i-** in der Regel nach kurzer Wurzelsilbe	
Wurzelvokal *a*: mit Umlaut *a > e* im Präs. und Rückumlaut (*a*) im Prät.	andere Wurzel- vokale als *a*: ohne Umlaut	Wurzelvokal *a*: mit Umlaut *a > e* im Präs. und im Prät.	andere Wurzel- vokale als *a*: ohne Umlaut
trenken – trankta	*suohhen – suohta*	*zellen – zelita*	*frummen – frumita*

Die kurzwurzligen Verben haben -*i*-lose Nebenformen, gegebenenfalls mit Rückumlaut: *zellen – zalta.* Nach langer Wurzelsilbe ist -*i*- gelegentlich ausnahmsweise
erhalten: *hungirita.*

Aufgabencode: E48C

3.1.3 Präterito-Präsentien

→ Übersicht 13

Der Begriff Präterito-Präsens

Neben der Gruppe der starken und schwachen Verben gibt es noch eine kleinere
Gruppe von häufig vorkommenden Verben, die sich weder der Klasse der starken
noch der schwachen Verben zuordnen lässt. Sie kommt etwa in folgenden Versen
vor:

Lesēn vuir, thaz fuori   Wir lesen, dass der Heiland von der Reise
ther heilant fartmuodi.   ermüdet einherzog.
ze untarne, vuizzun thaz,   Gegen Mittag setzte er sich, das wissen wir,
er zeinen brunnon kisaz.   an einen Brunnen.[1]

---

1 Aus dem Gedicht ›Christus und die Samariterin‹, V. 1–4.

Die Form *lesēn* ist als 1. Person Plural Indikativ Präsens des starken Verbs *lesan* (Reihe V) zu bestimmen. Die Endung *-ēn* ist Abschwächung aus *-emēs*. Die Form *vuizzun* (= *wizzun*) zeigt mit dem Vokal *u* in der Endung ein charakteristisches Merkmal althochdeutscher Präteritumsformen. Da vor der Endung *-un* kein Dentalsuffix steht, ist die Form als starke Verbform zu bestimmen. Der Wurzelvokal *i* im Präteritum Plural führt auf die I. Ablautreihe. Der Form *wizzun* entspricht die Form *ritun*. Die zu *wizzun* gehörige Singularform muss entsprechend *ih reit* also *ih weiz* lauten. Diese Form ist in demselben Gedicht in Vers 49 belegt: *Vueiz ih, daz dū uār segist.*

Gemäß dieser Formenbestimmung scheint das Verb einerseits ein starkes Verb zu sein. Andererseits spricht jedoch die Kenntnis der aus dem Neuhochdeutschen bekannten Formen *ich weiß* und *wir wissen* dafür, dass es sich nicht um Präteritumsformen handeln kann. Auch die Übersetzung der Textstelle erbringt den Befund, dass die vermeintlichen Präteritumsformen *weiz – wizzun* präsentische Bedeutung haben: ›ich weiß‹ – ›wir wissen‹. Ein Verb, dessen Präsensformen aussehen wie Präterita starker Verben, nennt man Präterito-Präsens (Plural: die Präterito-Präsentien). Da das Präteritum des Althochdeutschen aus sprachhistorischen Gründen auch als Perfekt bezeichnet wird, werden die Präterito-Präsentien teilweise auch als Perfekto-Präsentien bezeichnet (so im ›Althochdeutschen Wörterbuch‹ von R. Schützeichel).

Verbklasse	Form	Bedeutung
starke Verben	Präteritum: *reit – ritun*	Präteritum: ›ich ritt – wir ritten‹
Präterito-Präsentien	Präteritum: *weiz – wizzun*	Präsens: ›ich weiß – wir wissen‹

Die besonderen Bedeutungsverhältnisse dieser Verben können durch einen Vergleich mit lat. *vidēre* ›sehen‹ verdeutlicht werden, das mit ahd. *weiz* etymologisch verwandt ist. Der Präteritumsform *weiz* hat ursprünglich die Bedeutung ›ich habe gesehen‹ entsprochen. Sie bezeichnet einen Vorgang, der vom Standpunkt des Sprechers aus abgeschlossen ist, dessen Ergebnis aber in seine Gegenwart hineinwirkt. Wird dieses Hineinwirken in die Gegenwart, also das Ergebnis des Gesehenhabens, bezeichnet, so ergibt sich für die Präteritumsform die Präsensbedeutung ›mir ist bekannt, ich kenne, ich weiß‹. Der abgeschlossene Vorgang wird dann nicht mehr als Vorgang gesehen, sondern in seinem in der Gegenwart fortdauernden Ergebnis.

Im Althochdeutschen hat die Präteritumsform nur noch präsentische Bedeutung. Im Hinblick auf diese Bedeutung sind die Formen *ih weiz, ih darf* usw. als 1. Person Singular Indikativ Präsens eines Präterito-Präsens zu bestimmen. Da somit die ursprüngliche Präteritumsform Präsensfunktion hat, ergibt sich die Notwendigkeit, die Bedeutung ›Präteritum‹ durch eine andere Form auszudrücken. Diese Form wird nach Art der schwachen Verben gebildet. Das Dentalsuffix tritt an die Wurzel in der Ablautstufe des Präsens Plural, die – wie gesagt – urspünglich die Präteritum-Plural-Form war:

ih darf – wir durfun: ih **durf+ta* > *dorfta* (mit Senkung des *u* zu *o*; zu dieser Senkung → 2.2.1)

Die Ablautreihen der althochdeutschen Präterito-Präsentien

Da die Präterito-Präsentien in ihren Präsensformen die ehemaligen Präteritumsformen starker Verben bewahren, lassen sie sich den Ablautreihen zuordnen. Dabei zeigen sich allerdings an einzelnen Stellen Abweichungen vom Normalverhalten der starken Verben. Die Formen werden in folgender Reihenfolge gegeben: Infinitiv, 1. und 3. Person Singular Indikativ Präsens, 2. Person Singular Indikativ Präsens, 1. und 3. Person Plural Indikativ Präsens, 1. und 3. Person Singular Indikativ Präteritum. Die Infinitivform ist von der Präsens-Plural-Form gebildet und hat deren Wurzelvokal, der nicht mit dem Infinitiv der starken Verben, sondern mit ihrer Präteritum-Plural-Form übereinstimmt.

Reihe Ia:	*wizzan*	*weiz*	*weist*	*wizzun*	*wissa*	›wissen, kennen‹
	–	–	–	*eigun*	–	›haben‹

Das Verb *wizzan* entspricht mit dem Vokalwechsel *ei – i* ganz der Reihe Ia. Zum Präteritum *wissa* gibt es Nebenformen mit *e* statt *i* und mit *st* statt *ss*. Von dem Verb *eigan* ist nur der Plural Indikativ Präsens belegt, der aber den Vokal des Singulars hat, nämlich *ei* anstelle von *i*.

Reihe IIa:	–	*toug*	–	*tugun*	*tohta*	›taugen‹

Das im Althochdeutschen nicht vollständig belegte Verb hat den Vokalismus von Reihe IIa.

Reihe IIIa:	*unnan*	*an*	–	*unnun*	*onda*	›gönnen‹
	kunnan	*kan*	*kanst*	*kunnun*	*konda*	›können‹

Die Vokale *a – u* entsprechen Reihe IIIa. Der doppelte Nasal beider Verben wird im Auslaut vereinfacht.

Reihe IIIb:	*durfan*	*darf*	*darft*	*durfun*	*dorfta*	›bedürfen, brauchen‹
	–	*gitar*	*gitarst*	*giturrun*	*gitorsta*	›wagen‹

Das Verb *durfan* entspricht mit den Vokalen *a – u* ganz der Reihe IIIb und hat das entsprechende Kennzeichen Liquid + Konsonant (*r* + *f*). Das Verb *giturrun* hat Liquid + Liquid (*r* + *r*) und gehört deshalb in diese Reihe. Im Singular *gitar* ist *rr* im

Auslaut zu *r* vereinfacht. *rr* geht in diesem Verb auf germ. *rs* zurück, das in den Formen *gitarst, gitorsta* unter besonderen Bedingungen bewahrt erscheint.

Reihe IV:	*sculan*	*scal*	*scalt*	*sculun*	*scolta*	›sollen‹
	–	*ginah*	–	–	–	›im Überfluss haben‹

Das Verb *sculan* hat einfachen wurzelschließenden Liquid und gehört deshalb in Reihe IV, der auch der Singularvokal *a* entspricht. Der Plural zeigt mit dem Vokal *u* eine Abweichung von den starken Verben dieser Reihe (vergleiche *stelan – stal – stālun*). *ginah* wird mit den starken Verben vom Typ *sprah* usw. verglichen und daher auch in Reihe IV gestellt. Es ist nur in der Singularform belegt.

Reihe V:	*magan/ mugan*	*mag*	*maht*	*magun/ mugun*	*mahta/ mohta*	›können‹

Das Verb erscheint im Plural des Präsens in zwei verschiedenen Formen, denen auch zwei verschiedene Infinitive und Präteritumsformen entsprechen. Dem Vokalismus von Reihe V entsprechen beide Formen nicht. Nur der Singular *mag* passt zu den starken Verben vom Typ *geban – gab*. Das Verb gehört wegen des wurzelschließenden Konsonanten, der nicht Nasal oder Liquid ist, in die V. Ablautreihe.

Reihe VI:	–	*muoz*	*muost*	*muozun*	*muosa*	›können, dürfen‹

Der Diphthong *uo* dieses Verbs entspricht dem *uo* von Reihe VI.

Die Flexionsformen der Präterito-Präsentien im Präsens

Die Präsensformen der Präterito-Präsentien stimmen der Definition der Verbgruppe gemäß mit den Präteritumsformen der starken Verben überein. Deshalb zeigen die 1. und 3. Person Singular Indikativ Ø-Endung: *ih darf, er darf*. Die Pluralformen zeigen je nach Ablautreihe gegenüber dem Singular Ablaut. Die charakteristischen Endungen lauten wie bei den starken Verben -*un*, -*ut*, -*un*: *wir durfun, ir durfut, sie durfun*. Die Form der 2. Person Singular weicht von der der starken Verben ab. Sie hat den Ablautvokal des Singulars und die alte Personalendung -*t*, nicht -*i*: *dū darft* gegenüber *dū wurfi*. Vor dem -*t* dieser Endung erscheint der wurzelschließende Konsonant *g* von *mag* durch primären Berührungseffekt (→ 2.1.2) als *h*: *dū maht*. In der Form *dū gitarst* ist der ursprüngliche Auslaut *rs* des Grundmorphems erhalten geblieben, der in anderen Formen zu *rr* entwickelt wurde (*wir giturrun*). In den Formen *dū weist* und *dū muost* hat sich *s* lautgesetzlich durch primären Berührungseffekt entwickelt. Hier ist *t* sekundär wieder angetreten. Analog zu diesen *s*-haltigen Formen ist bei *dū kanst* das *s* eingefügt worden.

Die Konjunktivformen entsprechen den Konjunktivformen der starken Verben im Präteritum. Sie haben also den Ablautvokal des Indikativ Plural, und sie zeigen durchgehend den Endungsvokal *ī*, der im Auslaut zu *i* verkürzt ist, also *ih durfī, dū durfīs* usw.

Die Flexionsformen der Präterito-Präsentien im Präteritum
Die Präteritumsformen der Präterito-Präsentien sind – was ihre Endungen angeht
– regelmäßig schwach gebildet. Die schwache Endung tritt an das Grundmorphem
in der Ablautstufe des Plural Präsens an. Auf das charakteristische Dentalsuffix *-t-*
folgen also im Indikativ die Endungen *-a, -ōs, -a, -un, -ut, -un*, also *ih dorf-t-a, dū
dorf-t-ōs* usw., im Konjunktiv die Endungen *-i, -īs* usw. Das Antreten der schwachen Präteritumsendung hat allerdings bei allen Präterito-Präsentien bestimmte
Abweichungen in den Formen verursacht, die im Einzelnen erklärt werden müssen.

Wo das Grundmorphem im Plural Präsens und demnach im Infinitiv den Vokal
u enthält, erscheint im schwachen Präteritum der Vokal *o*. Zu dieser Senkung →
2.2.1.

tugun	*tohta*		
kunnun	*konda*	*unnun*	*onda*
durfun	*dorfta*	*giturrun*	*gitorsta*
sculun	*scolta*		
mugun	*mohta*		

Nach Nasal erscheint das Dentalsuffix nicht als *t*, sondern als *d*:

onda
konda

In einigen Formen ist der Konsonant im Auslaut des Grundmorphems in der Präteritumsform verändert. Die Veränderung hat zum Teil auch das Dentalsuffix selbst
erfasst. Anders als bei den schwachen Verben ist das Dentalsuffix ohne einen Bindevokal unmittelbar an das Grundmorphem des Präterito-Präsens angetreten.
Dadurch ist hier der primäre Berührungseffekt erfolgt (→ 2.1.2):

Velar + Dental > *-ht-*	Dental + Dental > *-ss-*
tohta	*wissa*
mahta, mohta	*muosa* (mit Vereinfachung des
	ss zu *s* nach Diphthong)

Zur Bedeutung der Präterito-Präsentien
Die Präterito-Präsentien sind wegen ihrer Bedeutung und wegen ihres häufigen
Vorkommens in den Texten wichtig. Deshalb muss man sich besonders die Fälle
einprägen, in denen die heutige Bedeutung der entsprechenden Verben stark von
der Bedeutung im Althochdeutschen abweicht. Das ist vor allem bei *darf* ›ich
bedarf, brauche‹ und bei *muoz* ›ich kann, darf‹ der Fall. Zur Bedeutung und Verwendung der Präterito-Präsentien im Mittelhochdeutschen → 4.1.3.

Aufgabencode: E489

3.1.4 Besondere Verben

→ Übersichten 13–17

Neben den starken und schwachen Verben und der Sondergruppe der Präterito-Präsentien existiert im Althochdeutschen eine kleine Gruppe besonderer Verben, die unregelmäßige Flexionsformen besitzen. Dennoch werfen sie bei der Analyse althochdeutscher Texte keine großen Probleme auf. Eine Form wie *ist* lautet im Neuhochdeutschen noch genauso, und die Form *sint* ist relativ leicht mit nhd. *sind* zu identifizieren. Andere Formen zeigen wenigstens teilweise Übereinstimmungen mit regelmäßigen Formen, zum Beispiel ist die Form (*sie*) *tuont* an der Endung *-nt* als 3. Person Plural Indikativ Präsens erkennbar, die Form (*dū*) *tāti* an der Endung *-i* als 2. Person Singular Indikativ Präteritum usw.

Zu den besonderen Verben rechnet man die Verben *sīn* ›sein‹, *tuon* ›tun‹, *wellen* ›wollen‹ und *gān* ›gehen‹ (für die entsprechenden Formen → Übersichten Nr. 13–17). Das Verb *sīn* erscheint nur mit Präsensformen, da als Präteritum wie in der Gegenwartssprache die entsprechenden Formen des starken Verbs *wesan* verwendet werden. Ebenso wird die verkürzte Form *gān* nur im Präsens verwendet. Als Präteritum dient die zum starken Verb *gangan* gehörige Form *gieng*. Nach dem Muster von *gān* geht auch *stān* (mit dem Präteritum *stuont*); zu beiden gibt es Nebenformen mit *ē*: *gēn*, *stēn*. Zu *wellen* gehört ein regelmäßig flektierendes schwaches Präteritum *wolta*.

Unter sprachhistorischem Aspekt bilden die besonderen Verben eine hochinteressante Gruppe. Sie bewahren Reste älterer Flexionsverhältnisse und sind auch etymologisch aufschlussreich. Darauf kann in einer einführenden Darstellung nicht eingegangen werden. Es sei aber doch auf den besonderen sprachhistorischen Aussagewert der Form *ist* (zu *sīn*) hingewiesen, die bis ins Neuhochdeutsche eine deutliche Übereinstimmung mit sehr alten Formen anderer indogermanischer Sprachen bewahrt hat: altindisch *astí*, griechisch *estí*, lateinisch *est*, altslavisch *jestъ*, gotisch *ist*; → 1.1.

Aufgabencode: E48A

3.2 Die Nomina

3.2.1 Substantive

→ Übersicht 18

Allgemeines
Die althochdeutschen Substantive werden wie im Neuhochdeutschen nach den drei Kategorien **Genus, Kasus** und **Numerus** flektiert. Es gibt drei Genera (Maskulinum, Neutrum, Femininum), vier Kasus[2] (Nominativ, Genitiv, Dativ und Akkusativ; ein weiterer Kasus, der Instrumental, ist im Althochdeutschen nur in Resten vorhanden) und zwei Numeri (Singular und Plural). Die Substantivflexion (auch **Deklination** genannt) wird in Klassen eingeteilt, in denen die verschiedenen Genera vertreten sind und die sich durch bestimmte Merkmale unterscheiden. Die genaue Einteilung der Klassen geht auf voralthochdeutsche Verhältnisse zurück.

Die germanischen Stammbildungselemente als Grundlage der althochdeutschen Einteilung der Substantivflexion
Die althochdeutsche Einteilung der Substantivflexion beruht auf germanischen Flexionsverhältnissen, wie sie am Gotischen deutlich beobachtbar sind. Jede flektierte Form eines Substantivs bestand aus drei Elementen, die in der Gegenüberstellung gleicher Flexionsformen erkennbar werden:

Gen. Sing.	Mask.	*han*	-in	-s	›des Hahnes‹
	Neutr.	*hairt*	-in	-s	›des Herzens‹
	Fem.	*tugg*	-ōn	-s	›der Zunge‹
	Fem.	*gib*	-ō	-s	›der Gabe‹
Akk. Plur.	Mask.	*dag*	-a	-ns	›die Tage‹
		gast	-i	-ns	›die Gäste‹
		sun	-u	-ns	›die Söhne‹

An erster Stelle steht in den Beispielen jeweils die Wurzel, das die lexikalische Bedeutung tragende Grundmorphem, zum Beispiel *dag-*. Dieselbe Wurzel *dag-* kann in verschiedenen Wörtern auftreten; im Althochdeutschen steht neben dem Substantiv *tag* zum Beispiel ein schwaches Verb *tagēn* ›Tag werden‹.

An letzter Stelle der gotischen Beispiele steht die Flexionsendung: *-s* für den Genitiv Singular, *-ns* für den Akkusativ Plural.

Zwischen Wurzel und Flexionselement steht jeweils ein wortbildendes Element, das in zahlreichen weiteren Wörtern vorkommt und so klassenbildend wirkt: *dag-a-ns, stain-a-ns, wulf-a-ns*.

---

2 Als Pluralform mit langem *u* gesprochen.

Das an die Wurzel antretende Element heißt Stammbildungselement; die Kombination aus Wurzel und Stammbildungselement wird **Stamm** genannt. Das germanische Stammbildungselement *a* bildet Substantive mit maskulinem und neutralem Genus, die als *a*-Stämme bezeichnet werden. Schematisch lässt sich die morphologische Struktur von *dagans* wie folgt darstellen:

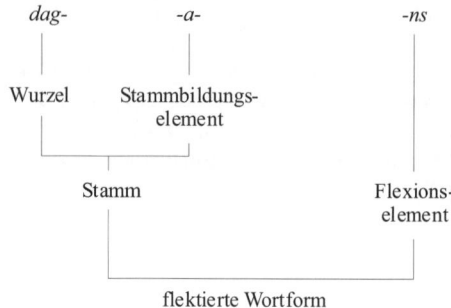

Für die germanische Sprachstufe sind nach den verschiedenen Stammbildungselementen verschiedene Klassen der Substantivflexion zu unterscheiden. Die Stammbildungselemente kennzeichnen dabei die verschiedenen Klassen:

1. *n*-Stämme: z. B. die gotischen Formen Genitiv Singular *han-in-s*, *hairt-in-s*, *tugg-ōn-s*. Von *n*-Stämmen kann deshalb gesprochen werden, weil das Stammbildungselement auf *n* ausgeht. Die Klasse der *n*-Stämme wird auch als schwache Deklination bezeichnet.
2. *ō*-Stämme: z. B. gotisch Gen. Sing.   *gib-*   *ō-s*
3. *a*-Stämme: z. B. gotisch Akk. Plur.   *dag-*   *a-ns*
4. *i*-Stämme: z. B. gotisch Akk. Plur.   *gast-*   *i-ns*
5. *u*-Stämme: z. B. gotisch Akk. Plur.   *sun-*   *u-ns*

Die Klassen der *ō*-, *a*-, *i*- und *u*-Stämme gehören der so genannten starken Deklination an.

Veränderungen zum Althochdeutschen

Die germanischen Stammbildungsverhältnisse sind in den althochdeutschen Formen nur noch teilweise erkennbar, da verschiedene lautliche Veränderungen eingetreten sind. Dies ist zum Teil auch schon im Gotischen zu beobachten. Eine Hauptursache ist der Anfangsakzent im Germanischen: Im Indogermanischen konnte der Wortakzent auf den verschiedensten Silben eines Wortes liegen, wie lateinische Beispiele verdeutlichen: *ámo* ›ich liebe‹ – *amavísti* ›du hast geliebt‹.

Im ältesten Germanischen war der freie Wortakzent zunächst noch erhalten, in der Folge kam es zu seiner Festlegung auf den Wortanfang, das heißt in den meisten Fällen auf die Wurzelsilbe. Dieser Anfangsakzent des Germanischen ist Ursache für

Abschwächung und Abbau der Endsilben. Bei den Substantiven sind also die Elemente betroffen, die Stammbildung und Flexion kennzeichnen, wie etwa in folgenden Beispielen:

- Der germanische Nominativ Singular *dag-a-z* verliert zunächst das *a* (Stammbildungselement): vgl. got. *dags*. Im Althochdeutschen ist die gesamte Endung *-az* geschwunden: ahd. *tag*. Diese althochdeutsche Form enthält im Vergleich zu den früheren Formen, das heißt unter **diachronem** Aspekt, kein Stammbildungselement und kein Flexionselement mehr. Unter **synchronem** Aspekt, das heißt auf der Ebene der Gleichzeitigkeit, zeigt *tag* Nullendung (= Ø-Endung).

- Gegenüber dem gotischen Akkusativ Plural *dagans* gehen im Althochdeutschen die Elemente *-n* und *-s* verloren, so dass die Form ahd. *taga* lautet. Unter diachronem Aspekt ist *-a* der Rest von Stammbildungselement und Flexionselement; unter synchronem Aspekt ist *-a* aber nunmehr Flexionsendung.

Trotz dieser Umgestaltung der einzelnen Flexionsformen ist die Zugehörigkeit zu den germanischen Flexionsklassen noch an vielen Stellen des Flexionssystems erkennbar. Die *n*-Stämme haben in den meisten Kasus noch das *n* des Stammbildungselements: zum Beispiel Genitiv Singular ahd. *hanen, herzen, zungūn*. Die *i*-Stämme zeigen das Stammbildungselement noch im Plural der beiden in dieser Klasse vertretenen Genera Maskulinum und Femininum (z. B. Nominativ Plural ahd. *gesti* ›die Gäste‹, *krefti* ›die Kräfte‹) und im Genitiv und Dativ Singular Femininum (z. B. ahd. *krefti*).

Die Hauptklassen der althochdeutschen Substantivflexion
Folgende vier Klassen bilden die Hauptklassen der althochdeutschen Substantivflexion (→ Übersicht Nr. 18):

1. Klasse:	*n*-Stämme	auch schwache Deklination genannt
2. Klasse:	*ō*-Stämme	
3. Klasse:	*a*-Stämme	auch starke Deklination genannt
4. Klasse:	*i*-Stämme	

Im Einzelnen lassen sich die Klassen wie folgt charakterisieren, wobei die Reihenfolge der Erläuterungen der verschiedenen Klassen ihrem Erkennbarkeitsgrad entspricht:

a) Die *n*-Stämme

		Maskulinum		Neutrum		Femininum	
Sing.	Nom.	*der*	*boto*	*daz*	*herza*	*diu*	*zunga*
	Gen.	*des*	*boten*	*des*	*herzen*	*dera*	*zungūn*
	Dat.	*demo*	*boten*	*demo*	*herzen*	*deru*	*zungūn*
	Akk.	*den*	*boton*	*daz*	*herza*	*dia*	*zungūn*

		Maskulinum		Neutrum		Femininum	
Plur.	Nom.	*dia*	*boton*	*diu*	*herzun*	*dio*	*zungūn*
	Gen.	*dero*	*botōno*	*dero*	*herzōno*	*dero*	*zungōno*
	Dat.	*dēm*	*botōm*	*dēm*	*herzōm*	*dēm*	*zungōm*
	Akk.	*dia*	*boton*	*diu*	*herzun*	*dio*	*zungūn*

Die Klasse der *n*-Stämme enthält alle drei Genera. Die Maskulina und Feminina sind relativ zahlreich vertreten. Die Neutra können insofern leicht von den Maskulina unterschieden werden, als es nur wenige von ihnen gibt: *daz herza, ouga, ōra, wanga* und (nur im Plural) *diu hīwun* ›die Ehegatten‹.

Die Klasse ist durch die Endung *-n* leicht erkennbar, die außer im Nominativ Singular aller Genera und im Akkusativ Singular Neutrum vorhanden ist. Im Dativ Plural wird die Endung *-m* allmählich aufgegeben, so dass hier ebenfalls eine Endung auf *-n* vorliegt, z. B. *botōn, herzōn, zungōn.* In einigen Kasus unterscheiden sich auch die Genera. Die Endung *-ūn* ist für das Femininum charakteristisch.

In bestimmten Kasus sind vokalische Varianten in den Endungen vorhanden: Der Genitiv Singular Maskulinum und Neutrum zeigt neben der Endung *-en* auch die Endung *-in*; im Akkusativ Singular und Nominativ und Akkusativ Plural Maskulinum erscheint neben *-on* auch eine Variante mit *-un*; im Nominativ und Akkusativ Plural Neutrum kann neben *-un* auch eine (ältere) Variante mit *-on* stehen.

b) Die *i*-Stämme

		Maskulinum		Femininum	
Sing.	Nom.	*der*	*gast*	*diu*	*kraft*
	Gen.	*des*	*gastes*	*dera*	*krefti*
	Dat.	*demo*	*gaste*	*deru*	*krefti*
	Akk.	*den*	*gast*	*dia*	*kraft*
Plur.	Nom.	*dia*	*gesti*	*dio*	*krefti*
	Gen.	*dero*	*gestio*	*dero*	*kreftio*
	Dat.	*dēm*	*gestim*	*dēm*	*kreftim*
	Akk.	*dia*	*gesti*	*dio*	*krefti*

Die Klasse der *i*-Stämme enthält Maskulina und Feminina. Charakteristisch ist, dass das Stammbildungselement *-i-* im Plural beider Genera erhalten ist und im Genitiv und Dativ Plural des Femininums sogar noch von der Kasusendung getrennt werden kann. Diejenigen *i*-Stämme, deren Wurzelvokal kurzes *a* ist, sind überall, wo *i* in der Endung steht, am Umlaut des *a* zu *e* erkennbar, also im Plural beider Genera und im Genitiv und Dativ Singular Femininum.

Im Genitiv und Dativ Plural beider Genera sind ferner Endungsvarianten zu verzeichnen: *dero gestio, -eo, -o; dēm gestim, -in, -en; dero kreftio, -eo, -o; dēm kreftim, -in, -en.*

c) Die *a*-Stämme

		Maskulinum		Neutrum	
Sing.	Nom.	*der*	*tag*	*daz*	*wort*
	Gen.	*des*	*tages*	*des*	*wortes*
	Dat.	*demo*	*tage*	*demo*	*worte*
	Akk.	*den*	*tag*	*daz*	*wort*
Plur.	Nom.	*dia*	*taga*	*diu*	*wort*
	Gen.	*dero*	*tago*	*dero*	*worto*
	Dat.	*dēm*	*tagum*	*dēm*	*wortum*
	Akk.	*dia*	*taga*	*diu*	*wort*

In dieser Klasse sind Maskulina und Neutra enthalten. Kennzeichnend für die Neutra ist die Nullendung im Nominativ und Akkusativ Singular und Plural, was hier eine Unterscheidung von den *n*-Stämmen erlaubt. Die Maskulina unterscheiden sich nur im Plural von den *i*-Stämmen, ansonsten sind sie mit ihnen identisch.

Auch hier sind Endungsvarianten möglich: Am häufigsten begegnen Varianten im Dativ Plural beider Genera, wo neben der Endung *-um* auch die Varianten *-om*, *-un* bzw. *-on* begegnen.

d) Die *ō*-Stämme

		Femininum	
Sing.	Nom.	*diu*	*geba*
	Gen.	*dera*	*geba*
	Dat.	*deru*	*gebu*
	Akk.	*dia*	*geba*
Plur.	Nom.	*dio*	*gebā*
	Gen.	*dero*	*gebōno*
	Dat.	*dēm*	*gebōm*
	Akk.	*dio*	*gebā*

Nur Feminina sind in dieser Klasse vertreten. Ihr gehören Feminina an, die nicht als *n*- oder *i*-Stämme erkennbar sind. Dabei ist eine Unterscheidungsmöglichkeit von den *n*-Stämmen nur in einem Teil der Kasus gegeben; in einigen Kasus stimmen die Endungen jedoch überein (z. B. im Nominativ Singular *diu zunga* / *diu geba*; Genitiv Plural *dero zungōno* / *dero gebōno*).

Als Endungsvarianten begegnen im Dativ Singular *-o* statt *-u*, ferner können diese Dativendungen auch im Genitiv Singular vorkommen.

Bei den *a*- und *ō*-Stämmen sind die Stammbildungselemente nicht mehr direkt erkennbar, da hier vor allem vokalische Veränderungen in den Endungen eingetreten sind. Entsprechend ist auch die Erkennbarkeit der Zugehörigkeit zu diesen Flexionsklassen erschwert; sie kann oft nur durch Kombination positiver und negativer Merkmale im Vergleich zu den anderen Klassen erfolgen, und gegebenenfalls auch unter Heranziehung des Kontextes, in dem das Substantiv verwendet wird: Ein am Pronomen oder an der Nullendung im Nominativ oder Akkusativ Plural als Neutrum erkennbares Substantiv kann nur zur *a*-Flexion (3. Klasse) gehören. Bei allen drei starken Klassen ist ebenfalls die Veränderung der Endung *-m* zu *-n* im Dativ Plural beobachtbar.

Beispiele für die Bestimmung althochdeutscher Substantive

Die Aufgabe der Bestimmung von Wortformen wird in der Regel anhand von Wörtern in Texten gestellt. Die Substantive sind nur noch teilweise durch unmittelbar erkennbare Merkmale in die verschiedenen Flexionsklassen einzuordnen. Hier hilft der jeweilige Kontext bei der Bestimmung weiter, wie etwa Kasus und Numerus des begleitenden Artikels oder die syntaktischen Gegebenheiten (Frage nach dem Subjekt, nach geforderten Ergänzungen usw.).

Zur genauen Bestimmung eines Substantivs gehört die Angabe von Kasus, Numerus, Genus und Flexionsklasse. Mit der Kenntnis der Flexionsklasse lässt sich der Nominativ Singular ermitteln, unter dem das Wort im Wörterbuch nachzuschlagen ist.

Ther kuning (L 46a): Im Zusammenhang mit dem begleitenden bestimmten Artikel *ther* lässt sich *kuning* als Nominativ Singular Maskulinum erkennen. Eine Zuordnung zur schwachen *n*-Klasse scheidet aus, müsste die Flexionsendung im Nominativ Singular hier doch *-o* lauten. Also handelt es sich um ein starkes Substantiv. Es kann der *a*- oder *i*-Klasse angehören, da die Singularformen dieser beiden Flexionsklassen übereinstimmen. Eine weitere Spezifizierung ist auf der Basis der im Text vorliegenden Belege nicht möglich. Die Kasus- und Numerusbestimmung lässt sich an der syntaktischen Umgebung verifizieren. *Ther kuning* ist Nominativergänzung zur finiten Verbform *reit* (3. Person Singular Indikativ Präteritum).

thes lîbes (L 54b): Die Endung *-es* deutet auf Genitiv Singular Maskulinum oder Neutrum eines starken Substantivs hin. Der Nominativ Singular muss folglich *lîb* heißen. Beim Nachschlagen im Wörterbuch erweist sich, dass ahd. *lîb* anders als nhd. *der Leib* Maskulinum oder Neutrum sein kann. Da die Form im Singular steht, kann auch nicht mit Bestimmtheit entschieden werden, ob das Substantiv in die *a*- oder in die *i*-Klasse gehört.

sextu (O IV, 33, 9): Die Endung *-u* ist bei der althochdeutschen Substantivflexion nur im Dativ Singular der starken Feminina der *ō*-Klasse belegt. Der Nominativ Singular lautet entsprechend *sexta*. Die Kasusbestimmung lässt sich an der syntaktischen Umgebung verifizieren: Die Präposition *fon* steht – wie nhd. *von* – mit dem Dativ.

Zusammenfassend lässt sich feststellen, dass eine vollständige Bestimmung althochdeutscher Substantivformen allein aufgrund der Flexionsendung nur selten möglich ist. Hilfreich sind oft begleitende Artikel/Pronomen und/oder die syntaktische Umgebung. Auch nach Ausschöpfung dieser Informationsquellen kann es aber vorkommen, dass insbesondere bei der Zuordnung zum Genus und zur Flexionsklasse mehrere Möglichkeiten übrig bleiben.

Unterklassen und Sonderfälle
Neben einer Vielzahl von Substantiven, die sich in die oben vorgeführten Hauptklassen einordnen lassen, gibt es einige, die mit dieser Klassifizierung nicht näher bestimmt werden können. Im ›Ludwigslied‹ ist dies etwa bei *thaz rīchi* (V. 19) der Fall: Aufgrund des vorangehenden Artikels ist es als Nominativ oder Akkusativ Singular Neutrum zu bestimmen; eine *i*-Endung existiert jedoch weder bei den schwachen *n*-Stämmen noch bei den starken *a*-Stämmen. Aufgrund von gewissen Stammbildungsmerkmalen wird das Substantiv einer Unterklasse der *a*-Stämme zugeordnet. Diese und andere Unterklassen lassen sich wie die Hauptklassen am einfachsten im Blick auf das Germanische beschreiben.

a) Unterklassen der *a*- und *ō*-Stämme
Die vokalischen Stammbildungselemente *a* und *ō* traten im Germanischen auch in den Varianten *ja*, *wa* und *jō*, *wō* auf. Im Germanischen handelte es sich lediglich um Varianten des Stammbildungselements. Im Althochdeutschen bewirken diese Erweiterungen verschiedene Abweichungen in der Entwicklung der Endsilben und so auch der Endungen.

Einen Überblick über die Flexion der *wa-*/*wō*-Stämme vermittelt folgende Tabelle anhand der Musterwörter *der sēo* ›der See‹, *daz horo* ›der Schmutz‹, *diu brāwa* ›die Augenbraue‹:

		Unterklasse der *a*-Stämme: *wa*-Stämme				Unterklasse der *ō*-Stämme: *wō*-Stämme	
		Maskulinum		Neutrum		Femininum	
Sing.	Nom.	*der*	*sēo*	*daz*	*horo*	*diu*	*brāwa*
	Gen.	*des*	*sēwes*	*des*	*horwes*	*dera*	*brāwa*
	Dat.	*demo*	*sēwe*	*demo*	*horwe*	*deru*	*brāwu*
	Akk.	*den*	*sēo*	*daz*	*horo*	*dia*	*brāwa*
Plur.	Nom.	*dia*	*sēwa*	*diu*	*horo*	*dio*	*brāwā*
	Gen.	*dero*	*sēwo*	*dero*	*horwo*	*dero*	*brāwōno*
	Dat.	*dēm*	*sēwum*	*dēm*	*horwum*	*dēm*	*brāwōm*
	Akk.	*dia*	*sēwa*	*diu*	*horo*	*dio*	*brāwā*

Die *wa*-Stämme zeigen in allen Kasus vor der Endung der *a*-Stämme das *w*, zum Beispiel *sē-w-es*; im Nominativ Singular hat sich im Auslaut das *w* zu *o* entwickelt: *der sēo*. Die *wō*-Stämme sind von den *ō*-Stämmen nur durch das in allen Kasus auftretende *w* vor der Endung unterschieden, zum Beispiel *diu brā-w-a*.

Die *ja-* und *jō-*Stämme zeigen ebenfalls vielfach dieselben Endungen wie die *a*-bzw. *ō*-Stämme, wie folgende Tabelle verdeutlicht:

		Unterklasse der *a*-Stämme: *ja*-Stämme				Unterklasse der *ō*-Stämme: *jō*-Stämme	
		Maskulinum		Neutrum		Femininum	
Sing.	Nom.	*der*	*hirti*	*daz*	*kunni*	*diu*	*sunt(i)a*
	Gen.	*des*	*hirtes*	*des*	*kunnes*	*dera*	*sunt(i)a*
	Dat.	*demo*	*hirte*	*demo*	*kunn(i)e*	*deru*	*sunt(i)u*
	Akk.	*den*	*hirti*	*daz*	*kunni*	*dia*	*sunt(i)a*
Plur.	Nom.	*dia*	*hirta*	*diu*	*kunni*	*dio*	*sunt(i)ā*
	Gen.	*dero*	*hirt(i)o*	*dero*	*kunn(i)o*	*dero*	*suntōno*
	Dat.	*dēm*	*hirtim/ -um*	*dēm*	*kunnim/ -um*	*dēm*	*suntōm*
	Akk.	*dia*	*hirta*	*diu*	*kunni*	*dio*	*sunt(i)ā*

Ein grundsätzlicher Unterschied zwischen den *ja*-Stämmen und den *a*-Stämmen besteht lediglich im Nominativ und Akkusativ Singular Maskulinum und im Nominativ und Akkusativ Singular und Plural Neutrum. Hier steht immer ein *i* als Rest des Stammbildungselements *ja*: *der hirt-i* (›der Hirte‹), *der phuz-i* (›der Brunnen‹) gegenüber *der tag*, sowie *daz kunn-i* (›das Geschlecht‹) gegenüber *daz wort*. In anderen Kasus kann das *i* darüber hinaus zusätzlich in der Endung auftreten (z. B. *hirto* oder *hirtio*, *kunne* oder *kunnie*). Die *jō*-Stämme zeigen gegenüber den *ō*-Stämmen praktisch keine Unterschiede; es kann allerdings auch hier ein *i* oder *e* als Rest des *j* vor dem Endungsvokal auftreten (*diu sunta* oder *suntia* oder *suntea*) oder das *a* als *e* erscheinen: *thiu fuzze* (›der Brunnen‹).

Viele maskuline *ja*-Stämme sind Substantive auf *-āri*, die von Verben oder Substantiven abgeleitet sind und handelnde Personen bezeichnen. Man nennt solche Ableitungen Nomina agentis, zum Beispiel *scrībari* ›Schreiber‹ < st. Verb *scrīban*; *fiscāri* ›Fischer‹ < Subst. *fisc*. Im ›Ludwigslied‹ findet sich etwa die Form *lugināri* (17a) ›Lügner‹ im Nominativ Singular Maskulinum.

Die femininen *jō*-Stämme enthalten ihrerseits Substantive, die anhand des Suffixes *-in* feminine Substantive zu maskulinen Basen bilden (so genannte Movierungen oder Motionen), zum Beispiel *diu kuningin* zu dem maskulinen Substantiv *der kuning* ›der König‹; der Genitiv Singular heißt dann *dera kuninginna* usw.

b) Die *u*-Klasse

Die Form *fihu* (T 87,3) ist aufgrund des Kontextes als Nominativ Singular zu bestimmen. Das Wort ist Rest einer anderen Flexion und muss im Althochdeutschen als Sonderfall angesehen werden. Neben den Stammbildungselementen *a*, *ō*, *i* gab es im Germanischen noch das Stammbildungselement *u* (siehe oben). Die damit gebildeten Substantive werden im Althochdeutschen meist nach der *i*-Klasse flektiert. In einigen wenigen Formen tritt im Althochdeutschen das *u* aber noch auf. Hierher gehören folgende Formen:

Maskulina	Neutra	Feminina
der sunu, fridu, situ	*daz fihu*	*hantum, -un*
Nom./Akk. Sing.	Nom./Akk. Sing.	Dat. Plur.
übrige Formen nach der *i*-Deklination	übrige Formen nach der *a*-Deklination	übrige Formen nach der *i*-Deklination

Neben *der sunu* im Nominativ Singular ist auch die endungslose Form *sun* belegt. Der Dativ Plural *hantum* ist im Neuhochdeutschen noch in den Formen *zuhanden*, *vorhanden* usw. bewahrt; die Formen nach der *i*-Deklination weisen bei vorhandenem *i* in der Endung Umlaut auf: *diu hant – dio henti*.

c) Verwandtschaftsbezeichnungen auf -er

unsaremo fater (T 87,3) ist Dativ Singular Maskulinum. Das Substantiv *fater* gehört zu einer Gruppe von Verwandtschaftsbezeichnungen auf -er (*fater, bruoder, muoter, tohter, swester*), die im Germanischen noch eine eigene Flexionsklasse bildeten. An dem Dativ *fater* wird das Kennzeichen dieser Klasse deutlich, nämlich die im ganzen Singular durchgehende Form mit Ø-Endung.

	Maskulina	Feminina
Singular	Einheitsformen: *fater, bruoder*. Daneben Gen. und Dat. nach der *a*-Deklination	Einheitsformen: *muoter, tohter, swester*
Plural	Nach der *a*-Deklination	Nom. und Akk. *muoter*. Später Übergang zur *ō*-Deklination

d) Feminina auf -*īn*

Eine Einheitsform im Singular zeigen auch die mit der Sonderform -*īn* des auf -*n* ausgehenden Stammbildungselements gebildeten Feminina vom Typ *thekkī* ›das Dach‹, Plural: -*ī*, -*īno*, -*īm*, -*ī*. Diese Substantive sind vielfach von Adjektiven abgeleitet wie zum Beispiel *hōhī* von *hōh*. Solche von Adjektiven abgeleiteten Substantive werden auch Adjektivabstrakta genannt.

e) Die Wurzelnomina

Die Pluralformen *finf gomman* (T 87,5) und *heidine man* (L 11a) gehören zu den Nominativ-Singular-Formen *der man* bzw. *der gomman*. Das Wort *man* zeigt im gesamten Singular und im Nominativ und Akkusativ Plural die Form *man* neben Formen nach der *a*-Flexion im Singular. Das Wort *man* gehört zu der kleinen

Gruppe von Wörtern, die im Germanischen kein Stammbildungselement hatten (siehe oben, S. 105 f.). So erklären sich auch die Genitiv- und Dativ-Singular-Formen *naht* und *burg* bei den Feminina:

	Maskulina	Feminina
Singular	Einheitsform: *man* Gen. und Dat. auch nach der *a*-Deklination	Einheitsform: *naht* (Gen./Dat. Sing. teilweise auch nach der *i*-Deklination)
Plural	Nom. und Akk. *man* Gen. und Dat. nach der *a*-Deklination (also *manno, mannum*)	Nom. und Akk. *naht* Gen. *nahto* (z. B. T 15,2) Dat. *nahtun.* Ferner auch nach der *i*-Deklination

f) Unterklasse der *a*-Stämme: Neutra mit *ir*-Plural
Eine weitere Unterklasse der Neutra, deren Kasusendungen mit denen der *a*-Stämme (*daz wort*) übereinstimmen, weist zusätzlich ein besonderes Numeruskennzeichen *-er-* oder *-ir-* auf, das an den Pluralformen des Beispiels *daz lamb* sichtbar wird.

Sing.	Nom.	*daz*	*lamb-Ø*	Plur.	Nom.	*diu*	*lemb-ir-Ø*
	Gen.	*des*	*lamb-es*		Gen.	*dero*	*lemb-ir-o*
	Dat.	*demo*	*lamb-e*		Dat.	*dēm*	*lemb-ir-um*
	Akk.	*daz*	*lamb-Ø*		Akk.	*diu*	*lemb-ir-Ø*

Das Beispielwort zeigt ferner, dass, wenn die Wurzel des Wortes ein kurzes *a* enthält, dieses in den Pluralformen durch das *i* in *-ir-* umgelautet wird. Ebenso wie *lamb* flektieren *daz* (*h*)*rind, smalenōz* ›Schaf, Kleinvieh‹, *kalb* und *blat*.

Aufgabencode: E4C8

3.2.2 Pronomen

Das Personalpronomen der 1. und 2. Person
Zu den bei der Verbalflexion angegebenen Nominativformen *ih, dū, wir* und *ir* sind in Psalm 138 die Flexionsformen *ir* (Ps 1a), *dū* (Ps 3a), *ih* (Ps 3b), *dir* (Ps 5b), *mir* (Ps 8a), *mih* (Ps 8b) belegt. Das Personalpronomen der 1. und 2. Person ist im Deutschen nicht nach Genera differenziert. Die Flexionskategorien sind Kasus und Numerus.

Das Personalpronomen der 3. Person
Das Personalpronomen der 3. Person ist im Deutschen nach den Genera Maskulinum, Neutrum und Femininum differenziert. Im Althochdeutschen lautet der Nominativ Singular *er, iz, siu*. In fränkischen Quellen tritt neben der Form *er* als

Pronomen der 3. Person Nominativ Singular Maskulinum auch die Form *her* auf, so etwa in Tatian 34,6: *Thō quad her in: [...]*.

Der Genitiv des Personalpronomens der 3. Person Neutrum *es* darf nicht mit dem Nominativ und Akkusativ *ez* verwechselt werden, dessen *z*-Graphie auf verschobenes germ. /t/ verweist. Dieser Genitiv liegt zum Beispiel vor in *Sō brūche her es lango!* (L 6b). Aufgrund der bei diesem Verb heute nicht mehr vorkommenden Genitivrektion fällt der Unterschied im Kasus bei einer Übersetzung nicht einmal auf: ›So genieße er es lange!‹

Das Reflexivpronomen
Für die 1. und 2. Person werden im Deutschen die Formen des Personalpronomens auch als Reflexivpronomen verwendet. In der 3. Person steht im Neuhochdeutschen die Form *sich* für Dativ und Akkusativ des Singulars und Plurals in allen Genera. Im Althochdeutschen werden die Numeri und Genera unterschieden: z. B. Dativ Singular Maskulinum *imu*, Dativ Singular Femininum *iru*, Dativ Plural aller Genera *im* bzw. *in*: *Oh fimf dumbo intfanganēn liohtfazzon ni nāmun oli mit in* ›... nahmen kein Öl mit sich‹ (T 148,2).

Artikel und Demonstrativpronomen
Die bei der Substantivflexion angegebenen Artikelformen *der, daz, diu* usw. sind zugleich Demonstrativ- und Relativpronomen. Die Formen entsprechen in den Endungen weitgehend denen des Personalpronomens der 3. Person.

Als Nebenformen zu *der* (Nominativ Singular Maskulinum) erscheinen im Tatian auch die Formen *thie* und *thē* (T 87,3 *thē dir quidit*).

Im Althochdeutschen existiert ferner noch eine Instrumentalform *diu*, die häufig in enger Verbindung mit Präpositionen als Konjunktion verwendet wird: *mit thiu* ›nachdem, als‹.

Das Interrogativpronomen
Das Interrogativpronomen hat dieselben Endungen wie das Demonstrativpronomen. Es tritt wie im Neuhochdeutschen nur im Singular und da nur in den Formen des Maskulinums und des Neutrums auf. Für das Femininum gelten die maskulinen Formen.

Im älteren Althochdeutschen ist meist noch das dem *w* vorausgehende *h* bewahrt: *hwer, hwaz* usw. Der Form *diu* beim Demonstrativpronomen entspricht die Instrumentalform *wiu*, die zum Beispiel in der Verschmelzung mit der Präposition *zi* als *ziu* ›warum‹ belegt ist.

Das zusammengesetzte Demonstrativpronomen
Neben dem einfachen Demonstrativpronomen *der, daz, diu*, das auch Artikelfunktion übernimmt, steht ein ursprünglich aus denselben Formen und einer Verstärkungspartikel *sa* zusammengesetztes Demonstrativpronomen, das im Neuhochdeutschen als *dieser* vorliegt. Im Althochdeutschen erscheinen zahlreiche Varianten, die auf Umgestaltungen der ursprünglichen Formen beruhen: so etwa *fon uuazzare*

thesemo (Dativ Singular Neutrum, T 87,4), und *thiz allaz* (Akkusativ Singular Neutrum, O 32,1). Die letztgenannte Form hat im Auslaut die **Affrikate** *ts*.

Das Possessivpronomen

Das Possessivpronomen im Althochdeutschen ist aus verschiedenen anderen Pronomina gebildet worden; es zeigt teilweise unterschiedliches Verhalten.

In der ersten und zweiten Person Singular und Plural ist das Possessivpronomen aus dem Genitiv des Personalpronomens entstanden, das heißt aus *mīn, dīn, unsēr* und *iuwēr*.

Für die 3. Person Singular Maskulinum und Neutrum wurde die Genitivform des Reflexivpronomens verwendet: *sīn*.

Im Singular Femininum und im Plural aller Genera gibt es im Althochdeutschen kein Possessivpronomen. Diese Funktion erfüllt hier, ähnlich wie im Lateinischen, der Genitiv des Personalpronomens der 3. Person Singular Femininum *ira* und der 3. Person Plural *iro* (vgl. lat. *eius* bzw. *eorum, earum*).

Die Flexion der im Althochdeutschen vorhandenen Possessivpronomen richtet sich nach der pronominalen/starken Adjektivflexion. Die starke Endung steht auch nach bestimmtem Artikel. Im Nominativ Singular stehen meistens die endungslosen Formen: *thīn fater* (T 12,6), *sīn fihu* (T 87,3). Diese endungslosen Formen können auch in anderen Kasus auftreten.

Neben der Form *unsēr* können in flektierten Formen Varianten mit -*ar*- auftreten: so etwa *unsaremo* (T 87,3). Die Form *Unsara* (T 87,5) zeigt ebenfalls diese Variante, ferner eine alte Endung des Nominativ Plural Maskulinum der pronominalen/starken Flexion auf (-*a* statt -*e*), man vergleiche auch *sīna* (T 87,3).

Aufgabencode: E4CC

3.2.3 Adjektive

→ Übersicht 26

Die Adjektivflexion im Neuhochdeutschen

Wie bei den Substantiven wird auch bei den Adjektiven im Althochdeutschen zwischen einer starken und einer schwachen Flexion unterschieden. Während jedoch die Substantive entweder der starken oder der schwachen Flexion angehören, können die Adjektive sowohl stark als auch schwach flektiert werden. Dies entspricht

im Prinzip den Verhältnissen, wie sie auch im Neuhochdeutschen bei der Adjektivflexion vorliegen:

mit großer Freude	*mit einer großen Freude*
mit blauem Rock	*mit einem blauen Rock*
großer Beifall	*der große Beifall*

> das Adjektiv wird stark flektiert > das Adjektiv wird schwach flektiert

Die Endungen am Adjektiv entsprechen im Prinzip denen des bestimmten Artikels bzw. des Demonstrativpronomens. — Als Endungen stehen -*e* oder -*en* wie bei *der Bote, des Boten* etc.

Ferner können auch Fälle eintreten, in denen das Adjektiv endungslos bleibt:

Der Mann ist groß
auf gut Glück

> keine Flexionsendung am Adjektiv

Auf das Verhältnis der Verteilung der verschiedenen Endungen im Neuhochdeutschen wird hier nicht eingegangen; es genügt die Feststellung, dass es auch im Neuhochdeutschen diese verschiedenen Möglichkeiten der Flexion beim Adjektiv gibt.
Unter **diachronem** Aspekt wird jedoch im Folgenden auch das Nebeneinander der
verschiedenen neuhochdeutschen Flexionstypen erklärbar.
Die starke Flexion der Adjektive ist die ursprüngliche indogermanische Flexion.
Die schwache Flexion ist der schwachen Flexion der Substantive nachgebildet; sie
ist eine Neubildung der germanischen Sprachen.

Die althochdeutschen Flexionsformen im Vergleich zur Substantiv- und Pronominalflexion

Der folgende Textabschnitt aus Tatian 148,2 bietet eine Fülle von flektierten Adjektiven:

*Fimui fon thēn uuārun dumbo inti fimui uuīso. Oh fimf dumbo intfanganēn lioht-
fazzon ni nāmun oli mit in, thio uuīsūn uuārlīhho intfiengun oli in iro faz mit
liohtfazzon.*
›Fünf von denen (= den Jungfrauen) waren töricht und fünf klug. Aber nachdem
die fünf törichten die Lampen empfangen hatten, nahmen sie kein Öl mit sich,
die klugen aber nahmen Öl in ihren Gefäßen mit den Lampen an.‹

Die hier vorkommenden Adjektivformen im Nominativ Plural Femininum *dumbo,
uuīso, uuīsūn* können im Hinblick auf ihre Endungen mit entsprechenden Formen
von Substantiven und Pronomen verglichen werden.

uuīs-o	*deso*	Nom. Plur. Fem. des Demonstrativpronomens
dumb-o	*dio*	Nom. Plur. Fem. des bestimmten Artikels
uuīs-ūn	*zungūn*	Nom. Plur. des schwachen Femininums *zunga*

Die Adjektivendung *-ūn* stimmt mit der der ersten Klasse der Substantive (*n*-Klasse), das heißt der schwachen Substantive, überein. Mit der Endung *-o* kann die Endung des Pronomens beziehungsweise des bestimmten Artikels *deso*, *dio* verglichen werden.

Ein und dasselbe Adjektiv, zum Beispiel *wīs*, zeigt also in demselben Kasus nebeneinander zwei verschiedene Flexionsformen, von denen aus synchroner Sicht die eine als nominal (*n*-Klasse), die andere als pronominal bezeichnet werden kann. Diese zwei Flexionsformen werden in der grammatischen Literatur auch als schwach (*uuīs-ūn*) und als stark (*uuīs-o*) bezeichnet. Dieses Nebeneinander der zwei verschiedenen Flexionsformen gilt für die gesamte Adjektivflexion im Althochdeutschen. Exemplarisch soll hier das System der Flexionstypen anhand des Femininums nochmals veranschaulicht werden:

Adj. *wīs*		Femininum, nominale/ schwache Flexion		Femininum, pronominale/ starke Flexion	
		wīs- + Endung	Vgl. Subst. *zunga*, *n*-Klasse	*wīs-* + Endung	Vgl. best. Art. bzw. Dem.-Pron.
Sing.	Nom.	*wīs-a*	*zung-a*	*wīs-iu*	*diu*
	Gen.	*wīs-ūn*	*zung-ūn*	*wīs-era*	*dera*
	Dat.	*wīs-ūn*	*zung-ūn*	*wīs-eru*	*deru*
	Akk.	*wīs-ūn*	*zung-ūn*	*wīs-a*	*desa*
Plur.	Nom.	*wīs-ūn*	*zung-ūn*	*wīs-o*	*deso*
	Gen.	*wīs-ōno*	*zung-ōno*	*wīs-ero*	*dero*
	Dat.	*wīs-ōm*	*zung-ōm*	*wīs-ēm*	*dēm*
	Akk.	*wīs-ūn*	*zung-ūn*	*wīs-o*	*deso*

Die nominalen/schwachen Adjektivendungen stimmen vollständig mit den Endungen der ersten Klasse der Substantive (*n*-Klasse) überein.

Die pronominalen/starken Adjektivendungen stimmen beinahe vollständig mit der Flexion des Artikels *diu* überein. Die übrigen Formen lassen sich mit Formen anderer Pronomina vergleichen: *wīs-a* entspricht *desa*, *wīs-o* entspricht *deso*. Ähnliches gilt für das Maskulinum und Neutrum: So entspricht etwa Akkusativ Singular Maskulinum *wīs-an* dem Pronomen *desan*. Die Endung *-an* in *wīsan* begegnet darüber hinaus auch in *inan*, Akkusativ Singular zum Personalpronomen Maskulinum *er*.

Im Nominativ Singular Maskulinum und Femininum sowie im Nominativ und Akkusativ Singular Neutrum tritt neben den nominalen/schwachen und pronominalen/starken Formen eine Form *wīs* mit Nullendung auf. Vergleichbare Formen innerhalb der Substantivflexion sind die Formen der starken Substantive *tag* (Maskulinum), *wort* (Neutrum) und *buoz* (Femininum, Sonderform der ō-Klasse). Es handelt sich also bei *wīs* ebenfalls um eine nominale starke Endung.

Die Stammklassen der althochdeutschen Adjektive

Die althochdeutschen Adjektive können anhand ihrer Grundformen mit den verschiedenen Stammklassen der althochdeutschen Substantive verglichen werden. Die Stammklassenzugehörigkeit ist jedoch prinzipiell nur mithilfe der nominal/ starken Nullendungen zu ermitteln, die den Grundformen entsprechen. Das ›Ludwigslied‹ bietet mehrere solcher Belege, z. B: *guot* (L 16b), *kuoni* (L 51a) und *garo* (L 58a).

Während sich die Form *guot* mit Substantivformen wie *tag*, *wort* und *buoz* und damit den *a*- und ō-Stämmen vergleichen lässt, können *kuoni* und *garo* zu *hirti* und *sēo* in Beziehung gesetzt werden, also zu Substantiven, die als Angehörige von Unterklassen der *a*- und ō-Stämme die erweiterten Stammbildungselemente *ja-/jō-* bzw. *wa-/wō-* aufweisen. Es handelt sich bei dem Auslaut *-i* bzw. *-o* genau wie bei *hirti* und *sēo* um den Rest des Stammbildungselements *-ja* bzw. *-wa*. Dem auslautenden *-o* entspricht wie bei *sēo* inlautendes *-w-*: *garawo*. Dabei tritt zwischen *r* und *w* in *garawo* ein sekundäres *a*, auch Sprossvokal genannt, auf.

Durch die im Althochdeutschen vorhandenen Reste alter Stammbildungselemente in Adjektiven vom Typ *kuoni* und *garo* wird die Beziehung der Adjektive zu den Substantiven der zweiten und dritten Klasse (ō- bzw. *a*-Stämme) deutlich erkennbar. Für die Adjektive vom Typ *wīs* ergibt sich somit ein germanisches Stammbildungselement *a* (Maskulinum, Neutrum, Klasse 3 bzw. *a*-Stämme) bzw. ō (Femininum, Klasse 2 bzw. ō-Stämme).

Es lassen sich also für die Adjektive drei verschiedene Stammklassen erkennen, die deutlich in den Grundformen unterschieden sind:

a-/ō-Stämme:	Grundform auf Konsonant	*wīs, tumb*
ja-/jō-Stämme:	Grundform auf *-i*	*mitti, scōni*
wa-/wō-Stämme:	Grundform auf *-o*	*garo*

Es ist jedoch zu beachten, dass diese Stammklassenzugehörigkeit in den meisten flektierten Formen, abgesehen von den Grundformen, synchron nicht erkannt werden kann. Eine Ausnahme bieten die eher seltenen *wa-/wō*-Stämme, die aufgrund des inlautenden *-w-* identifizierbar sind.

Die Verwendung der verschiedenen Adjektivformen
Die Verwendung der verschiedenen Adjektivformen ist im Althochdeutschen nicht streng geregelt. Bestimmte Tendenzen zu einer semantischen Steuerung (Sinnregel) sind jedoch erkennbar.

Die nominale/schwache Endung steht oft bei einer individuellen, bestimmten Vorstellung, das heißt bei inhaltlicher Bestimmtheit: Das Substantiv, das das Adjektiv bestimmt, bezeichnet eine bestimmte Person oder Sache. So etwa im ›Ludwigslied‹: *Hluduīg ther guoto* (L 31).

Die Individualisierung wird vielfach durch den Gebrauch des bestimmten Artikels unterstrichen.

In den meisten Fällen steht demgegenüber die pronominale/starke Adjektivform bei einem Substantiv, das eine noch nicht näher bestimmte Person oder Sache bezeichnet. Es handelt sich also um eine generelle, unbestimmte Vorstellung; es liegt inhaltliche Unbestimmtheit vor. So etwa im ›Ludwigslied‹: *heidine man* (L 11) ›[irgendwelche] heidnische Männer‹.

Die Generalisierung wird dadurch deutlich, dass im Singular vielfach unter Zuhilfenahme des unbestimmten Artikels übersetzt werden muss.

Die Grundform des Adjektivs begegnet zum Beispiel an folgenden Stellen im ›Ludwigslied‹: *Sīdh uuarth her guot man* (L 16b) ›Später wurde er ein guter Mann‹, *Thō ni uuas iz burolang* (L 44a) ›Da dauerte es nicht allzu lang‹, *Thaz uuas imo gekunni* (L 51b) ›Das war ihm angeboren‹. Sie steht vorwiegend in prädikativer Verwendung, kann aber darüber hinaus im Nominativ Singular aller drei Genera und im Akkusativ Singular Neutrum anstelle der pronominalen/starken Form stehen und erfüllt dann dieselbe Funktion.

Die Adverbbildung
Von Adjektiven können im Althochdeutschen Adverbien mit einem Suffix *-o* abgeleitet werden. Solche Adverbien, die von Adjektiven abgeleitet sind, nennt man Adjektivadverbien, zum Beispiel *lango* (L 6b) zum Adjektiv *lang*.

Bei den Adjektiven mit *-i* in der Grundform (*ja-/jō*-Stämme), die einen umlautfähigen Vokal haben, erscheint das Adjektiv mit Umlaut, das Adverb dagegen ohne Umlaut: zum Beispiel Adverb *harto* (L 24b) – Adjektiv *herti*; Adverb *fasto* – Adjektiv *festi*. Im Althochdeutschen ist dementsprechend etwa auch noch deutlich der Zusammenhang des Adverbs *skōno* mit dem Adjektiv *skōni* erkennbar, der im Verlauf der weiteren Entwicklung über mhd. *schône* – *schœne* (→ 4.2.3) zu nhd. *schon* – *schön* verlorengegangen ist.

Das Adverb zum Adjektiv *guot* heißt im Althochdeutschen *wola*, vgl. Tatian 87,5: *uuola quādi thaz thū ni habēs gomman* ›Richtig sagtest du, dass du keinen Ehemann hast‹.

Die Komparationsformen

Mit der Komparation zeigt das Adjektiv eine Formenabwandlung, die nur ihm und einer Vielzahl von Adverbien zukommt. Die Bildungsweise im Althochdeutschen ist leicht durchschaubar. Es bildet den Komparativ mit den Suffixen -*ir*- bzw. -*ōr*-, den Superlativ mit -*ist*- bzw. -*ōst*-, wobei die Suffixformen -*ir*- und -*ist*- Umlaut bewirken.

lioht – liohtōr – liohtōst	Suffix -*ōr*-,
groz – grozir – grozist	Suffix -*ir*- und -*ist*-
alt – eltir – eltist	Suffix -*ir*- und -*ist*- mit Umlaut

Die Suffixformen mit *i* bzw. *ō* zeigen in ihrer Verwendung eine gewisse Regelhaftigkeit. Bei Adjektiven mit *i* in der Grundform stehen die Komparationssuffixe mit *i*. Mehrsilbige und zusammengesetzte Adjektive zeigen hauptsächlich das *ō*-Suffix.

Im Althochdeutschen treten bei den Komparationsformen der Adjektive nur nominale/schwache Flexionsendungen auf.

Der Komparativ der Adverbien endet stets auf -*ōr*, der Superlativ meist auf -*ōst* (neben -*ist*). Neben den Adjektivformen *herti, hertiro, hertisto* stehen die entsprechenden Adverbformen *harto, hartōr, hartōst, hertist*.

Aufgabencode: E4C9

4. Einführung in die mittelhochdeutsche Flexionsmorphologie

4.1 Das Verb

4.1.1 Starke Verben

→ Übersichten 27 und 28

Flektierte Verbform und Wörterbuchansatz
Voraussetzung für das Verständnis eines mittelhochdeutschen Satzes ist das Erkennen der Beziehungen zwischen den Wörtern und das Ermitteln der Wortbedeutungen. Für beides ist die Zurückführung der belegten Wortform auf eine Grundform nötig. In zahlreichen Fällen bereitet dies keine besonderen Schwierigkeiten.

NL 983
Der herre tobelîchen   von dem brunnen spranc.
im ragete von dem herzen   ein gêrstange lanc.
der fürste wânde vinden   bogen oder swert:
sô müese wesen Hagene   nâch sînem dienste gewert.

NL 984
Dô der sêre wunde   des swertes niht envant,
done het et er niht mêre   wan des schildes rant.
er zuht' in von dem brunnen dô lief er Hagenen an.
done kunde im niht entrinnen des künic Guntheres man.

NL 985
Swie wunt er was zem tôde, sô krefteclîch er sluoc,
daz ûz dem schilde   drœte genuoc
des edelen gesteines;   der schilt vil gar zerbrast.
sich hete gerne errochen   der vil hêrlîche gast.

Manche Wortformen finden sich in den Wörterbüchern von M. Lexer oder B. Hennig in der gleichen Form wie im Text: *schilt, sô, ûz*. Die Gründe sind unterschiedlich: *schilt* kommt in NL 985,3b im Nominativ Singular vor, der Ansatzform von Substantiven in Wörterbüchern, kann aber in bestimmten syntaktischen Kontexten seine Form ändern und etwa als Genitiv *schiltes* (NL 984,2b) erscheinen. Demgegenüber sind das Adverb *sô* (NL 983,4a) und die Präposition *ûz* (NL 985,2a) nicht flektierbar und treten stets als *sô* bzw. *ûz* auf.

Bei Verben ist der Weg von der flektierten Wortform im Text zur Grundform im Wörterbuch, dem Infinitiv, schwieriger als bei den anderen Wortarten. Dabei ist das Verb als vorgangs- und zustandsbeschreibende Wortart für das Verständnis des Satzes von grundlegender Bedeutung. Bei einer Betrachtung der Verbalflexion in der Gegenwartssprache fällt schnell auf, dass unterschiedliche Verben eine zentrale grammatische Kategorie wie **Tempus** unterschiedlich ausdrücken. Das Präteritum von *geben* lautet *gab*, das Präteritum von *leben* jedoch nicht **lab*, sondern *lebte*. Von den gegenwartssprachigen Verhältnissen ausgehend ist keine Erklärung möglich, sind die Wurzelsilben *geb-* und *leb-* doch nahezu identisch. Es liegt nahe, die Ursachen für die unterschiedliche Präteritumsbildung in der Sprachgeschichte zu suchen.

Verben wie *geben*, die ihr Präteritum (*gab*) durch eine regelmäßige Alternanz des Wurzelvokals (den so genannten **Ablaut**) bilden, heißen **starke Verben**, Verben wie *leben*, die ihr Präteritum durch Anfügung eines so genannten **Dentalsuffix** (*lebte*) bilden, heißen **schwache Verben**. Die starken Verben sind historisch betrachtet primär; sie liegen abgeleiteten Wörtern anderer Wortarten und auch schwachen Verben zugrunde. So ist das starke Verb (*ent*)*rinnen* (NL 984,4a) etymologisch betrachtet die Basis des schwachen Verbs mhd. *rennen*. Im Vergleich mit der Gegenwartssprache zeigt das Mittelhochdeutsche Übereinstimmungen bei der Verteilung von starker und schwacher Verbflexion: *ragete* (NL 983,2a) entspricht schwach flektierendem nhd. *ragte*, *spranc* (983,1b) stark flektierendem nhd. *sprang*. Dass dieser Befund nicht verallgemeinert werden darf, zeigt das Partizip Präteritum (*er*)*rochen* (985,4a). Dieses gehört zu einem Infinitiv (*er*)*rechen*, dessen gegenwartssprachlicher Nachfolger *rächen* schwach flektiert (*rächte*, *gerächt*). Die Form *errochen* deutet bereits eine Schwierigkeit an, die sich für den Sprecher des Gegenwartsdeutschen gegenüber den mittelhochdeutschen starken Verben ergibt. Die Regeln der Rückführung einer Flexionsform auf den Infinitiv mögen in vielen Fällen unverändert sein (mhd. *spranc – springen*), in anderen Fällen weichen sie ab (*errochen – errechen*). Um letztgenannte Fälle systematisch erfassen zu können, muss das der Bildung der mittelhochdeutschen starken Verben zugrundeliegende System der Ablautreihen erlernt werden.

Die mittelhochdeutschen Ablautreihen

Besonderes Kennzeichen der starken Verben sind die Veränderungen des Vokals im Grundmorphem. Als **Grundmorphem** bezeichnet man den die lexikalische Bedeutung des Wortes tragenden Bestandteil, der nach Abtrennung der **Flexions-** und **Wortbildungsmorpheme** übrig bleibt. Er wird in historischem Zusammenhang vielfach auch Wurzel genannt. Die Flexion der Wörter erscheint sonst im Allgemeinen in den Flexionsmorphemen, den Endungen: *Hagen-e*, *brunne-n*, *schild-e*. Bei den starken Verben tritt auch eine Veränderung innerhalb des Grundmorphems auf: *sluoc*, *slagen*. Die in der Textprobe vorkommenden Verbformen zeigen verschiedene Vokalverhältnisse:

sluoc	gehört zu	*slag-en*
-uo-	gehört zu	*-a-*
spranc	gehört zu	*spring-en*
-a-	gehört zu	*-i-*
erroch-en	gehört zu	*errech-en*
-o-	gehört zu	*-e-*

Auf der anderen Seite gilt aber nicht für jedes Verb eine eigene Regelung, sondern bestimmte Vokalverhältnisse wiederholen sich bei ganzen Gruppen von Verben:

-a-	gehört zu	*-i-*
spranc	gehört zu	*spring-en*
(en)vant	gehört zu	*vind-en*

Allgemein formuliert: Präteritumsformen mit *a* gehören zu Infinitiven mit *i*.

Den auf lautliche Verhältnisse des **Indogermanischen** zurückgehenden regelmäßigen Wechsel des Vokals in Grundmorphemen zusammengehöriger Wortformen nennt man **Ablaut**. Im Mittelhochdeutschen unterscheidet man aufgrund der regelmäßigen Vokalveränderungen sieben Klassen starker Verben. Die verschiedenen Verbklassen werden Ablautreihen genannt. Sie werden durch fünf Formen des Verbs repräsentiert, aus denen alle anderen Formen ableitbar sind. Zur Struktur der Ablautreihen → 2.2.4.

Die Kennzeichen der Ablautreihen

Reihe I:	a)	*rîten*	*rîte*	*reit*	*riten*	*geriten*	›reiten, fahren‹
	b)	*zîhen*	*zîhe*	*zêh*	*zigen*	*gezigen*	›beschuldigen, zeihen‹

Präteritumsformen mit *ei* oder *ê* im Singular und *i* im Plural und im Partizip gehören stets in Reihe I und verweisen auf einen Infinitiv mit *î*, der für diese Reihe kennzeichnend ist. Der Vokal *ê* statt *ei* in der 1. und 3. Person Singular Indikativ Präteritum tritt nur vor *h* oder *w* auf. Zu dieser Monophthongierung → 2.2.2; zu dem Konsonantenwechsel *h – g* siehe weiter unten (Der grammatische Wechsel, S. 128).

Reihe II:	a)	*biegen*	*biuge*	*bouc*	*bugen*	*gebogen*	›biegen‹
	b)	*bieten*	*biute*	*bôt*	*buten*	*geboten*	›bieten‹

Präteritumsformen mit *ou* oder *ô* im Singular gehören stets in Reihe II und verweisen auf einen Infinitiv mit *ie*, der für diese Reihe kennzeichnend ist. Der Vokal *ô* in der 1. und 3. Person Singular Indikativ Präteritum tritt nur vor *h* oder Dentalen (*t*, *d*, *z*, *s*) auf (zu dieser Monophthongierung → 2.2.2). Zur II. Ablautreihe gehören auch einige Verben mit dem Präsensvokal *û*: *sûfen* ›saufen‹ und *sûgen* ›saugen‹.

Die Präteritumsformen mit den Vokalen *u* und *o* verweisen nicht notwendig auf den Infinitiv mit *ie*, da diese Vokale auch in den Präteritumsformen der Reihen III und IV auftreten. Es sind also weitere Kriterien zur Unterscheidung der Reihen II, III und IV notwendig.

Reihe III: a) *binden   binde   bant   bunden   gebunden*   ›binden‹
           b) *werfen   wirfe   warf   wurfen   geworfen*   ›werfen‹

Für die Kennzeichnung der einzelnen Ablautreihen ist außer den Vokalen selbst auch die konsonantische Umgebung der ablautenden Vokale von Bedeutung. Verben, in denen dem ablautenden Vokal *m, n, r* oder *l* + Konsonant folgen, gehören in Reihe III. *m* und *n* heißen nach ihrer Artikulationsart Nasale, *r* und *l* Liquide. Verben mit Nasal + Konsonant (z. B.: *nt, nd, nn, mm*) gehören in Reihe IIIa, Verben mit Liquid + Konsonant (z. B.: *rf, rd, lf, ll*) in Reihe IIIb.

Zur Ablautreihe IIIb gehören auch einige Verben, deren Grundmorphem auf mehrfache Konsonanz ausgeht und bei denen teilweise *r* oder *l* vor dem Vokal des Grundmorphems stehen: *bresten* ›bersten‹, *vlehten, vehten*.

Reihe IV: *nemen   nime   nam   nâmen   genomen*   ›nehmen‹

Nach Reihe IV flektieren alle starken Verben, in denen dem ablautenden Vokal *m, n, r* oder *l* allein, also ohne einen weiteren Konsonanten, folgen. Von diesem Befund aus ist auch eine eindeutige Zuordnung von Partizipien wie *gebogen, geworfen* oder *genomen* möglich. *gebogen* gehört in Reihe II, weil dem ablautenden Vokal *o* kein Nasal oder Liquid folgt. *geworfen* gehört in Reihe IIIb, weil dem Vokal *o* Liquid + Konsonant folgen. *genomen* gehört in Reihe IV, weil dem Vokal *o* ein Nasal ohne einen weiteren Konsonanten folgt. Abweichenden Präsensvokal zeigt *komen* (ahd. *queman*).

Reihe V: *geben   gibe   gap   gâben   gegeben*   ›geben‹

Die Verben der Reihe V unterscheiden sich aufgrund der Ablautverhältnisse von den Reihen I und II und im Hinblick auf den nachfolgenden Konsonanten von den Reihen III und IV. In Reihe V gehören Verben mit dem Vokal *e* im Infinitiv, in denen dem ablautenden Vokal kein Nasal oder Liquid, sondern ein anderer Konsonant folgt.

Reihe VI: *varn   var   vuor   vuoren   gevarn*   ›fahren‹

Die ablautenden Vokale dieser Reihe kommen in den Reihen I bis V nicht in dieser Verteilung vor. In Reihe VI gehören daher Verben mit *a* im Präsens und im Partizip Präteritum und *uo* im Präteritum.

Reihe VII: *râten   râte   riet   rieten   gerâten*   ›raten‹

Kennzeichen der Reihe VII ist der Diphthong *ie* in den Präteritumsformen. Diese Verbklasse enthält Verben, die ihr Präteritum ursprünglich durch Reduplikation (mit oder ohne Ablaut) bildeten. Reduplikation ist die Verdopplung des Grundmorphemanlauts; → 2.1.1. Die Verben der Reihe VII werden daher häufig auch als reduplizierende Verben bezeichnet. Dem Präteritumsvokal *ie* können sechs verschiedene Präsensvokale entsprechen. Bei der Ermittlung des im Präsens geltenden Vokals kann die Kenntnis der entsprechenden neuhochdeutschen Formen hilfreich sein:

mhd. *stiez* → nhd. *stieß* → nhd. *stoßen* → mhd. *stôzen*

Folgende Vokale treten im Präsens und im Partizip Präteritum auf:

â	:	*râten*	›raten‹	*a*	:	*halten*	›halten‹
ei	:	*heizen*	›heißen‹	*ou*	:	*loufen*	›laufen‹
uo	:	*ruofen*	›rufen‹	*ô*	:	*stôzen*	›stoßen‹

Mit Ausnahme des Vokals *a* (= kurzes *a*) kommen diese Vokale in den entsprechenden Formen anderer Ablautreihen nicht vor. Der Vokal *a* tritt in Reihe VII nur vor *l* oder *n* + Konsonant auf (Beispiele: *halten, schalten, spannen*). In Reihe VI steht *a* bis auf geringe Ausnahmen vor einfachem Konsonanten.

Die Flexionsformen
Die mittelhochdeutsche Verbalflexion realisiert wie die neuhochdeutsche die grammatischen Kategorien **Person, Numerus, Tempus** und **Modus**:

Personen:	1. Person, 2. Person, 3. Person
Numeri:	Singular, Plural
Tempora:	Präsens, Präteritum
Modi:	Indikativ, Konjunktiv, Imperativ

Die nach diesen Kategorien flektierten Formen sind die finiten Formen. Daneben existieren die **infiniten**, das heißt nicht nach Person und Numerus bestimmten **Formen** des Infinitivs und der Partizipien.

Auch im Mittelhochdeutschen begegnen schon zusammengesetzte Verbformen aus finitem Hilfsverb + Infinitiv (*wil* […] *sagen* [NL 975,1b]) oder aus finitem Hilfsverb + Partizip (*hât begangen* [BvR I, 6]), die wie im Neuhochdeutschen zur Umschreibung des Passivs und zur Bildung weiterer Tempora dienen.

Die mittelhochdeutschen Flexionsendungen unterscheiden sich teilweise vom neuhochdeutschen Inventar. Daher ist es hilfreich, die auffälligen, von der Gegenwartssprache besonders abweichenden Formen hervorzuheben. Die Konjunktivformen unterscheiden sich nicht durchgehend von den Indikativformen. Hier genügt es, sich diese besonderen Formen einzuprägen.

Im Indikativ Präsens lauten die Formen von *werfen*:

ich	*wirf-e*
dû	*wirf-est*
er, siu, ez	*wirf-et*
wir	*werf-en*
ir	*werf-et*
sie	*werf-ent*

Die Schreibweise mit Bindestrich trennt das Grundmorphem (die **Wurzel**) vom Flexionsmorphem (der Endung). Besonders auffällig sind im Vergleich mit dem Nhd. die Form der 1. Person Singular (wegen abweichenden Wurzelvokals) sowie die Form der 3. Person Plural mit der Endung -*nt*.

Im Indikativ Präteritum lauten die Formen:

ich	*warf-Ø*
dû	*würf-e*
er, siu, ez	*warf-Ø*
wir	*wurf-en*
ir	*wurf-et*
sie	*wurf-en*

Besonders auffällig ist die Form der 2. Person Singular, die den Vokal des Plurals in umgelauteter Form enthält. Das Zeichen Ø in der 1. und 3. Person Singular signalisiert das Fehlen einer eigentlichen Endung, die so genannte Nullendung. Der Imperativ weist in der 2. Person Singular wie im Nhd. eine eigene Form auf (*wirf* mit Nullendung), während seine Form in der 2. Person Plural dem Indikativ entspricht (*werfet*).

Im Konjunktiv Präsens unterscheiden sich in den Endungen nur die Formen der 3. Person: *er werfe* gegenüber *er wirfet*, *sie werfen* gegenüber *sie werfent*. Bei Verben mit Veränderungen im Wurzelvokal im Indikativ Singular unterscheiden sich alle Singularformen:

Konjunktiv: *ich werfe, dû werfest, er werfe* – Indikativ: *ich wirfe, dû wirfest, er wirfet*.

Wie im Konjunktiv II der Gegenwartssprache zeigen umlautfähige Vokale im Konjunktiv Präteritum durchgehend Umlaut: *ich würfe, dû würfest, er würfe, wir würfen, ir würfet, sie würfen*.

In den einzelnen Teilbereichen der Flexion treten die verschiedenen Vokale der Ablautreihe in einer charakteristischen Verteilung auf. Aus den Formen der Ablautreihe lassen sich daher sämtliche Flexionsformen ableiten.

werfen:	*e* gilt	im Infinitiv: *werfen*
		im Partizip Präsens: *werfende*
		im Plural Indikativ Präsens: *wir werfen* usw.
		im ganzen Konjunktiv Präsens: *ich werfe, dû werfest* usw.
		im Imperativ Plural: *werfet*
wirfe:	*i* gilt	im Singular Indikativ Präsens: *ich wirfe* usw.
		im Imperativ Singular: *wirf*
warf:	*a* gilt	in der 1. und 3. Person Singular Indikativ Präteritum: *ich warf, si warf*
wurfen:	*u* gilt	im Plural Indikativ Präteritum: *wir wurfen* usw.
		in der umgelauteten Form *ü*:

in der 2. Person Singular Indikativ Präteritum: *dû würfe*
im ganzen Konjunktiv Präteritum: *ich würfe, dû würfest*
usw.

geworfen: *o* gilt   im Partizip Präteritum: *geworfen*

Der Infinitiv und die beiden Partizipien (Präsens und Präteritum) können ihrerseits als Substantive und Adjektive flektiert werden; → 4.2.1 und 4.2.3.

Der grammatische Wechsel

Bei einigen Verben ist außer dem Ablaut noch eine konsonantische Veränderung zu berücksichtigen. Die Form *wâren* (NL 978,1b) ist als 3. Person Plural Indikativ Präteritum zu bestimmen. Die 3. Person Singular Indikativ Präteritum ist in NL 979,1a belegt: *was*. Vokalismus und wurzelschließender Konsonant im Indikativ Präteritum, der weder Nasal noch Liquid ist, führen in die V. Ablautreihe:

wesen wise was wâren gewesen (mit Ausgleich des grammatischen Wechsels)

In den Ablautreihen I – V tritt der Konsonantenwechsel zwischen Präsens und 1. und 3. Person Singular Indikativ Präteritum einerseits und 2. Person Singular Indikativ Präteritum, Plural Präteritum und Partizip Präteritum andererseits auf. In den Reihen VI und VII erscheint er zwischen Infinitiv und Präsens einerseits, Präteritum und Partizip Präteritum andererseits. Folgende Konsonanten wechseln miteinander, soweit nicht bereits ein Ausgleich eingetreten ist:

h und *g*:   *zîhen*   –   *zigen*
d und *t*:   *werden* –   *wurten* (meist schon *wurden*)
f und *b*:   *heffen* –   *huoben*
s und *r*:   *wesen*   –   *wâren*

Der grammatische Wechsel tritt auch bei einigen hochfrequenten Verben auf, in der I. Ablautreihe bei *snîden snîde sneit sniten gesniten* ›schneiden‹, in der II. Ablautreihe bei *ziehen ziuhe zôh zugen gezogen* ›ziehen‹ und *kiesen kiuse kôs kurn gekorn* ›wählen‹, in der V. Ablautreihe bei *wesen wise was wâren* (*gewesen*) und *lesen lise las lâren geleren* sowie in der VI. Ablautreihe bei *slân slâhe sluoc sluogen geslagen*.

In wenigen Fällen (*ziehen – zogen, schneiden – schnitten*) hat sich der grammatische Wechsel bis in die Gegenwartssprache erhalten; zur Ursache dieses Konsonantenwechsels → 2.1.1.

Besondere Verben der IV. Ablautreihe

Neben den Verben, deren Grundmorphem auf einfachen Nasal oder Liquid ausgeht (*m, n, r, l*), gehören zur IV. Ablautreihe einige Verben, deren Grundmorphem auf -*ch* (ahd. -*hh*) ausgeht, sowie ein Verb auf -*ff*: *brechen, sprechen, stechen, treffen* sind die wichtigsten Verben dieser Gruppe. Die Ablautreihe lautet also zum Beispiel: *sprechen – spriche – sprach – sprâchen – gesprochen*. Die Einordnung dieser Verben kann man sich mit Hilfe der neuhochdeutschen Partizipien *gesprochen*, *gebrochen* usw. mit *-o-* klar machen.

Die *j*-Präsentien der V. und VI. Ablautreihe

In der V. und VI. Ablautreihe gibt es einige Verben, die zu regelmäßigen Formen des Präteritums Präsensformen mit abweichendem Vokal zeigen. In der V. Ablautreihe erscheint *i* statt *e*, in der VI. Ablautreihe *e* statt *a*. So gehören das Partizip Präteritum *gesezzen* und die 1./3. Person Singular Indikativ Präteritum *saz* zu dem Infinitiv *sizzen*. Man vergleiche etwa:

Part. Prät.	1./3. Sing. Ind. Prät.	Infinitiv
gegeben	*ich gap*	*geben*
gesezzen	*ich saz*	*sizzen*

Der Wurzelvokal im Infinitiv und im Präsens Plural ist *i* statt *e*. Der Imperativ (2. Person Singular) dieser Verben endet auf *-e*.

Ursache für diese Besonderheiten ist die germanische Bildung der Präsensformen mit einem zusätzlichen *j* vor der Flexionsendung. Deshalb werden diese Verben *j*-Präsentien genannt (Singular: das *j*-Präsens). Wegen der geringen Zahl dieser Verben und der Häufigkeit ihres Vorkommens prägt man sich am besten die ganze Gruppe ein:

V. Ablautreihe:

bitten	*bitte*	*bat*	*bâten*	*gebeten*	›bitten‹
ligen	*lige*	*lac*	*lâgen*	*gelegen*	›liegen‹
sizzen	*sizze*	*saz*	*sâzen*	*gesezzen*	›sitzen‹

VI. Ablautreihe:

heven	*heve*	*huop*	*huoben*	*erhaben*	›heben‹
schepfen	*schepfe*	*schuof*	*schuofen*	*geschaffen*	›schaffen‹
swern	*swer*	*swuor*	*swuoren*	*gesworn*	›schwören‹ (mit *-o-* statt *-a-* im Partizip Präteritum, wohl in **Analogie** zu Reihe IV).

Infinitiv und Präsens zeigen bei diesen Verben zum Teil Gemination, das heißt Dehnung des Konsonanten im Auslaut des Grundmorphems, die bei der Schreibung als Buchstabenverdopplung erscheint: *bitten* gegenüber *bâten*. Zu dieser Konsonantengemination und zu ihren Auswirkungen im Flexionssystem → 2.1.2.

Umlautende Verben der VI. und VII. Ablautreihe

Verben der Ablautreihe VI mit kurzem *a* als Wurzelvokal des Infinitivs und Verben der Ablautreihe VII mit umlautfähigem Wurzelvokal (also nicht alle Verben der Ablautreihe VII) weisen wie vergleichbare Fälle in der Gegenwartssprache (*fahren – du fährst, halten – er hält*) in der 2. und 3. Person Singular Indikativ Präsens **Umlaut** auf:

VI:	*varn*	VII:	*halten*	*stôzen*	*râten*
	ich var		*ich halte*	*ich stôze*	*ich râte*
	dû verst		*dû heltest*	*dû stœzest*	*dû rœtest*
	er vert		*er helt*	*er stœzet*	*er rœtet*
	wir varn		*wir halten*	*wir stôzen*	*wir râten*

Die Ursache für diesen Umlaut ist das *i* der Folgesilbe, das im Althochdeutschen noch vorhanden war (*dū feris* usw.); zum *i*-Umlaut → 2.2.2 und 2.2.3.

Die Präfigierung des Partizip Präteritum

Einfache Verben bilden das Partizip Präteritum mit dem **Präfix** *ge-: nemen – genomen*. Präfigierte Verben behalten ihr Präfix im Partizip und bilden es ohne das *ge-*Präfix: *vernemen – vernomen*. Zusammengesetzte Verben fügen das *ge-*Präfix zwischen dem ersten Bestandteil, dem Bestimmungswort, und dem zweiten Bestandteil, dem Grundwort, ein: *abenemen – abegenomen*. Diese Regelungen entsprechen denen der Gegenwartssprache: *nehmen – genommen, vernehmen – vernommen, abnehmen – abgenommen*.

Da das *ge-*Präfix perfektivische Bedeutung hat, also die Abgeschlossenheit einer im Verb bezeichneten Handlung ausdrückt, ist es bei den Verben entbehrlich, die ohnehin schon eine perfektivische Bedeutung besitzen. Deshalb wird das Partizip Präteritum bei folgenden Verben meist ohne *ge-* gebildet:

finden	*– funden*	*komen*	*– komen*
treffen	*– troffen*	*werden*	*– worden*
bringen	*– brâht*		

Bei *komen* ist der Vokal des Partizips auch in den Infinitiv eingedrungen. Zu der mit Ablaut und schwacher Endung gebildeten Form *brâht* und ihrer konsonantischen Besonderheit → 2.1.2.

Grammatische Bestimmung von Formen starker Verben

Um eine in einem mittelhochdeutschen Text vorkommende Form eines starken Verbs bestimmen zu können, sind folgende morphologische und syntaktische Informationen erforderlich:

– die syntaktische Umgebung der Form,
– die Kenntnis der Endungen und ihre Verteilung,
– die Kenntnis der Verteilung der Ablautstufen auf die Flexion,
– die Kenntnis der Ablautreihen.

Die Rückführung der im Text belegten flektierten Form auf den Infinitiv erlaubt die Ermittlung der Bedeutung im Wörterbuch; die Formenbestimmung nach den grammatischen Kategorien und die Berücksichtigung des Kontextes ermöglichen die Überprüfung und Ergänzung der aus dem Kontext erschließbaren Informationen. Nominativergänzung zur Form *schuzzen* (NL 2038,1a) ist das Personalpronomen *si*, das wie nhd. *sie* sowohl Singular Femininum als auch (genusneutraler) Plural sein kann. Zur Flexionsendung *-en* passt allerdings nur die Plural-Lesart des Pronomens. Da die entsprechende Flexionsendung im Präsens *-ent* lauten würde, liegt hier augenscheinlich eine Präteritumsform vor. In der Ablautstufe Präteritum Plural kommt der Wurzelvokal *-u-* in den Ablautreihen IIa, IIb, IIIa, IIIb vor. Zur näheren Bestimmung muss der wurzelschließende Konsonantismus herangezogen werden. Geminierter Dental *-z-* schließt die Ablautreihen IIIa und IIIb aus, deren Wurzeln auf Nasal bzw. Liquid und weiteren Konsonanten enden, und verweist auf Ablautreihe IIb; der Infinitiv muss daher *schiezen* lauten (*-zz-* erscheint nach Diphthong einfach).

Formenbestimmungen sollten nach folgendem Muster erfolgen:

schuzzen: 3. Pers. Pl. Ind. Prät. des st. V.
schiezen schiuze schôz schuzzen geschozzen
Ablautreihe IIb wegen *-u-* im Pl. Ind. Prät. und Dental

Unterschiede zwischen den starken Verben im Althochdeutschen und im Mittelhochdeutschen

Bei einem Vergleich der Formeninventare sind insgesamt folgende für das Mittelhochdeutsche charakteristische Entwicklungen zu beobachten:

mhd. *rîte*	–	ahd. *rītu*
mhd. *biegen*	–	ahd. *biogemēs*
mhd. *var*	–	ahd. *faru*
mhd. *geriten*	–	ahd. *giritan*

Die vollen Nebensilbenvokale werden im Mittelhochdeutschen abgeschwächt (*gi-* > *ge-*, *-u* > *-e* usw.). Die lange Endung *-emēs* wird zu *-en* verkürzt. Der abgeschwächte Endungsvokal wird nach kurzer, auf *r* oder *l* endender Wurzelsilbe aufgegeben. Dieser Wegfall wird im Wortinnern (*faran* > *varen* > *varn*) **Synkope** genannt, am Wortende (*faru* > *vare* > *var*) **Apokope**. Zur **Nebensilbenabschwächung** sowie zur Synkope und Apokope → 2.2.3.

Im Mittelhochdeutschen erscheinen ferner auslautend ahd. *b*, *d*, *g* in der Schreibung als *p*, *t*, *c*; zu dieser **Auslautverhärtung** → 2.1.4:

mhd. *bouc*	–	ahd. *boug*
mhd. *gap*	–	ahd. *gab*
mhd. *wart*	–	ahd. *ward*

Eine weitere wichtige Erscheinung des Mittelhochdeutschen ist die graphische Kennzeichnung des Umlauts. Der althochdeutsche Wurzelvokal erscheint in den Formen, in denen im Althochdeutschen ein *i* folgte, im Mittelhochdeutschen umgelautet: *u* als *ü*, *ā* als *œ* usw.

mhd. *dû büge* – ahd. *dū bugi*
mhd. *siu züge* – ahd. *siu zugi*

Zum Umlaut → 2.2.2 und 2.2.3.

Die Entwicklung der Ablautreihen zum Neuhochdeutschen

Vergleicht man die Stammformen der für die mittelhochdeutschen Ablautreihen repräsentativen Verben mit ihren neuhochdeutschen Nachfolgern, ergibt sich folgendes Bild:

Ia	mhd. *rîten*	*rîte*	*reit*	*riten*	*geriten*
	nhd. *reiten*	*reite*	*ritt*	*ritten*	*geritten*
Ib	mhd. *zîhen*	*zîhe*	*zêh*	*zigen*	*gezigen*
	nhd. *zeihen*	*zeihe*	*zieh*	*ziehen*	*geziehen*
IIa	mhd. *biegen*	*biuge*	*bouc*	*bugen*	*gebogen*
	nhd. *biegen*	*biege*	*bog*	*bogen*	*gebogen*
IIb	mhd. *bieten*	*biute*	*bôt*	*buten*	*geboten*
	nhd. *bieten*	*biete*	*bot*	*boten*	*geboten*
IIIa	mhd. *binden*	*binde*	*bant*	*bunden*	*gebunden*
	nhd. *binden*	*binde*	*band*	*banden*	*gebunden*
IIIb	mhd. *werfen*	*wirfe*	*warf*	*wurfun*	*geworfen*
	nhd. *werfen*	*werfe*	*warf*	*warfen*	*geworfen*
IV	mhd. *nemen*	*nime*	*nam*	*nâmen*	*genomen*
	nhd. *nehmen*	*nehme*	*nahm*	*nahmen*	*genommen*
V	mhd. *geben*	*gibe*	*gap*	*gâben*	*gegeben*
	nhd. *geben*	*gebe*	*gab*	*gaben*	*gegeben*
VI	mhd. *varn*	*var*	*vuor*	*vuoren*	*gevarn*
	nhd. *fahren*	*fahre*	*fuhren*	*fuhren*	*gefahren*
VII	mhd. *râten*	*râte*	*riet*	*rieten*	*gerâten*
	nhd. *rate*	*rate*	*riet*	*rieten*	*geraten*

Sieht man von rein graphischen Modifikationen wie der <v>/<f>-Schreibung bei mhd. *varn* gegenüber nhd. *fahren* ab, so treten hier zum einen die bekannten Lautveränderungen des Mittelhochdeutschen zum Neuhochdeutschen auf. Im Bereich des Konsonantismus findet die Auslautverhärtung graphisch keinen Niederschlag mehr (→ 2.1.4): *bouc > bog, bant > band, gap > gab*. Im Bereich des Hauptonvokalismus (→ 2.2.5) treten auf die Diphthongierung (*rîten > reiten*), die Monophthongierung (*riet* > *riet* [ri:t]; *vuor* > *fuhr*) und die Dehnung in offener Silbe (*nemen* > *nehmen*, *geben* > *geben* [ge:bən]). Eine Reihe von Veränderungen kann aber mit den bekannten Regeln der historischen Phonologie nicht erklärt werden.

Im Bereich des Konsonantismus ist dies der Fall bei mhd. *zigen, gezigen* > nhd. *ziehen, geziehen*. Der wurzelschließende Konsonant mhd. *-g* war durch den grammatischen Wechsel bedingt, der im Neuhochdeutschen von Ausnahmen abgesehen ausgeglichen wird.

Veränderungen im Wurzelvokalismus, die nicht phonologisch erklärt werden können, betreffen:

mhd. *biuge*	>	nhd. *biege*
mhd. *biute*	>	nhd. *biete*
mhd. *wirfe*	>	nhd. *werfe*
mhd. *nime*	>	nhd. *nehme*
mhd. *gibe*	>	nhd. *gebe*
mhd. *reit*	>	nhd. *ritt*
mhd. *zêh*	>	nhd. *zieh*
mhd. *bouc, bugen*	>	nhd. *bog, bogen*
mhd. *buten*	>	nhd. *boten*
mhd. *bunden*	>	nhd. *banden*
mhd. *wurfen*	>	nhd. *warfen*
mhd. *nam*	>	nhd. *nahm*
mhd. *gap*	>	nhd. *gab* [ga:p]

Während der Wurzelvokalismus der mittelhochdeutschen Ablautreihen lautgesetzlich auf die indogermanischen Ablautverhältnisse zurückgeführt werden kann (→ 2.2.4), ändert sich dies zum Neuhochdeutschen grundlegend. Es bilden sich so genannte Tempusstämme, d. h. die **synthetisch** gebildeten Tempora Präsens und Präteritum sind jeweils aufgrund ihres Wurzelvokalismus identifizierbar. Entsprachen den Formen des Indikativ Präsens und Präteritum in der mittelhochdeutschen Ablautreihe IIb noch vier verschiedene Wurzelvokale, erscheinen diese im Neuhochdeutschen auf zwei reduziert, [i:] im Präsens und [o:] im Präteritum:

1./3. Sing. Ind. Präs.	1./3. Pl. Ind. Präs.	1./3. Sing. Ind. Prät.	1./3. Pl. Ind. Prät.
mhd. *biute*	*bieten*	*bôt*	*buten*
nhd. *biete*	*bieten*	*bot*	*boten*
Präsensstamm		Präteritumsstamm	
biet-		bot-	

Im Fall der mittelhochdeutschen Ablautreihe IIb orientiert sich der neuhochdeutsche Präsensstamm am Wurzelvokal der alten Pluralformen, der Präteritumsstamm am Wurzelvokal der alten Singularformen. Genauso kann sich der Präteritumsstamm aber am Wurzelvokal der alten Pluralform orientieren (mhd. *nam, nâmen*

> nhd. *nahm, nahmen*). Anders als die in Kapitel 2 beschriebenen phonologischen Veränderungen stellt die Herausbildung von Tempusstämmen einen Fall morphologischen Wandels dar.

Aufgabencode: E888

4.1.2 Schwache Verben

→ Übersicht 29

Unterschiede zwischen starken und schwachen Verben
In Strophe 983 des ›Nibelungenliedes‹ stehen sich unterschiedliche Verbformen gegenüber, die hinsichtlich der grammatischen Kategorien Person, Numerus, Tempus und Modus identisch sind:

> *Der herre tobelîchen   von dem brunnen spranc.* (983,1)
> ›Wie ein Tobsüchtiger sprang der Herr von der Quelle hinweg.‹

> *im ragete von dem herzen   ein gêrstange lanc.* (983,2)
> ›Ein langer Speerschaft ragte aus seinem Herzen.‹

Die vergleichbaren Verbformen zeigen Unterschiede in den Endungen und im Wurzelvokal:

> 3. Pers. Plur. Ind. Prät.: *spranc*-Ø – *rage-te*

Die Form *spranc* gehört zu *springen* und zeigt **Ablaut**; sie ist als stark zu bestimmen (vgl. auch nhd. *springen – sprang*). Die Form *ragete* gehört zu *ragen*, sie zeigt keinen Ablaut, sondern -*t*- (Dentalsuffix) als Tempusmerkmal in den Präteritumsformen. Verben mit diesen Kennzeichen heißen **schwache Verben** (vgl. auch nhd. *ragen – ragte*).
   In Strophe 987 des ›Nibelungenliedes‹ stehen sich auch Partizipien starker und schwacher Verben gegenüber:

erblichen	Part. Prät. zum starken Verb der Ablautreihe Ia:
	erblîchen, erblîche, erbleich, erblichen, erblichen.
beweinet	Part. Prät. zum schwachen Verb *beweinen*.

Starke Verben haben im Partizip Präteritum die Endung -(*e*)*n* und im Imperativ Singular Nullendung; schwache Verben haben im Partizip Präteritum die Endung -(*e*)*t* und im Imperativ Singular die Endung -*e*.

Weiterhin deutet sich hier bereits eine Entwicklung im Verhältnis starker und schwacher Verbflexion vom Mittel- zum Neuhochdeutschen an: *beweinen* flektiert auch in der Gegenwartssprache noch schwach, während *erbleichen* von der starken zur schwachen Flexion übergegangen ist (*sie erbleichte*). Dieser Wechsel des Flexionstyps betrifft eine Reihe im Mittelhochdeutschen noch starker Verben (*neigen, hinken, rächen, pflegen* u. v. a.), während der umgekehrte Fall eines Wechsels von der schwachen zur starken Verbflexion nicht bzw. nur ganz marginal vorkommt (den zu den ursprünglich schwachen Verben *verwünschen* und *durchwinken* gebildeten Partizipien *verwunschen* und *durchgewunken* entsprechen keine starken Präteritumsformen). Die Ausbreitung des schwachen Flexionstypus auf ehemals starke Verben ist noch in der Gegenwartssprache zu beobachten, worauf Doppelformen wie *buk/backte, focht/fechtete* usw. hindeuten.

Die Einteilung der schwachen Verben
Die im Textanhang abgedruckten Passagen des ›Nibelungenliedes‹ enthalten eine Reihe schwacher Präteritumsformen, die in der Zuordnung zu ihren Infinitiven zunächst zwei Klassen schwacher Verben erkennen lassen, von denen Klasse I wiederum zwei Unterklassen besitzt.

Klasse I der schwachen Verben hat im Präteritum denselben Wurzelvokal wie im Infinitiv und im Präsens:

leinte	(977,3a)	gehört zu	*leinen*
neicte	(979,2a)	gehört zu	*neigen*
ragete	(983,2a)	gehört zu	*ragen*
dræte	(985,2b)	gehört zu	*dræjen*

Die Verben dieser Klasse lassen sich in zwei Unterklassen unterteilen, je nachdem, ob zwischen dem Grundmorphem des Verbs und der Präteritalendung ein **Bindevokal** *-e-* steht oder nicht. Eine strenge Verteilungsregel lässt sich nicht angeben, allenfalls eine Tendenz. Demnach steht nach kurzer Wurzelsilbe häufig der Bindevokal, während er nach langer Wurzelsilbe häufig fehlt: *rag-e-te – lein-te.*

Lange Wurzelsilbe liegt vor, wenn der Vokal in der Wurzelsilbe ein Langvokal (wie bei *dræte*) oder ein Diphthong ist (wie bei *leinte*), wenn die Wurzelsilbe auf mehrfache Konsonanz endet oder mehrsilbig ist.

Klasse II der schwachen Verben hat im Präteritum die umlautlose Variante des Wurzelvokals, während im Infinitiv und im Präsens Umlaut erscheint:

lôst(e)	(977,2a)	gehört zu	*lœsen*
durste	(978,3a)	gehört zu	*dürsten*
wânde	(983,3a)	gehört zu	*wænen*
behuote	(2042,4a)	gehört zu	*behüeten*

Diese Verben treten stets ohne Bindevokal auf. Das Nichtauftreten des Umlauts im Präteritum umlautender schwacher Verben heißt **Rückumlaut**. Die Verben der II. schwachen Klasse werden daher rückumlautende Verben genannt.

	Klasse I ohne Rückumlaut		Klasse II mit Rückumlaut
	mit Bindevokal	ohne Bindevokal	ohne Bindevokal
Infinitiv	*ragen*	*leinen*	*dürsten*
Präteritum	*rag-e-te*	*lein-te*	*durs-te*

Die Flexionsformen der schwachen Verben
Die Flexion der schwachen Verben ist in beiden Klassen identisch. Die Endungen des Indikativ Präsens stimmen mit den Endungen der starken Verben überein: *-e*, *-est*, *-et*, *-en*, *-et*, *-ent*. Im Konjunktiv Präsens unterscheiden sich nur die Formen der 3. Person im Singular und im Plural vom Indikativ:

3. Pers. Sing. Ind. Präs.	*er leb(e)t*	–	Konj.	*er lebe*
3. Pers. Plur. Ind. Präs.	*sie lebent*	–	Konj.	*sie leben*

Im Präteritum lauten die Endungen der schwachen Verben im Indikativ und im Konjunktiv gleich: *-te*, *-test*, *-te*, *-ten*, *-tet*, *-ten*. Im Konjunktiv tritt – anders als bei den starken Verben – kein Umlaut ein, mittelhochdeutsche Konjunktiv- und Indikativformen sind also morphologisch nicht zu unterscheiden. Dies gilt auch noch für die Gegenwartssprache, was die Umschreibung des Konjunktiv II schwacher Verben mit dem Konjunktiv II von *werden* nötig macht (*geben* – *ich gäbe*; *zahlen* – *ich würde zahlen* statt *ich zahlte*).

Unterschiede zwischen den schwachen Verben im Althochdeutschen und im Mittelhochdeutschen
Der Vergleich der althochdeutschen und mittelhochdeutschen Flexionsformen der schwachen Verben zeigt Abschwächung der Nebensilbenvokale und Verkürzung von Endungen. Von der Abschwächung sind insbesondere die bei den althochdeutschen Verben auf *-ōn* und auf *-ēn* durchgehenden Langvokale *ō* und *ē* in den Endungen betroffen:

salbōn	–	*salben*
er salbōt	–	*salbet*
er salbōta	–	*salb(e)te*

lebēn	–	*leben*
er lebēt	–	*leb(e)t*
er lebēta	–	*leb(e)te*

Abgeschwächt wird auch das auf das *j* der *jan*-Verben zurückgehende *i*:

er suochit	–	*suochet*

Wichtige Veränderungen der Endungen selbst betreffen die 1. Person Singular Präsens Indikativ, in der bei den *ōn*- und *ēn*-Verben das *-n* wegfällt. Diese Form endet jetzt bei allen Verben auf *-e*. Ebenso fällt in der 1. Person Plural überall die Endung *-mēs* weg und wird durch *-n* ersetzt. An einer Stelle wird eine Endung neu aufgebaut: In der 2. Person Singular wird im Indikativ und im Konjunktiv im Präsens und im Präteritum das an das *s* angetretene *t* fest.

Die Endsilbenabschwächung führt auch zu einer Veränderung der Klasseneinteilung. Die drei althochdeutschen schwachen Verbklassen auf *-en*, *-ōn* und *-ēn* fallen in einen Verbtyp mit *-en* im Infinitiv zusammen. Lediglich die rückumlautenden *jan*-Verben, also eine Unterklasse der althochdeutschen schwachen Verben auf *-en*, bleiben im Mittelhochdeutschen von den übrigen schwachen Verben getrennt. Im Verhältnis zum Althochdeutschen hat sich diese Untergruppe der *jan*-Verben, die im Präteritum den nicht umgelauteten Vokal bewahrt, durch die Durchsetzung des Umlauts im Präsens bei allen umlautfähigen Vokalen vergrößert.

Im Mittelhochdeutschen muss daher bei relativ vielen Verben mit diesem Nebeneinander gerechnet werden:

kuste	–	*küssen*
hôrte	–	*hœren*
wânte	–	*wænen*
gruozte	–	*grüezen*
troumte	–	*tröumen*

Im Neuhochdeutschen ist das Nebeneinander umgelauteter und nicht umgelauteter Formen vom Typ *tröumen – troumte* in den meisten Fällen zugunsten des Umlautes ausgeglichen worden, in diesem Fall spricht man auch von **analogem Umlaut**:

träumen	–	*träumte*

Nur bei einer kleinen Gruppe von Verben ist ein Nebeneinander von Umlaut-*e* im Präsens und nicht umgelautetem Vokal *a* im Präteritum im Neuhochdeutschen erhalten: *kennen – kannte*; *nennen – nannte*, *rennen – rannte*, *brennen – brannte*, *senden – sandte*, *wenden – wandte*. Die zwei letztgenannten Fälle verdienen insofern besondere Aufmerksamkeit, als hier der auslautende Dental des Grundmorphems (*send-*, *wend-*) und der Suffixdental *-t-* in der Lautung zusammenfallen, in der Schreibung *dt* jedoch beibehalten werden. Im Mittelhochdeutschen ist dies noch nicht der Fall, das *t* in *behuote* (NL 2042,4a) steht also sowohl für den auslautenden Dental des Grundmorphems *huot-* als auch für den Suffixdental *-t-*.

Zur sprachhistorischen Erklärung des Umlauts → 2.2.2, zur Erklärung des Rückumlauts → 3.1.2.

Schwache Verben mit vokalischen und konsonantischen Besonderheiten

Kontraktionen
Die Form *leite* in Strophe 978,2a des ›Nibelungenliedes‹ ist 3. Person Singular Indikativ Präteritum zum schwachen Verb *legen* und zeigt im Vergleich zu der erwarteten Form *legete* eine Besonderheit.

Die Lautgruppe *-ege-* wird vielfach zu *-ei-* kontrahiert. Diese Kontraktion ist zum Beispiel auch in dem Substantiv *diu maget* eingetreten: *diu meit*, worauf nhd. *die Maid* zurückgeht.

Die Kontraktionen treten vor allem in der Verbalflexion auf (bei schwachen und bei starken Verben) und betreffen vor allem folgende Sequenzen:

-age-	>	*-ei-*	*gesaget > geseit*
-ige-	>	*-î-*	*liget > lît*
-ibe-	>	*-î-*	*gibet > gît*
-ide-	>	*-î-*	*quidet > quît*

Der Fall *denken – dâhte*
Die Form *er (ge)dâhte* (BvR I, 3) ist zu bestimmen als 3. Person Singular Indikativ Präteritum eines schwachen Verbs. Der Infinitiv lautet *(ge)denken*; er ist mit Umlaut von *a* zu *e* aus germ. *þank-jan* entstanden. Im Präteritum ist kein Umlaut eingetreten, da der Bindevokal nach langer Wurzelsilbe ausgefallen ist. In der zugrunde liegenden Form germ. *þank-ta* ist aufgrund des unmittelbaren Zusammentreffens des *k* mit dem Dental der so genannte primäre Berührungseffekt eingetreten. Die Lautgruppe *k* + Dental wurde dadurch bereits im Germanischen zu *ht*. Vor *h* fiel *n* dann aus unter Ersatzdehnung des vorhergehenden Vokals: *anh > âh*.

Ganz entsprechende Verhältnisse liegen bei dem mittelhochdeutschen Verb *dünken – dûhte* (vgl. BvR XV, 4) vor:

þank-jan	>		*denken*	*þunk-jan*	>	*dünken*
þank-ta	> *þanh-ta >*	*dâhte*		*þunk-ta*	> *þunh-ta >*	*dûhte*

Die Entwicklung der Lautgruppe *k* + Dental zu *ht* unterblieb, wenn zwischen *k* und Dental im Germanischen ein *i* gestanden hat, das erst später ausfiel; so erklärt sich das Nebeneinander von *trenken – trankte* (mit einer Zwischenstufe *trank-i-ta*) und *denken – dâhte*.

Zum primären Berührungseffekt und zu Nasalausfall und Ersatzdehnung → 2.1.2.

Mischformen starker und schwacher Verben
In NL 988,2a (→ 7.2.1) steht die Form *begunde*, 3. Person Singular Indikativ Präteritum eines schwachen Verbs. Nach dem Nasal *n* erscheint das Dentalsuffix zu *d* lenisiert. Der Infinitiv lautet *beginnen*. Zu diesem Verb gibt es auch starke Präteritumsformen. Sie lauten nach der Ablautreihe IIIa (Nasal + Konsonant): *began, begunnen*.

Der schwachen Präteritumsform *begunde* liegt im Vokalismus die starke Präteritumsform *begunnen* zugrunde, *begunde* zeigt also Ablaut und Dentalsuffix zugleich.

Die bei *dûhte, dâhte* beobachteten Veränderungen und die bei *begunde* auftretende Mischung morphologischer Mittel zur Flexion starker und schwacher Verben treten bei dem Verb *bringen – brâhte* (vgl. NL 2042,3a) gemeinsam auf. Neben *brâhte* stehen im Mittelhochdeutschen auch die starken Verbformen *branc – brungen*.

brâhte geht auf **brangta* zurück. Die Lautgruppe *g* + Dental wird wie *k* + Dental durch primären Berührungseffekt zu *ht*: **branhta*. Durch Nasalausfall und Ersatzdehnung wird daraus ahd. *brāhta*, mhd. *brâhte*.

Aufgabencode: E88C

4.1.3 Präterito-Präsentien

→ Übersicht 30

Der Begriff Präterito-Präsens
In Bertholds von Regensburg Predigt ›Von den fremeden sünden‹ (XV,10 f.) kommen einige Verbformen vor, die sich der Zuordnung zum starken oder schwachen Flexionstyp entziehen:

Als der guote sant Pêter; der muoste durch zwô huote, wan ir was ietweder iu behüetet vesteclîche mit starker ritterschaft. Und alsô muoz ein ieglich mensche (…).

›Wie der rechtschaffene Petrus, der musste an zwei Posten vorbei, die beide streng von schwerbewaffneten Rittern bewacht waren. So muss sich auch ein jeder Mensch verhalten (…).‹

Die Form *muoz* ist aufgrund des Kontexts, aber auch wegen ihrer Ähnlichkeit mit nhd. *muss*, als 3. Person Singular Indikativ Präsens bestimmbar. Dazu passt aber nicht die Nullendung -Ø, welche bei den schwachen Verben überhaupt nicht, bei den starken Verben nur im Imperativ Singular und in der 1./3. Singular Indikativ Präteritum vorkommt. Auf das Präteritum eines starken Verbs verweist zusätzlich der Diphthong -uo-, der Charakteristikum der VI. Ablautreihe ist. Ausgehend von den beiden letztgenannten Beobachtungen ließe sich *muoz* als eine Präteritums*form*

(Nullendung, *-uo-*) mit präsentischer Bedeutung bestimmen. Gestützt wird die Vermutung dadurch, dass in den Texten des Anhangs mit *mac* ›kann‹ (BvR I, 8; XV, 21) zumindest eine vergleichbare Form vorkommt.

Wenn einer Präsensbedeutung (›muss (...) ein jeder Mensch‹) morphologische Verfahren zur starken Präteritumsbildung entsprechen (Nullendung, *-uo-*), bleibt noch zu klären, wie die *muoz* entsprechende, gleichfalls im obigen Textausschnitt belegte Präteritumsform *muoste* gebildet wird. Sieht man von der Alternanz *-s-/-z-* ab, liegt die Antwort auf der Hand: durch Anfügung des aus der schwachen Verbflexion bekannten Dentalsuffix (*muos-te*).

Das Formenpaar *muoz/muoste* ist kein Einzelfall. Eine ganze Klasse von Verben teilt seinen morphologischen Mischcharakter (Präsensbedeutung einer scheinbaren Präteritumsform), weswegen die Vertreter der Klasse als Präterito-Präsentien bezeichnet werden, also als Verben, deren Präsensformen aussehen wie Präterita starker Verben.

Die Lautgestalt der Präterito-Präsentien weist eine Reihe von Schwierigkeiten auf: So muss erklärt werden, warum dem *-z* in *muoz* ein *-s-* in *muoste* entspricht.

Die Ablautreihen der mittelhochdeutschen Präterito-Präsentien
Da die Präterito-Präsentien in ihren Präsensformen die ehemaligen Präteritumsformen starker Verben bewahren, lassen sie sich den Ablautreihen zuordnen. Dabei zeigen sich allerdings an einzelnen Stellen Abweichungen vom Normalverhalten der starken Verben. Die Formen werden in folgender Reihenfolge gegeben: Infinitiv, 1. und 3. Person Singular Indikativ Präsens, 2. Person Singular Indikativ Präsens, 1. und 3. Person Plural Indikativ Präsens, 1. und 3. Person Singular Indikativ Präteritum, 1. und 3. Person Singular Konjunktiv Präteritum, Partizip Präteritum. Die Infinitivform ist von der Präsens-Plural-Form gebildet und hat deren Wurzelvokal, der nicht mit dem Infinitiv der starken Verben, sondern mit ihrer Präteritum-Plural-Form übereinstimmt.

Reihe Ia:

wizzen	*weiz*	*weist*	*wizzen*	*wisse*	*wisse*	*gewist*	›wissen‹
–	–	–	*eigen*	–	–	*eigen*	›haben‹

Das Verb *wizzen* entspricht mit dem Vokalwechsel *ei* – *i* ganz der Reihe Ia. Im Präteritum gibt es neben der Form *wisse* im Indikativ und im Konjunktiv die Formen *wesse*, *wiste* und *weste*, im Partizip steht neben *gewist* auch *gewest*. Von dem Verb *eigen* ist nur der Plural Indikativ Präsens belegt, der aber den Vokal des Singulars hat, nämlich *ei* anstelle von *i*.

Reihe IIa:

tugen	*touc*	–	*tugen*	*tohte*	*töhte*	–	›förderlich, brauchbar sein‹

Das im Mittelhochdeutschen nicht vollständig belegte Verb hat den Vokalismus von Reihe IIa. Im Infinitiv und im Plural Indikativ Präsens gibt es die umgelautete Nebenform *tügen*.

Reihe IIIa:

gunnen	*gan*	*ganst*	*gunnen*	*gunde*	*günde*	*gegunnen*	›gönnen‹
kunnen	*kan*	*kanst*	*kunnen*	*kunde*	*künde*	–	›wissen, kennen, können‹

Die Vokale *a – u* entsprechen Reihe IIIa. Der doppelte Nasal beider Verben wird im Auslaut vereinfacht, beide haben Nebenformen: *günnen, künnen* im Infinitiv und im Plural Indikativ Präsens, *gonde, konde* im Indikativ Präteritum, *gunde, kunde* im Konjunktiv Präteritum. Im Partizip gibt es auch die schwache Form *gegunnet*.

Reihe IIIb:

durfen	*darf*	*darft*	*durfen*	*dorfte*	*dörfte*	–	›bedürfen, brauchen‹
turren	*tar*	*tarst*	*turren*	*torste*	*törste*	–	›wagen‹

Das Verb *durfen* entspricht mit den Vokalen *a – u* der Reihe IIIb (Kennzeichen Liquid + Konsonant *r + f*). Das Verb *turren* hat Liquid + Liquid (*r + r*) und gehört deshalb in diese Reihe. Im Singular *tar* ist *rr* im Auslaut vereinfacht. *rr* geht hier auf germ. *rs* zurück, das in den Formen *tarst, torste* unter besonderen Bedingungen bewahrt erscheint. Im Infinitiv und im Plural Indikativ Präsens gibt es umgelautete Nebenformen *dürfen* und *türren*.

Reihe IV:

suln	*sol*	*solt*	*suln*	*solde*	*sölde*	–	›sollen‹

Das Verb *suln* hat einfachen wurzelschließenden Liquid und gehört deshalb in Reihe IV. Im Singular Indikativ Präsens ist der zu erwartende Vokal *a* noch in der Nebenform *sal* vorhanden. Der Plural Indikativ Präsens *suln* zeigt auch in den Nebenformen *süln* und *soln* eine Abweichung von den starken Verben dieser Reihe.

Reihe V:

mugen/ magen	*mac*	*maht*	*mugen/ magen*	*mohte/ mahte*	*möhte/ mähte*	–	›vermögen, können‹

Das Verb erscheint im Plural des Präsens in zwei verschiedenen Formen, denen auch zwei verschiedene Infinitive und Präteritumsformen entsprechen. Es gehört wegen des wurzelschließenden Konsonanten, der nicht Nasal oder Liquid ist, in die V. Ablautreihe. Dem Vokalismus von Reihe V entprechen die Formen bis auf den Singular *mac* nicht. Im Infinitiv und im Plural Indikativ Präsens gibt es umgelautete Nebenformen *mügen, megen*.

Reihe VI:

müezen	*muoz*	*muost*	*müezen*	*muose*	*müese*	–	›mögen, können, dürfen, müssen‹

Der Diphthong *uo* dieses Verbs entspricht dem *uo* von Reihe VI. Im Präteritum existieren Nebenformen vom Typ *muoste, müeste*.

Die Flexionsformen der Präterito-Präsentien im Präsens

Dem Mischcharakter der Verbgruppe entsprechend weisen die Präsensformen der Präterito-Präsentien in ihrer Morphologie große Ähnlichkeiten mit den Präteritumsformen der starken Verben auf. Im Einzelnen zeigen die 1. und 3. Person Singular Indikativ Ø-Endung: *ih darf, er darf*. Die Pluralformen zeigen je nach Ablautreihe gegenüber dem Singular Ablaut. Die Endungen stimmen mit denen der starken und schwachen Verben überein: *-en, -et, -en: wir durfen, ir durfet, sie durfen*. Die Form der 2. Person Singular weicht von der der starken Verben ab. Sie hat den Ablautvokal des Singulars und die Endung *-t*, nicht *-e*: *dû darft* gegenüber *dû würfe*. Vor dem *-t* dieser Endung erscheint der ursprüngliche Auslaut der Wurzel *mag-* durch primären Berührungseffekt (→ 2.1.2) als *h*: *dû maht*. In der Form *dû tarst* ist der ursprüngliche Auslaut *rs* des Grundmorphems erhalten geblieben, der in anderen Formen zu *rr* entwickelt wurde (*wir turren*). In den Formen *dû weist* und *dû muost* hat sich *s* lautgesetzlich durch den primären Berührungseffekt entwickelt. Hier ist *t* sekundär wieder angetreten. Analog zu diesen *s*-haltigen Formen ist bei *dû kanst* ein *s* eingefügt worden. In den übrigen Formen ist dies erst später erfolgt.

Die Konjunktivformen entsprechen den Konjunktivformen der starken Verben im Präteritum. Sie haben also den Ablautvokal des Indikativ Plural, in der Regel mit Umlaut: *ich dürfe, dû dürfest* usw.

Die Flexionsformen der Präterito-Präsentien im Präteritum

Die Präteritumsformen der Präterito-Präsentien sind regelmäßig schwach gebildet. Die schwache Endung tritt an das Grundmorphem in der Ablautstufe des Plural Präsens an. Auf das charakteristische Dentalsuffix *-t-* folgen also im Indikativ und im Konjunktiv die Endungen *-e, -est, -e, -en, -et, -en*, also *ich dorf-t-e, dû dorf-t-est* usw. Der Konjunktiv unterscheidet sich vom Indikativ durch den Umlaut: *ich dörfte, du dörftest* usw. Das Antreten der schwachen Präteritumsendung hat allerdings bei allen Präterito-Präsentien bestimmte Abweichungen in den Formen verursacht, die im Einzelnen erklärt werden müssen.

Wo das Grundmorphem im Plural Präsens und demnach im Infinitiv den Vokal *u* enthält, erscheint im Präteritum häufig der Vokal *o*. Zu dieser Senkung → 2.2.1.

tugen	*tohte*		
kunnen	*konde/kunde*	*gunnen*	*gonde/gunde*
durfen	*dorfte*	*turren*	*torste*
suln	*solde/solte*		
mugen	*mohte*		

Nach Nasal und Liquid erscheint das Dentalsuffix nicht als *t*, sondern zu *d* lenisiert:

gunde/gonde
kunde/konde
solde (neben *solte*)

In einigen Formen ist der Konsonant im Auslaut des Grundmorphems in der Präteritumsform verändert. Die Veränderung hat zum Teil auch das Dentalsuffix selbst erfasst. Anders als bei den schwachen Verben ist das Dentalsuffix ohne einen **Bindevokal** unmittelbar an das Grundmorphem des Präterito-Präsens angetreten. Dadurch ist hier der primäre Berührungseffekt erfolgt:

Velar + Dental > -*ht*-   Dental + Dental > -*ss*-
tohte   *wisse*
mahte, mohte   *muose* (mit Vereinfachung des *ss* zu *s* nach Diphthong)

In den Nebenformen *wiste, weste, muoste* ist in **Analogie** zu den Formen *tohte, dorfte, mahte/mohte* sekundär wieder das *t* als Präteritumszeichen eingefügt worden.

Zur phonetisch-phonologischen Terminologie → 2.1.1, zum primären Berührungseffekt → 2.1.2.

Zur Bedeutung der Präterito-Präsentien

Die Präterito-Präsentien sind wegen ihrer Bedeutung und wegen ihres häufigen Vorkommens in den Texten wichtig. Deshalb muss man sich besonders die Fälle einprägen, in denen die heutige Bedeutung der entsprechenden Verben stark von der Bedeutung im Mittelhochdeutschen abweicht. Das ist vor allem der Fall bei

darf   ›ich bedarf, brauche‹
mac   ›ich vermag, kann‹
muoz   ›ich mag, kann, darf, muss‹.

Unterschiede zwischen den Präterito-Präsentien im Althochdeutschen und im Mittelhochdeutschen

Ein Vergleich der mittelhochdeutschen mit den althochdeutschen Formen lässt folgende lautliche und flexivische Veränderungen erkennen. Infolge der Endsilbenabschwächung (→ 2.2.3) sind die Formen der 1. und 3. Person Plural Indikativ Präsens und des Infinitivs identisch geworden. Die Endungsvokale der Präteritumsformen sind ebenfalls zu *e* abgeschwächt. Alle umlautfähigen Vokale erscheinen vor den im Althochdeutschen nachfolgenden *i* der Konjunktivendungen umgelautet. Darüber hinaus stehen Umlaute auch im Plural des Indikativ Präsens sowie im Infinitiv. Da hier in der Folgesilbe nie ein Umlaut bewirkendes *i* gestanden hat, können diese Umlaute nicht lautgesetzlich sein. Möglicherweise handelt es sich um Angleichungen der Indikativformen an die Konjunktivformen oder an die schwachen Verben der Klasse II vom Typ *fürhten – forhte* mit Rückumlaut und Senkung des *u* zu *o* (*durfen – dorfte > dürfen – dorfte*).
Die Verbgruppe bewahrt ihre flexionsmorphologische Sonderstellung auch noch

im Neuhochdeutschen (*weiß – wissen, kann – können* usw.). Die neuhochdeutschen Modalverben *dürfen, sollen, können, müssen, mögen*, nicht aber *wollen* und *brauchen*, beruhen auf den mittelhochdeutschen Präterito-Präsentien.

Aufgabencode: E889

4.1.4 Besondere Verben

→ Übersichten 31–34

Neben den starken und schwachen Verben und der Gruppe der Präterito-Präsentien existiert im Mittelhochdeutschen eine kleine Gruppe besonderer Verben, die unregelmäßige Flexionsformen besitzen. Dennoch bieten sie bei der Analyse mittelhochdeutscher Texte keine großen Probleme. Eine Form wie *ist* lautet im Neuhochdeutschen noch genauso und die Form *sint* ist relativ leicht mit nhd. *sind* zu identifizieren. Andere Formen zeigen wenigstens teilweise Übereinstimmungen mit regelmäßigen Formen, zum Beispiel ist die Form (*sie*) *tuont* an der Endung *-nt* als 3. Person Plural Indikativ Präsens erkennbar.

Zu den besonderen Verben rechnet man die Wurzelverben *sîn* ›sein‹, *tuon* ›tun‹, *gân/gên* ›gehen‹, *stân/stên* ›stehen‹, die kontrahierten Verben *hân* ›haben‹ und *lân* ›lassen‹ sowie *wellen* ›wollen‹. Die Übersichten Nr. 31–34 in Kapitel 8 enthalten die entsprechenden Formen. Für einige dieser Verben ist mehr oder minder starke Suppletion, d. h. die Bildung der Flexionsformen aus verschiedenen Stämmen, charakteristisch. Das Verb *sîn* erscheint nur mit Präsensformen, da als Präteritum wie in der Gegenwartssprache die entsprechenden Formen des starken Verbs *wesen* verwendet werden. Ebenso werden die verkürzten Formen von *gân* und *stân* nur im Präsens verwendet. Als Präteritum dienen die zu den starken Verben *gangen* und *standen* gehörigen Formen *gienc* und *stuont*; neben *gienc* tritt auch die verkürzte Form *gie* auf. Dem Muster von *gân/gên* und *stân/stên* folgen im Mittelhochdeutschen auch die aus dem schwachen Verb *haben* und aus dem starken Verb *lâzen* (VII. Reihe) kontrahierten Verben *hân* und *lân*. Das Präteritum von *hân* ist ebenfalls kontrahiert zu *hâte, hete* usw., das Präteritum von *lân* verkürzt zu *lie*. Zu *wellen* gehört ein regelmäßig flektierendes schwaches Präteritum *wolde, wolte*.

Aufgabencode: E88A

4.2 Die Nomina

4.2.1 Substantive

→ Übersicht 35

Die Hauptklassen des mittelhochdeutschen Flexionssystems der Substantive in synchroner Sicht
Aufgrund der lautlichen Veränderungen vom Althochdeutschen zum Mittelhochdeutschen sind die Flexionsformen im Mittelhochdeutschen stark vereinheitlicht worden. Diese Vereinheitlichung hat zur Folge, dass die Einteilung der Flexion der Substantive nach den ursprünglichen Stammklassen für das Mittelhochdeutsche nur in Resten erkennbar ist. Aus synchroner Sicht kann die Flexion der Substantive im Mittelhochdeutschen etwa wie folgt neu klassifiziert werden. Die hier vorgeschlagene neue Einteilung kann die Hauptklassen der mittelhochdeutschen Substantivflexion für sich, aus synchroner Sicht, beschreiben. Sie ist aber auch so gestaltet, dass sie in Bezug zum Althochdeutschen gesetzt werden kann.
Folgende vier Klassen bilden die Hauptklassen der mittelhochdeutschen Substantivflexion:

1. Klasse

		Maskulinum		Neutrum		Femininum	
Sing.	Nom.	*der*	*bote*	*daz*	*herze*	*diu*	*zunge*
	Gen.	*des*	*boten*	*des*	*herzen*	*der*	*zungen*
	Dat.	*dem*	*boten*	*dem*	*herzen*	*der*	*zungen*
	Akk.	*den*	*boten*	*daz*	*herze*	*die*	*zungen*
Plur.	Nom.	*die*	*boten*	*diu*	*herzen*	*die*	*zungen*
	Gen.	*der*	*boten*	*der*	*herzen*	*der*	*zungen*
	Dat.	*den*	*boten*	*den*	*herzen*	*den*	*zungen*
	Akk.	*die*	*boten*	*diu*	*herzen*	*die*	*zungen*

Die 1. Klasse ist durch die einheitliche Endung -*en* charakterisiert, die außer im Nominativ Singular aller Genera und im Akkusativ Singular Neutrum in allen Kasus auftritt.

2. Klasse

Femininum

Sing.	Nom.	*diu*	*gebe*
	Gen.	*der*	*gebe*
	Dat.	*der*	*gebe*
	Akk.	*die*	*gebe*
Plur.	Nom.	*die*	*gebe*
	Gen.	*der*	*geben*
	Dat.	*den*	*geben*
	Akk.	*die*	*gebe*

Die 2. Klasse enthält nur Feminina. Sie unterscheidet sich von den Feminina der ersten Klasse durch das Fehlen des *-n* im Singular und im Nominativ und Akkusativ Plural.

3. und 4. Klasse

Singular		Maskulinum		Neutrum		Femininum	
3.Klasse	Nom.	*der*	*tac*	*daz*	*wort*	*diu*	*zît*
	Gen.	*des*	*tages*	*des*	*wortes*	*der*	*zîte*
	Dat.	*dem*	*tage*	*dem*	*worte*	*der*	*zîte*
	Akk.	*den*	*tac*	*daz*	*wort*	*die*	*zît*
4.Klasse	Nom.	*der*	*gast*	*daz*	*blat*	*diu*	*kraft*
	Gen.	*des*	*gastes*	*des*	*blates*	*der*	*kraft / krefte*
	Dat.	*dem*	*gaste*	*dem*	*blate*	*der*	*kraft / krefte*
	Akk.	*den*	*gast*	*daz*	*blat*	*die*	*kraft*

Die 3. und 4. Klasse stimmen im Singular weitgehend überein. Das Nebeneinander der Formen *kraft* und *krefte* im Genitiv und Dativ Singular Femininum kann nur aus diachroner Sicht erklärt werden.

Plural		Maskulinum		Neutrum		Femininum	
3.Klasse	Nom.	*die*	*tage*	*diu*	*wort*	*die*	*zîte*
	Gen.	*der*	*tage*	*der*	*worte*	*der*	*zîte*
	Dat.	*den*	*tagen*	*den*	*worten*	*den*	*zîten*
	Akk.	*die*	*tage*	*diu*	*wort*	*die*	*zîte*
4.Klasse	Nom.	*die*	*geste*	*diu*	*bleter*	*die*	*krefte*
	Gen.	*der*	*geste*	*der*	*bleter*	*der*	*krefte*
	Dat.	*den*	*gesten*	*den*	*bletern*	*den*	*kreften*
	Akk.	*die*	*geste*	*diu*	*bleter*	*die*	*krefte*

Im Plural der beiden Klassen sind außer bei den Neutra die Endungen ebenfalls identisch. Der Unterschied der beiden Klassen liegt darin, dass in der 3. Klasse Singular und Plural denselben Wurzelvokal haben, während in der 4. Klasse nur der Plural Umlaut des Wurzelvokals hat. Im Mittelhochdeutschen ist synchron nicht erklärbar, wo der Umlaut im Plural eintritt beziehungsweise unterbleibt (man vergleiche das Nebeneinander von *geste* und *tage* zu *gast* und *tac*).

Die Maskulina und Neutra der 3. und 4. Klasse sind von denen der 1. Klasse in sämtlichen Kasus außer im Dativ Plural unterschieden. Die Feminina der 3. und 4. Klasse unterscheiden sich von denen der 2. Klasse im Nominativ und Akkusativ Singular und im Genitiv Plural.

Das mittelhochdeutsche Flexionssystem im Vergleich mit dem des Althochdeutschen

Allgemein muss zuerst auf die lautlichen Veränderungen in der Substantivflexion vom Althochdeutschen zum Mittelhochdeutschen hingewiesen werden: Die althochdeutschen Endsilbenvokale -*u*, -*a*, -*o* und -*i* sind im Mittelhochdeutschen alle zu -*e* abgeschwächt; -*m* in Endungen ist zu -*n* geworden, mehrsilbige Endungen werden vielfach durch die Nebensilbenabschwächung und durch Apokope reduziert, zum Beispiel -*ōno* > -*en*.

	mhd.		ahd.
Dat. Plur. Neutr.	*swerten*	(NL 2038,4a)	*swertum*
Dat. Plur. Fem.	*vrouwen*	(NL 987,4b)	*frouwōm*
Gen. Plur. Fem.	*sünden*	(BvR XV,13)	*suntōno*
Dat. Plur. Mask.	*slegen*	(NL 2040,3b)	*slegim*
Akk. Plur. Mask.	*gêre*	(NL 2038,1a)	**gēra*

Diese Abschwächungen bewirken eine Vereinheitlichung der Flexionsformen, durch die die Unterschiede zwischen den ursprünglichen Flexionsklassen geringer werden.

Im Einzelnen lassen sich die im Mittelhochdeutschen aus synchroner Sicht ermittelten Substantivklassen wie folgt mit denen des Althochdeutschen vergleichen:

Leicht erkennbar ist zunächst, dass die 1. Klasse des Althochdeutschen (*n*-Flexion), die auch als schwach bezeichnet wird, im Mittelhochdeutschen bewahrt ist. Die 1. Klasse im Mittelhochdeutschen ist also die Fortsetzung der althochdeutschen Flexion mit den üblichen lautlichen Veränderungen zum Mittelhochdeutschen hin. Die schon im Althochdeutschen in einigen Kasus bestehende Endungsübereinstimmung zwischen den drei Genera ist durch die Abschwächung der Endungsvokale zu *e* beinahe vollständig geworden; lediglich der Akkusativ Singular Neutrum bildet eine Ausnahme. Die schwachen Neutra sind auch im Mittelhochdeutschen nur in geringer Zahl vertreten: Es handelt sich um die Körperteilbezeichnungen *herze*, *ôre*, *ouge* und *wange* sowie um *diu hîwen* ›die Eheleute‹.

Die 2. Klasse der mittelhochdeutschen Substantive ist deutlich als Entsprechung der althochdeutschen 2. Klasse, der $\bar{o}$-Flexion, erkennbar. Alle im Althochdeutschen noch unterschiedenen Endungsvokale sind zu *e* geworden, so dass im Singular nur noch eine Form auftritt. Die althochdeutschen *jō*- und *wō*-Stämme gehen in der mittelhochdeutschen 2. Klasse auf und sind nur noch – bei entsprechendem Wurzelvokalismus – am Sekundärumlaut (*jō*-Stämme: ahd. *sunt(i)a* > mhd. *sünde*) bzw. am Halbvokal *w* in den Flexionsformen der alten *wō*-Stämme (ahd. *brāwa*, *brāwōm* > mhd. *brâ*, *brâwen*) erkennbar. Zusammen mit den Substantiven der 3. und 4. Klasse werden die Substantive der 2. Klasse auch als stark bezeichnet.

Die beiden verbleibenden Klassen 3 und 4 entsprechen nicht in derselben einfachen Weise den althochdeutschen Klassen der *a*- und *i*-Flexion. Die Maskulina der 4. Klasse (Typ *gast – geste*) sind als Fortsetzung althochdeutscher *i*-Stämme erkennbar. Die Maskulina der 3. Klasse (Typ *tac – tage*) sind jedoch nur teilweise die Fortsetzung althochdeutscher *a*-Stämme (*tag – taga* > *tac – tage*). Hinzugekommen ist ein Teil der alten *i*-Stämme. Durch die Abschwächung der althochdeutschen Pluralendungen *-a* und *-i* zu *-e* sind die althochdeutschen *a*- und *i*-Stämme im Hinblick auf die Endungen vollständig identisch geworden. Althochdeutsche *i*-Stämme mit nicht umlautfähigem Wurzelvokal wie *i* (z. B. ahd. *scilt – scilti*, mhd. *schilt – schilde*) können daher im Mittelhochdeutschen überhaupt nicht mehr von den *a*-Stämmen unterschieden werden. In Klasse 4 stehen also im Mittelhochdeutschen nur noch die ehemaligen Substantive der *i*-Stämme mit Umlaut des Wurzelvokals im Plural. Während im Althochdeutschen der unterschiedliche Endungsvokal im Plural die Klassen unterscheidet, ist im Mittelhochdeutschen der **Umlaut** das Klassenmerkmal.

Von den femininen *i*-Stämmen des Althochdeutschen gilt entsprechend den Maskulina, dass diejenigen mit umlautfähigem Wurzelvokal im Mittelhochdeutschen in der 4. Klasse erscheinen. Von ihnen unterscheiden sich die Feminina mit nicht umlautfähigem Wurzelvokal (z. B. *zît – zîte*), die eine neue Klasse von Feminina im Mittelhochdeutschen bilden. Diese Feminina unterscheiden sich sowohl von den althochdeutschen $\bar{o}$-Feminina (2. Klasse) als auch von den *n*-Feminina (1. Klasse). Im Hinblick auf das Verhältnis der Flexionsendung im Nominativ Singular und im Nominativ Plural (-Ø : -*e*) können sie der 3. Klasse zugeordnet werden.

Althochdeutsch			Mittelhochdeutsch		
Maskulinum	Nom. Sing.	Nom. Plur.	Nom. Sing.	Nom. Plur.	Maskulinum
a-Stämme					3. Klasse (ohne Umlaut)
	tag	*tag-a*	*tac*	*tag-e*	
	scilt	*scilt-i*	*schilt*	*schild-e*	
i-Stämme					4. Klasse (mit Umlaut)
	gast	*gest-i*	*gast*	*gest-e*	

Althochdeutsch			Mittelhochdeutsch		
Femininum	Nom. Sing.	Nom. Plur.	Nom. Sing.	Nom. Plur.	Femininum
					3. Klasse (ohne Umlaut)
	zît	*zît-i*	*zît*	*zît-e*	
i-Stämme					4. Klasse (mit Umlaut)
	kraft	*kreft-i*	*kraft*	*kreft-e*	

Unverändert erscheinen im Mittelhochdeutschen die Neutra der 3. Klasse (*a*-Stämme): *daz wort – diu wort*. Die althochdeutschen Neutra mit dem Pluralkennzeichen *-ir* stimmen auch im Mittelhochdeutschen im Singular mit der Flexion der Neutra dieser Klasse überein. Je nach Wurzelvokal tritt vor dem Pluralkennzeichen *-ir* (mhd. *-er*) Umlaut oder Bewahrung des Wurzelvokals auf: *rint – rinder* neben *lamp – lember*.

Der umlautlose Typ *rint – rinder* kann als Variante zu den Neutra der 3. Klasse gestellt werden; der umlauthaltige Typ *lamp – lember* ordnet sich in die 4. Klasse ein. Die Singularformen stimmen auch in dieser Klasse mit denen des Maskulinums überein.

Die althochdeutschen *ja*-Stämme sind nur noch im Hinblick auf den Nominativ/Akkusativ Singular (bzw. Nominativ/Akkusativ Plural der Neutra) eine Variante innerhalb der 3. Klasse: *der hirte, daz künne* mit *-e*-Endung gegenüber *der tac* und *daz wort* mit Nullendung bzw. auf Konsonant.

Die Verwandtschaftsbezeichnungen auf *-er* bewahren ihre Ausnahmestellung mit durchgehender Endungslosigkeit im Singular, zum Beispiel Genitiv Singular *des vater*, neben Formen mit *-s*: *des vater(e)s*; im Plural flektieren sie nach der 3. beziehungsweise mit Umlaut nach der 4. Klasse, so etwa *die vater(e)* oder *die veter(e)*.

Die Unterklassen und Sonderfälle des Althochdeutschen sind im Mittelhochdeutschen im Ganzen reduziert. So weist etwa von den Wurzelnomina noch *man* eine endungslose Flexion auf, neben Formen nach der 3. Klasse: zum Beispiel Genitiv Singular *des man – des mannes*; Dativ Plural *den man – den mannen*.

Die Singularformen der Feminina der 4. Klasse
In der 1. Aventiure des ›Nibelungenlieds‹ (12,1) ist die Rede *von des hoves krefte und von ir wîten kraft / von ir vil hôhen werdekeit und von ir ritterscaft*. Das Auftreten von (*von ir wîten*) *kraft* neben (*von des hoves*) *krefte* im Dativ Singular der 4. Klasse scheint auf den ersten Blick dem Reimzwang geschuldet, muss jedoch historisch erklärt werden. Die Form *krefte* ist die Fortsetzung der im Althochdeutschen praktisch allein vorkommenden Form *krefti*. Die Genitiv- und Dativ-Singular-Form *kraft* stimmt mit dem Nominativ und Akkusativ überein, so dass sich hier eine Einheitsform im Singular wie bei den Feminina der 2. Klasse ergibt. Im Hinblick auf den Plural ist diese Einheitsform des Singulars durch die Umlautlosigkeit gekennzeichnet. Es ergibt sich dadurch wie bei den Maskulina und Neutra der 4. Klasse eine eindeutige (grammatische) Zuordnung des Umlauts zum Plural. Die Genitiv- und Dativ-Form *kraft* hat sich im Laufe der weiteren Entwicklung durchgesetzt. Die Doppelformen im Singular der Feminina der 4. Klasse bewirken also keine Störung des Systems, sondern zeigen im Gegenteil die Tendenz zu noch stärkerer Vereinheitlichung. Man spricht in diesem Zusammenhang auch von der Morphologisierung des Umlauts.

Die Funktionalisierung des Umlauts zur Pluralmarkierung führt dazu, dass die grammatische Kategorie Numerus an frühneuhochdeutschen Flexionsformen eindeutiger markiert erscheint als im Althochdeutschen. Fnhd. *krefte* muss eine Pluralform sein, während ahd. *krefti* Singular oder Plural sein kann. Diese Entwicklung bezeichnet man auch als **Numerusprofilierung**. Andererseits führen Lautveränderungen wie Nebensilbenabschwächung, Syn- und Apokope dazu, dass die im Althochdeutschen oft noch relativ eindeutige Kasusmarkierung von Flexionsformen zum Mittel- und Frühneuhochdeutschen verloren geht. Ahd. *gebu* muss aufgrund der Endung *-u* Dativ Singular sein, die Endung *-e* in mhd. *gebe* ist demgegenüber hinsichtlich der Kategorie Kasus vieldeutig. Diese Entwicklung bezeichnet man auch als **Kasusnivellierung**.

Apokope und Synkope
Die Form *var* (BvR I, 20) kann als 3. Person Singular Konjunktiv Präsens bestimmt werden; sie ist vergleichbar mit einer Form wie *heffe*; der Infinitiv lautet *varn*. In den Formen *var* und *varn* ist der Laut *e* weggefallen. Wegfall des *e* am Wortende heißt **Apokope**, Wegfall des *e* im Wortinnern **Synkope**. Apokope und Synkope des *e* sind im Mittelhochdeutschen regelmäßig in einsilbigen auf *r* oder *l* ausgehenden Wörtern mit kurzer Wurzelsilbe sowie in mehrsilbigen auf *-er, -el, -em, -en* ausgehenden Wörtern eingetreten. Dadurch entsteht ein geregeltes Nebeneinander *e*-haltiger und durch Apokope und Synkope entstandener *e*-loser Endungen:

-e: – Ø   -es : -s   -en : -n

Die Form *engel* (BvR XV, 3) ist Maskulinum der 3. Klasse und entspricht *tac*; im Genitiv Singular steht *des engels* gegenüber *des tages*, im Nominativ Plural *die engel* gegenüber *die tage*. Es können aber auch weiterhin Varianten mit Erhaltung des *e* vorkommen: *engeles – engele*.

Entsprechendes im Hinblick auf die Apokope/Synkope gilt für die Neutra der 3. Klasse *des spils, dem spil* gegenüber *des wortes, dem worte* usw., und für die Femina *der tür* gegenüber *der zîte* usw. Die Endungsvarianten sind in diesen Fällen aufgrund der lautlichen Regelung in gegenseitiger Ausschließung verteilt (komplementär distribuiert).

Zur Apokope und Synkope → 2.2.3.

Aufgabencode: E8C8

4.2.2 Pronomen

→ Übersichten 36–42

Das Personalpronomen der 1. und 2. Person
Zu den bei der Verbalflexion angegebenen Nominativformen *ich, dû, wir* und *ir* sind bei Berthold von Regensburg unter anderem folgende Flexionsformen belegt: *ir* (I, 1), *mir* (I, 6), *dû* (I, 7), *wir* (I, 18), *uns* (I, 20).

Das Personalpronomen der 1. und 2. Person ist im Deutschen nicht nach Genera differenziert. Die Flexionskategorien sind Kasus und Numerus, zum Beispiel *mir*: Personalpronomen 1. Person, Dativ Singular.

Im Mittelhochdeutschen wird im Akkusativ Plural der 1. Person auch die Dativform *uns* verwendet, im Dativ Plural der 2. Person auch die Akkusativform *iuch*. Zum Neuhochdeutschen hin setzen sich diese Formen ganz durch: Dativ Akkusativ Plural *uns, euch*.

Das Personalpronomen der 3. Person
Das Personalpronomen der 3. Person unterscheidet im Deutschen zwischen Maskulinum, Neutrum und Femininum. Im Mittelhochdeutschen lautet der Nominativ

Singular *er, ez, siu*. Das Pronomen *siu* erscheint im Mittelhochdeutschen auch in den Varianten *sie* und *si*.

Einige Flexionsformen geben im Vergleich mit ihren gegenwartssprachigen Entsprechungen zu Verwechslungen Anlass. So entspricht mhd. *sîn* nicht nur dem Possesivpronomen nhd. *sein* (vgl. NL 987,1a *sîn varwe* ›seine Farbe‹), sondern auch dem Genitiv des Personalpronomens der 3. Person Maskulinum und Neutrum nhd. *seiner* (vgl. *die sîn tac unde naht huoten* (BvR XV, 2) ›die ihn Tag und Nacht bewachten‹; zur gegenüber dem Neuhochdeutschen abweichenden Genitivrektion → 5.2). Ähnliches gilt für den Genitiv des Personalpronomens der 3. Person Neutrum *es*, der vom Nominativ/Akkusativ *ez* zu unterscheiden ist, wobei die *z*-Graphie auf verschobenes germ. /t/ verweist (vgl. engl. *it*; zur 2. Lautverschiebung → 2.1.3).

Das Reflexivpronomen

Für die 1. und 2. Person werden im Deutschen die Formen des Personalpronomens auch als Reflexivpronomen verwendet. In der 3. Person steht im Neuhochdeutschen die Form *sich* für Dativ und Akkusativ des Singulars und Plurals in allen Genera. Im Mittelhochdeutschen dagegen wurden die Numeri und Genera unterschieden: So heißt es im Dativ Singular Maskulinum und Neutrum *im(e)*, im Femininum dagegen *ir(e)* sowie im Genitiv Plural aller Genera *ir(e)*, im Dativ Plural aller Genera *in*.

Den Gebrauch der Formen verdeutlicht NL 982,1: *Den gêr im gein dem herzen stecken er dô lie.* Die Form *im* ist Dativ Singular Maskulinum des Reflexivpronomens: ›[wörtlich] Er ließ *sich* den Speer im Herzen stecken‹. Ein vergleichbarer Fall liegt in Bertholds von Regensburg Predigten vor (XV, 18), wo sich die Form *in* als geschlechtsneutraler Dativ Plural bestimmen lässt: *als sie danne niht eigener sünde ûf in hânt* ›da sie in diesem Fall keine eigenen Sünden auf *sich* geladen haben‹.

Artikel und Demonstrativpronomen

Die bei der Substantivflexion angegebenen Artikelformen *der, daz, diu* usw. werden zugleich als Demonstrativ- und Relativpronomen verwendet. Die Formen entsprechen in den Endungen weitgehend denen des Personalpronomens der 3. Person. Im Mittelhochdeutschen existiert noch eine Instrumentalform *diu*, die jedoch fast nur noch in Kombination mit Präpositionen erscheint, zum Beispiel *after diu* ›nachher‹, *mit diu* ›während‹.

Das Interrogativpronomen

Das Interrogativpronomen hat dieselben Endungen wie das Demonstrativpronomen. Es tritt jedoch nur im Singular, und da nur in den Formen des Maskulinums und des Neutrums auf. Für das Femininum gelten die maskulinen Formen, also *wer, wes, wem(e), wen*. Der Form *diu* beim Demonstrativpronomen entspricht die Instrumentalform *wiu*, die fast nur noch in Verbindung mit Präpositionen vorkommt, zum Beispiel *mit wiu* ›womit‹.

Das zusammengesetzte Demonstrativpronomen

Neben dem einfachen Demonstrativpronomen *der, diu, daz*, das auch Artikelfunktion übernimmt, steht ein ursprünglich wohl aus denselben Formen und einer Verstärkungspartikel *se* zusammengesetztes Demonstrativpronomen, das in der Gegenwartssprache als *dieser* vorliegt. Im Mittelhochdeutschen sind für manche Kasus viele Varianten vertreten, die auf Umgestaltungen der ursprünglichen Formen beruhen. Als Haupttonvokal setzt sich im Mittelhochdeutschen der Vokal *i* durch, zum Beispiel in den Predigten Bertholds von Regensburg (I, 14): *ûf daz ende dirre sache* (Genitiv Singular Femininum, ahd. *desera, derera, derra, dirro*). Die Neutrumform *diz* (Nominativ/Akkusativ Singular) enthält die **Affrikate** *ts*, man vergleiche auch die Form *ditze*.

Possessivpronomen

Im Mittelhochdeutschen werden die Possessivpronomen *mîn, dîn, sîn, unser* und *iuwer* gebraucht. *Sîn* wird bei der 3. Person für Maskulinum und Neutrum Singular gebraucht, im Femininum und im Plural aller Genera steht die Genitivform des Personalpronomens: *ir*. Diese wird gewöhnlich nicht flektiert.

Auch die Formen *mîn, dîn, unser* und *iuwer* gehen auf ehemalige Genitivformen des Personalpronomens der 1. und 2. Person Singular und Plural zurück; die Form *sîn* (Maskulinum, Neutrum) lässt sich auf den Genitiv des Reflexivpronomens zurückführen.

Die Possessivpronomen zeigen die Flexion der Adjektive (pronominal/stark; nominal/schwach). Nach bestimmtem Artikel findet sich die starke (neben der nominalen/schwachen) Endung. Ähnlich wie bei den Adjektiven kann auch die endungslose Variante benutzt werden, und zwar im Nominativ Singular aller Genera und im Akkusativ Singular Neutrum.

Aufgabencode: E8CC

4.2.3 Adjektive

→ Übersicht 43

Die Adjektivflexion im Neuhochdeutschen
Wie bei den Substantiven wird auch bei den Adjektiven im Mittelhochdeutschen
zwischen einer starken und einer schwachen Flexion unterschieden. Während
jedoch die Substantive entweder der starken oder der schwachen Flexion angehören, können die Adjektive sowohl stark als auch schwach flektiert werden. Dies entspricht im Prinzip den Verhältnissen, wie sie auch im Neuhochdeutschen bei der
Adjektivflexion vorliegen:

mit großer Freude	*mit einer großen Freude*
mit blauem Rock	*mit einem blauen Rock*
großer Beifall	*der große Beifall*
> Das Adjektiv wird stark flektiert.	> Das Adjektiv wird schwach flektiert.
Die Endungen am Adjektiv entsprechen im Prinzip denen des bestimmten Artikels bzw. des Demonstrativpronomens.	Als Endungen stehen -e oder -en.

Ferner können auch Fälle eintreten, in denen das Adjektiv endungslos bleibt:

Der Mann ist groß
auf gut Glück

> Keine Flexionsendung am Adjektiv.

Auf das Verhältnis der Verteilung der verschiedenen Endungen im Neuhochdeutschen wird hier nicht eingegangen; es genügt die Feststellung, dass es auch im Neuhochdeutschen diese verschiedenen Möglichkeiten der Flexion beim Adjektiv gibt.
Unter **diachronem** Aspekt wird jedoch im Folgenden auch das Nebeneinander der
verschiedenen neuhochdeutschen Flexionstypen erklärbar.
  Die starke Flexion der Adjektive ist die ursprüngliche indogermanische Flexion.
Die schwache Flexion ist der schwachen Flexion der Substantive nachgebildet; sie
ist eine Neubildung der germanischen Sprachen.

Die mittelhochdeutschen Flexionsformen im Vergleich zur
Substantiv- und Pronominalflexion
In der XV. Predigt Bertholds von Regensburg heißt es:

mit grôzem flîze (XV,2)
mit einem ungetriuwen râte (XV, 34)

Die hier vorkommenden Adjektivformen im Dativ Singular Maskulinum *grôzem*, *ungetriuwen* können mit entsprechenden Formen von Substantiven und Pronomen verglichen werden.

grôz-em	*disem*	Dat. Sg. Mask. des Demonstrativpronomens
	dem	Dat. Sg. Mask. des bestimmten Artikels
ungetriuw-en boten		Dat. Sg. des schwachen Maskulinums *bote*

Die Adjektivendung *-en* stimmt mit der der 1. Klasse der Substantive (*n*-Klasse), das heißt der schwachen Substantive, überein.

Mit der Endung *-em* kann die Endung des Pronomens beziehungsweise des bestimmten Artikels *disem*, *dem* verglichen werden.

Ein Adjektiv kann also in demselben Kasus nebeneinander zwei verschiedene Flexionsformen zeigen, von denen sich die eine in synchronischer Sicht als pronominal, die andere als nominal (*n*-Klasse) ausweist, zum Beispiel Dativ Singular Maskulinum *grôz-em* und *ungetriuw-en*. Diese zwei Flexionsformen werden in der grammatischen Literatur auch als schwach (*ungetriuw-en*) und als stark (*grôz-em*) bezeichnet.

Exemplarisch soll hier das System der Flexionstypen anhand des Femininums nochmals veranschaulicht werden:

Adj. *wîs*		Femininum, nominale/ schwache Flexion		Femininum, pronominale/ starke Flexion	
		wîs- + Endung	Vgl. Subst. *zunge*, 1. Klasse	*wîs-* + Endung	Vgl. best. Art. bzw. Dem.-Pron.
Sing.	Nom.	*wîs-e*	*zung-e*	*wîs-iu*	*diu*
	Gen.	*wîs-en*	*zung-en*	*wîs-er*	*der*
	Dat.	*wîs-en*	*zung-en*	*wîs-er*	*der*
	Akk.	*wîs-en*	*zung-en*	*wîs-e*	*dise*
Plur.	Nom.	*wîs-en*	*zung-en*	*wîs-e*	*dise*
	Gen.	*wîs-en*	*zung-en*	*wîs-er*	*der*
	Dat.	*wîs-en*	*zung-en*	*wîs-en*	*den*
	Akk.	*wîs-en*	*zung-en*	*wîs-e*	*dise*

Die nominalen/schwachen Adjektivendungen stimmen vollständig mit den Endungen der 1. Klasse der Substantive (*n*-Klasse) überein.

Die pronominalen/starken Adjektivendungen stimmen beinahe vollständig mit der Flexion des Artikels *diu* überein. Die übrigen Formen lassen sich mit Formen anderer Pronomina vergleichen: *wîs-e* entspricht *dise*. Ähnliches gilt für das Maskulinum und Neutrum.

Mit Ausnahme des Akkusativ Singular Femininum (mhd. *-en* gegenüber nhd. *-e*) entsprechen die schwachen Flexionsendungen des Mittelhochdeutschen bereits dem Inventar der Gegenwartssprache.

Im Nominativ Singular Maskulinum und Femininum sowie im Nominativ und Akkusativ Singular Neutrum tritt neben den nominalen/schwachen und pronominalen/starken Formen eine Form *wîs* mit Nullendung auf. Vergleichbare Formen innerhalb der Substantivflexion sind die Formen der starken Substantive *tac* (Maskulinum), *wort* (Neutrum) und *buoz* (Femininum, Sonderform der 2. Klasse, das heißt der ahd. *ō*-Klasse). Es handelt sich in Bezug auf die Nullendung also bei *wîs* ebenfalls um eine nominale starke Endung.

Das mittelhochdeutsche Flexionssystem im Vergleich mit dem althochdeutschen
Im Vergleich zum System des Althochdeutschen lässt sich für das mittelhochdeutsche System der Adjektivflexion für das Femininum Folgendes beobachten: Durch die Abschwächung der Nebensilben geht im Mittelhochdeutschen die Vielfalt der Endungen verloren, dies wirkt sich teilweise auf die funktionale Verteilung der Endungen aus. Die nominalen/schwachen Flexionsendungen sind zu *-e* beziehungsweise *-en* abgeschwächt worden. Eine Verringerung der Anzahl der Kasusendungen durch Zusammenfall der Endungen ist auch bei pronominalen/starken Formen zu beobachten: Die Endungen von Genitiv und Dativ Singular Femininum und von Nominativ und Akkusativ Plural Femininum sind identisch geworden. Im Unterschied zum Althochdeutschen steht im Dativ Plural nur eine einzige Form *wîsen*: Die althochdeutschen Formen nominal/schwach *wīsōm* und pronominal/stark *wīsēm* mussten durch die Abschwächung identisch werden. Es kann also hier nicht mehr zwischen den beiden Flexionstypen unterschieden werden. Ähnliche Auswirkungen der Abschwächung lassen sich für das Maskulinum und das Neutrum beobachten (→ Übersicht Nr. 43).

Die Stammklassen der mittelhochdeutschen Adjektive
Die verschiedenen Adjektive können ferner wie die Substantive hinsichtlich ihrer Stammbildung eingeteilt werden. Im Althochdeutschen sind Reste der alten Stammbildungselemente noch deutlich erkennbar. Man unterscheidet im Althochdeutschen zwischen *a-/ō*-Stämmen (mit Endung auf Konsonanten), *ja-/jō*-Stämmen (mit Endung auf *-i*) und *wa-/wō*-Stämmen (mit Endung auf *-o*). Im Mittelhochdeutschen können die verschiedenen Stammbildungsklassen wie folgt erkannt werden:

– Die *a-/ō*-Stämme enden ebenfalls auf Konsonant, zum Beispiel *grôz*, *starc*.
– Die *ja-/jō*-Stämme sind dadurch gekennzeichnet, dass die Grundform auf *-e* (ahd. *-i*) endet. Wenn der Wurzelvokal umlautfähig ist, tritt ferner durch das ehemalige *-i* der Endung Umlaut ein, zum Beispiel *küene*, *schœne*.

– Die *wa-/wō*-Stämme sind nur in geringer Zahl vorhanden; sie sind dadurch erkennbar, dass sie außer in der Grundform ein *-w-* vor der Endung aufweisen, zum Beispiel *blâ* ›blau‹ – Nominativ Singular Maskulinum, pronominal/stark: *blâwer*.

Die Verwendung der verschiedenen Adjektivformen

Weder im Althochdeutschen noch im Mittelhochdeutschen ist die Verwendung der verschiedenen Adjektivformen streng geregelt. Bestimmte Tendenzen sind jedoch erkennbar. Das Mittelhochdeutsche zeigt eine Verteilung der adjektivischen Mehrfachendungen, die der des Althochdeutschen weitgehend entspricht: nominale/schwache Endungen bei inhaltlicher Bestimmtheit, zum Beispiel NL 975,1a: *der degen küene* (= Siegfried); pronominale/starke Endungen bei inhaltlicher Unbestimmtheit, zum Beispiel *tuon unrehtez* (BvR XV, 29). Im Mittelhochdeutschen ist allerdings eine stärkere Formalisierung des Endungsgebrauchs zu beobachten, die vielfach schon den gegenwartssprachlich gültigen Stand der Monoflexion erreicht hat (vgl. *d-er blaue Brief, ein blau-er Brief*). Nominale/schwache Endung steht nach bestimmtem Artikel: *des küenen* (NL 980,4b), *daz wægeste* (BvR I, 1). Der unbestimmte Charakter des Substantivs wird im Mittelhochdeutschen im Unterschied zum Althochdeutschen sehr häufig durch den unbestimmten Artikel gekennzeichnet. Nach den Formen des unbestimmten Artikels stehen überwiegend pronominale/starke Adjektivendungen: *ein vil græzlîcher schal* (NL 2037,4a).

In den Fällen, wo dem Adjektiv kein Artikel vorangeht, wird die Tendenz zur formalen Regelung deutlich greifbar. Unabhängig davon, ob das Substantiv als bestimmt oder unbestimmt charakterisiert ist, steht praktisch durchweg die pronominale/starke Endung: *in liehter varwe* (NL 987,3b).

Die Grundform steht häufig in prädikativer Verwendung, man vergleiche zum Beispiel die Form *wunt* in *Swie wunt er was zem tôde* (NL 985,1a). In gebundener Sprache und dort bevorzugt im Endreim wird die Grundform darüber hinaus oft dann verwendet, wenn das attributive Adjektiv dem Substantiv nachgestellt ist: *Der herre tobelîchen von dem brunnen spranc. / im ragete von dem herzen ein gêrstange lanc* (NL 983,1 f.). In vergleichbarer Position erscheint ein Substantiv bisweilen von attributiven Adjektiven umklammert; ein geläufiger Typ für die dabei auftretende Endungsverteilung ist zum Beispiel *der tiwer degen hêr* (NL 2037,2b), also voranstehender bestimmter Artikel, nominal/schwache Form (hier apokopiert) und nachfolgende Grundform.

Die Adverbbildung

Von Adjektiven können im Mittelhochdeutschen Adverbien anhand eines **Suffixes** *-e* (ahd. *-o*) abgeleitet werden. Man nennt sie Adjektivadverbien.

Bei den Adjektiven mit *e* (ahd. *i*) in der Grundform (*ja-/jō*-Stämme), die einen umlautfähigen Vokal haben, erscheint das Adjektiv mit Umlaut, das Adverb dagegen ohne Umlaut. Durch die Abschwächung der Endungen zu *-e* unterscheiden sich die Grundformen von Adjektiv und Adverb also nur noch durch den Umlaut.

Adjektiv		Adverb	
ahd.	*herti*	ahd.	*harto*
mhd.	*herte*	mhd.	*harte*
	feste		*faste*
	schœne		*schône*
	spœte		*spâte*

Darüber hinaus wird im Mittelhochdeutschen das Suffix *-lîche* sowie die erstarrte Dativ-Plural-Form *-lîchen* als Adverbkennzeichen verwendet: *grimmeclîchen* (NL 982,2a).

Das Adverb zum Adjektiv *guot* heißt im Mittelhochdeutschen *wol* (vgl. engl. *good – well*).

Die Komparationsformen

Mit der Komparation zeigt das Adjektiv eine Formenabwandlung, die nur ihm und einer Vielzahl von Adverbien zukommt. Die Bildungsweise im Mittelhochdeutschen ist leicht durchschaubar. Komparationsformen sind:

bezzer	(NL 992,4b)
unschuldigesten	(BvR I, 4)

Der Komparativ wird im Mittelhochdeutschen mit dem Suffix *-er*, der Superlativ mit dem Suffix *-est* gebildet.

Im Althochdeutschen waren zwei Möglichkeiten zur Bildung der Komparationsformen gegeben, die dann durch die Abschwächung der Nebensilbenvokale im Mittelhochdeutschen zusammenfielen: *-ir-*, *-ōr-* für den Komparativ und *-ist-*, *-ōst-* für den Superlativ. Die Verwendung der Suffixvarianten im Althochdeutschen zeigt eine gewisse Regelung: Bei Adjektiven mit *i* in der Grundform (*ja-/jō-*Stämme) stehen die Komparationssuffixe mit *i*. Mehrsilbige und zusammengesetzte Adjektive zeigen hauptsächlich das *ō*-Suffix, weshalb sie im Mittelhochdeutschen meist auch keinen Umlaut haben.

Im Mittelhochdeutschen zeigt sich ferner die Tendenz, bei den meisten einsilbigen Adjektiven unabhängig von der Stammzugehörigkeit auch umgelautete Formen in der Komparation zu bilden, zum Beispiel *grôz – grœzer*, *junc – junger* oder *jünger*. Wenn das Adjektiv im Positiv bereits Umlaut zeigt, erscheint dieser auch in der Komparation: *senfte – senfter*, *schœne – schœner*.

Aufgabencode: E8C9

5. Einführung in die Syntax des Mittelhochdeutschen

5.1 Methodische Vorbemerkung

Der Zugang zur Geschichte der Regeln zur Markierung, Anordnung und Verknüpfung von Morphemen, Wörtern und Satzgliedern in Sätzen im Deutschen sieht sich drei zentralen methodischen Schwierigkeiten gegenüber:

1. Anders als phonologische und morphologische Strukturen können syntaktische Strukturen relativ frei stilistisch modifiziert werden. Auch in der Gegenwartssprache finden sich sogenannte emphatische, d. h. einzelne Elemente besonders akzentuierende Konstruktionen wie *er konnte nicht aufhören mit dem Blödsinn* oder *das machst du nie und nimmer nicht*, die bei aller Alltäglichkeit gegen zwei zentrale Regeln der neuhochdeutschen Standardsyntax verstoßen, nämlich die Verbalklammer im Hauptsatz und das Prinzip der einfachen Satznegation. Nichts spricht dagegen, dass solche Modifikationen auch in älteren Sprachstufen vorkamen, ihr Nachweis ist gleichwohl schwieriger.

2. Sonderfälle der stilistischen Modifikation sind all jene Abweichungen von syntaktischen Regeln, die den Zwängen gebundener Sprache gehorchen. Im Deutschen relevant sind vor allem der Endreim (*Marmor, Stein und Eisen bricht* [statt syntaktisch standardgerecht: *brechen*] / *aber unsere Liebe nicht*) sowie das Bestreben nach alternierendem, also möglichst regelmäßig zwischen betonten und unbetonten Silben wechselndem Rhythmus (*Bist schon lange Knecht gewesen* [statt standardgerecht: *Du bist schon lange Knecht gewesen*]). Für die historischen Sprachstufen verschärft sich das Problem dadurch, dass v. a. ältere Darstellungen zur historischen Syntax auf Texten gebundener und damit stilistisch markierter Sprache beruhen (strophische und Reimversepik sowie Lyrik).

3. Gleichfalls für die älteren Sprachstufen des Deutschen stellt sich die Frage nach einer Beeinflussung durch syntaktische Strukturen des Lateinischen. Unübersehbar ist dies für das Althochdeutsche und insbesondere den bilingual konzipierten Teil seiner Textüberlieferung. Man vergleiche etwa den Accusativus cum Infinitivo (AcI) *Uuāntun in uuesan* (T 12,3) ›Sie glaubten, dass er sei‹ oder den Dativus absolutus *in ūfstīgantēn* (T 12,2) ›nachdem sie nach Jerusalem hinaufgestiegen waren‹. Bei entsprechenden Überlieferungsverhältnissen (hier: Adaptation einer altfranzösischen Vorlage über eine lateinische Zwischenstufe) kann derlei aber noch im Mittelhochdeutschen vorkommen, beispielsweise, wenn König Marsilie im ›Rolandslied‹ des Pfaffen Konrad klagt: *nu wartet selbe, wie ich lige / nâch verlornem mînem arme* (7282 f.) ›nun seht mich an wie ich daliege, nachdem ich meinen Arm verloren habe‹.

Methodische Konsequenz solcher Überformungstendenzen kann nur sein, stilistische, metrische und lehnsyntaktische Faktoren bei der Auswahl der Beispieltexte entweder auszuschalten oder doch in einem kontrollierbaren Rahmen zu halten. Die folgende Darstellung erklärt syntaktische Phänomene daher in der Regel an Beispielen aus den Predigten Bertholds von Regensburg, also Prosatexten. Auf Beispiele aus gebundener Sprache wird nur zurückgegriffen, wenn dadurch keine Verfälschung des Befunds zu befürchten ist. Auf ein Kapitel zur althochdeutschen Syntax wurde wegen der allgegenwärtigen metrischen und/oder lehnsyntaktischen Beeinflussung der althochdeutschen Überlieferung ganz verzichtet.

Schließlich ist die folgende Darstellung bewusst kontrastiv angelegt. Grundsätzlich ist nämlich zu sagen, dass viele für die neuhochdeutsche Gegenwartssprache zentrale syntaktische Regularitäten bereits im Mittelhochdeutschen gelten. So ist die Zweitstellung der finiten Verbform im Aussagesatz weitgehend durchgesetzt: *Man begêt hiute die hôchgezît des guoten sant Pêters* (BvR XV, 1), *Der kerker ist des menschen lîp* (BvR XV, 7). Ähnliches gilt für die Verbzweitstellung in eingeleiteten Fragesätzen: *wie stêt ez umbe dînen rât?* (BvR XV, 32) oder die Spitzenstellung des finiten Verbs in Aufforderungssätzen: *wis mir gnædic* (BvR I, 6). Im Mittelpunkt der folgenden Abschnitte sollen gleichwohl einige gegenüber späteren Entwicklungen spezifische syntaktische Regularitäten des Mittelhochdeutschen stehen.

5.2   Die Entwicklung der deutschen Klammersyntax

Um sich als Leser oder Hörer in einem Satz der neuhochdeutschen Gegenwartssprache zu orientieren, sind zwei Informationen essentiell:

1. Ist ein Element auf einen verbalen oder auf einen nominalen Kern zu beziehen, mit anderen Worten: Ist es Konstituente einer Verbal- oder einer Nominalgruppe? Der bestimmte Artikel *die* in dem Ausdruck *die Bundeskanzlerin ist* wäre etwa als Determinans einer Nominalgruppe *die Bundeskanzlerin* aufzufassen, wenn der Satz *die Bundeskanzlerin ist promovierte Physikerin* lautet:

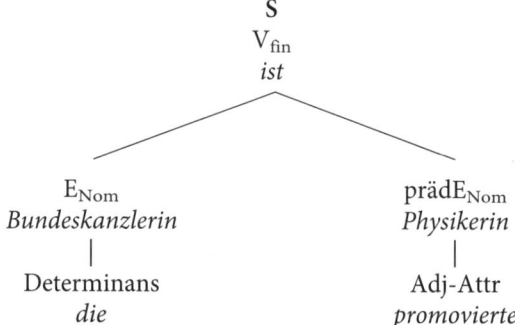

Fungiert der Ausdruck *die Bundeskanzlerin ist* hingegen als relativer Attributsatz (*eine promovierte Physikerin, die Bundeskanzlerin ist*), wäre *die* Nominativergänzung innerhalb des Attributsatzes:

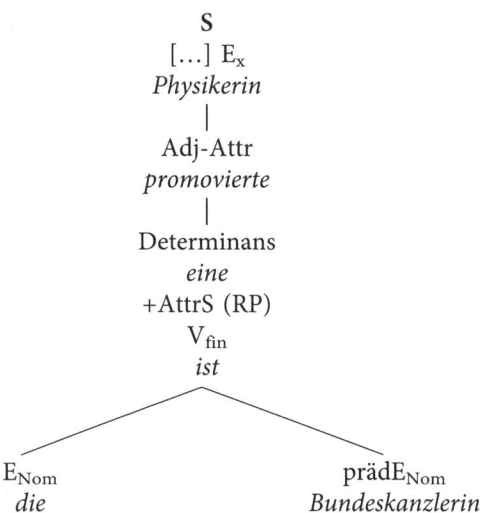

Zentrales Verfahren des Neuhochdeutschen zur Abgrenzung von Nominal- und Verbalgruppen ist die Bildung syntaktischer Klammern, bei denen auf einer ersten Ebene zwischen Satz- und Nominalklammern zu unterscheiden ist.

2. Bezieht sich ein Element eindeutig auf einen verbalen Kern, ist in einem zweiten Schritt zu fragen, ob dieser einen unabhängigen oder einen abhängigen Satz konstituiert. Der Ausdruck *Als ein überzeugter Wagnerianer* etwa erlaubt, je nach Fortführung, zwei Lesarten. Folgt lediglich eine finite Verbform (z. B. *auftrat*), wird der Ausdruck als temporaler Angabesatz verstanden, es liegt dann eine Nebensatzklammer aus einem linken, klammeröffnenden Element *als* und einem rechten, klammerschließenden Element *auftrat* vor: *Als ein überzeugter Wagnerianer auftrat, verstummten die Brahmsliebhaber.* Steht die folgende finite Verbform hingegen in Zweitstellung (z. B. *hatte er Brahms stets verabscheut*), wird der Ausdruck als Aussagesatz verstanden, es liegt eine Hauptsatzklammer aus einem linken Klammerelement *hatte* und einen rechten Klammerelement *verabscheut* vor: *Als ein überzeugter Wagnerianer hatte er Brahms stets verabscheut.*

Das Mittelhochdeutsche weist zwar bereits Ansätze zur Herausbildung von Hauptsatz-, Nebensatz- und Nominalklammer auf, hat jedoch keines der drei syntaktischen Grenzsignale vollständig und eindeutig ausgebildet, wie sich an zwei Passagen aus Bertholds von Regensburg Predigten zeigen lässt.

In *Und alsô sult ir ûf daz ende warten mit guotem flîze* (BvR I, 16) ist zwar eine Hauptsatzklammer aus finitem Verb in Zweitstellung (*sult*) und dem Infinitiv *warten* zu erkennen, die Abgrenzungsfunktion der Klammer wird aber dadurch gemindert, dass ein Satzglied, die Präpositionalgruppe *mit guotem flîze*, außerhalb der Klammer steht:

S	$A_{Mod\ I}$	V_{fin}	E_{Nom}	$E_{Präp}$ ûf	V_{Inf}	$A_{Mod\ II}$
	(*Und*) *alsô*	*sult*	*ir*	*ûf daz ende*	*warten*	*mit guotem flîze*

Das zunehmende Aufkommen mehrgliedriger Verbalgruppen wie *sult* (…) *warten* (BvR I, 16), *hât begangen* (BvR I, 6), *werdent* […] *verderbet* (BvR I, 9), *ist* […] *beslozzen* (BvR XV, 6) begünstigt nicht nur den Trend zur Satzklammer, sondern ist ebenfalls als Indiz für die Tendenz des Deutschen von einem eher **synthetischen** zu einem **analytischen** Sprachbau hin zu werten.

Die Abgrenzung von Haupt- und Nebensatz ist nicht in allen Fällen so eindeutig wie in der neuhochdeutschen Gegenwartssprache. Das Pronomen *der* in *ich bin der die sünde hât begangen* (BvR I, 6) vereint zwei Lesarten, zum einen als Demonstrativpronomen mit der Funktion einer prädikativen Nominativergänzung im Hauptsatz (›ich bin der‹), zum anderen als Relativpronomen im abhängigen Satz (›der die Sünde begangen hat‹):

S	E_{Nom}	V_{fin}		$präd E_{Nom}$		
	ich	*bin*	**AttrS** mit RP	*der*	*die sünde*	*hât begangen*
				E_{Nom}	E_{Akk}	$V_{fin}\ V_{Part}$

In der Mehrzahl der einschlägigen Fälle ist aber nur die relativische Lesart möglich, was sich als Indiz für die Herausbildung der Nebensatzklammer im Mittelhochdeutschen werten lässt. In *Dîn ander sünde, diu ouch der fremeden sünden einiu ist, diu heizet die sünde des râtes* (BvR XV, 30) liegt eine eindeutige Nebensatzklammer *diu* […] *ist* vor. Alle Konstituenten des Nebensatzes stehen in der Klammer, das zweite *diu* stellt keine Ausklammerung, sondern eine bekräftigende Wiederaufnahme dar:

S	$E_{Nom\ I}$	$E_{Nom\ II}$ (Korrelat)	V_{fin}	$präd E_{Nom}$
	Dîn ander sünde +AttrS	*diu*	*heizet*	*die sünde des râte*

	AttrS mit RP	E_{Nom}	$präd E_{Nom}$	V_{fin}
		diu	*ouch der fremeden sünden einiu*	*ist*

Auch für die mittelhochdeutsche Nebensatzklammer ist eine gewisse Tendenz zur Ausklammerung charakteristisch. In *Unde die ungetriuwen râtgeben, die den herren übeliu dinc râtent gein armen liuten unde gein rîchen* [...] (BvR XV, 34) steht ein Präpositionalattribut zu *übeliu dinc* außerhalb der Klammer (hier *die* [...] *râtent*):

AttrS mit RP	E_{Nom}	E_{Dat}	$E_{Akk\ I}$	V_{fin}	$E_{Akk\ II\ (Präpositionalattribut)}$
	die	*den her-ren*	*übeliu dinc*	*râtent*	*gein armen liuten unde gein rîchen*

Wie das Beispiel *als er enbunden wart ûz dem kerker des herren Herôdes ûz den ketenen* (BvR XV, 1) zeigt, sind derartige Ausklammerungen aus Nebensatzklammern (hier: *als* [...] *wart*) nicht nur in Relativ-, sondern auch in Angabesätzen zu beobachten:

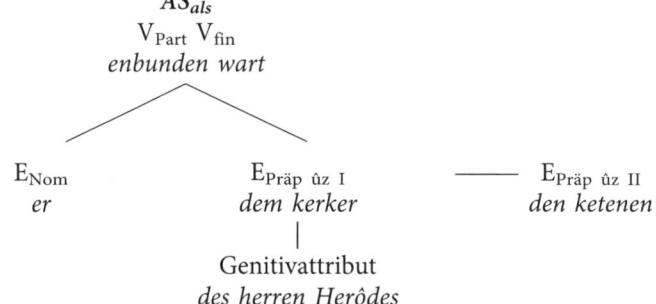

Schließlich ist die Integrität der entstehenden Nebensatzklammer stellenweise dadurch gefährdet, dass ein klammeröffnendes Relativadverb (hier: *dâ* [...] *mite*) diskontinuierlich auftritt wie in *Und ez sint niun leie fremede sünde, dâ die liute mite begriffen werdent* [...] (BvR XV, 20). Solche Konstruktionen, sogenannte »gestrandete« Präpositionen, treten zwar auch in der Gegenwartssprache auf, jedoch in erster Linie in den Dialekten und in der Umgangssprache (*da kann ich nichts mit anfangen* statt standardsprachlich *damit kann ich nichts anfangen*):

S	E_{Nom}	V_{fin}	prädE_{Nom}
ez	*sint*	*niun leie fremede sünde* +AttrS

AttrS mit RA	$E_{Präp\ I}$	E_{Nom}	$E_{Präp\ II}$	V_{Part} V_{fin}
	dâ	*die liute*	*mit*	*begriffen werdent*

Die zunehmende Profilierung der Nebensatzklammer geht mit einem Verlust älterer Verfahren zur hierarchisierenden Abgrenzung von Haupt- und Nebensatz einher, etwa der Regel der sogenannten Zeitenfolge (lat. *consecutio temporum*). Im Mittelhochdeutschen gilt bei konjunktivischen abhängigen Nebensätzen prinzipiell, dass sich das Tempus der finiten Verbform am im übergeordneten Satz herrschenden Tempus orientiert. So steht in *sine ruochte, wie im wære* (NL 639,1a) der Konjunktiv Präteritum *wære* wegen des Indikativ Präteritum *ruochte* im übergeordneten Satz. Zum Neuhochdeutschen wird die Regel der Zeitenfolge sukzessive zurückgedrängt, man vergleiche die Übersetzung ›sie kümmerte sich nicht darum, wie es ihm ging, nicht: wie es ihm ginge‹ mit Aufgabe der Modusopposition zugunsten des Indikativ Präteritum. Seinen Niederschlag findet dieser Wandel auch in der grammatischen Terminologie, die für das Alt- und Mittelhochdeutsche zwischen Konjunktiv Präsens und Präteritum (→ 3.1; 4.1), für das Neuhochdeutsche aber zwischen Konjunktiv I und Konjunktiv II unterscheidet.

Der für das Neuhochdeutsche charakteristischen Klammerstruktur der Nominalgruppe ›Determinans + x + Kern‹ steht im Mittelhochdeutschen eine Reihe von Stellungsvarianten gegenüber, als deren wichtigste der so genannte ›sächsische Genitiv‹ zu nennen wäre. Ist dessen Vorkommen in der Gegenwartssprache auf Eigennamen (*Kriemhilds Rache*), Phraseologismen (*in Teufels Küche*) oder Archaismen (*meines Bruders Hüter*) beschränkt, sind Konstruktionen wie *des lîbes sünden* (BvR XV, 7) im Mittelhochdeutschen noch omnipräsent, wenngleich die Nominalklammer mit nachgestelltem Genitivattribut ebenfalls belegt ist: *daz apgründe der helle* (BvR XV, 13):

des	*lîbes*	*sünden*
Determinans	Substantiv (Gen.)	Substantiv (Dat.)
Genitivattribut →		Kern

daz	*apgründe*	*der*	*helle*
Determinans	Substantiv (Akk.)	Determinans	Substantiv (Gen.)
Kern		← Genitivattribut	

Eine funktionale Begründung für den Abbau des vorangestellten Genitivattributs liefern doppeldeutige Sequenzen wie *der sunnen schîn*. Diese erlauben noch bis weit ins Frühneuhochdeutsche hinein zwei Lesarten, nämlich als Nominalgruppe (*der* als Determinans von *sunnen* ›Schein der Sonne‹) oder als Determinativkompositum (*der* als Determinans von *schîn* ›der Sonnenschein‹), bis letztere Lesart sich durchsetzt:

der	sunnen	schîn
Determinans	Substantiv (Gen.)	Substantiv (Nom.)
Kern$_I$	← Genitivattribut →	Kern$_{II}$

der	sunnen	schîn
Determinans	Substantiv (Gen.)	Substantiv (Nom.)
Genitivattribut →		Kern

Überhaupt ist zu beobachten, dass die syntaktische Polyfunktionalität des mittelhochdeutschen Genitivs mit der Zeit immer mehr eingeschränkt wird. Neben dem Umbau der Nominalgruppe betrifft diese Entwicklung v. a. den Genitiv als Rektionskasus, der zum Neuhochdeutschen hin in der Regel durch Präpositional- oder Akkusativergänzungen ersetzt wird: _ir pflâgen drîe künege_ (NL 4,1a) gegenüber _drei Könige pflegten_ [im Mhd. ist gemeint: kümmerten sich um] _sie_.

Schließlich sind wie schon im Fall der Verbalklammern auch für die mittelhochdeutschen Nominalklammern Herausstellungen nach rechts von Attributen wie _gein armen liuten unde gein rîchen_ (BvR XV, 34) beobachtbar, was auf den noch nicht vollständig konsolidierten Status des Klammersystems verweist. Die neuhochdeutsche Standardsyntax tendiert in vergleichbaren Fällen dazu, das Attribut in die Nominalklammer zu integrieren (_schlimme, gegen arme und reiche Leute gerichtete Dinge_).

5.3 Die Satznegation

Auffälligster struktureller Unterschied der mittelhochdeutschen Satznegation gegenüber der neuhochdeutschen Standardsprache ist ihr diskontinuierlicher Ausdruck, der alltagssprachlich oft als ›doppelte Verneinung‹ bezeichnet wird. Anders als in der formalen Logik, wo sich zwei Negationen aufheben, ist der diskontinuierliche Ausdruck der Satznegation in natürlichen Sprachen omnipräsent (engl. _I ain't no miracle worker_; frz. _tu ne tueras point_). Das Mittelhochdeutsche drückt die diskontinuierliche Satznegation durch die Kombination eines Pro- (_en-_) oder Enklitikons (_-ne_) mit einer Negationsangabe (_niht, nieman, niemer, dehein_) aus und stellt insofern einen Sonderfall dar, als hier bereits eine deutliche Tendenz zur einfachen Negationsangabe beobachtbar ist, wie wir sie aus der Gegenwartssprache kennen. Der Befund zum Mittelhochdeutschen wird allerdings häufig dadurch verfälscht, dass Belege aus gebundener Sprache angeführt werden, in denen Negationsklitika von den Herausgebern gegen die Überlieferung und gegen den Usus des Mittelhochdeutschen zur Erzeugung von alternierendem Rhythmus (regelmäßige Abfolge betonter und unbetonter Silben) verwendet werden.

So erscheint Strophe 925 der Handschrift A des ›Nibelungenlieds‹ in der Ausgabe von Karl Lachmann mit den drei diskontinuierlichen Satznegationen *niht envant* (925,1b), *done het […] niht* (925,2a), *done kund […] niht* (925,4a):

925   *Do der sere wunde*   *des swertes **niht** envant,*
      *done het et er **niht** mere*   *wan des schildes rant.*
      er zuct in von dem brunnen.   *do lief er Hagenen an;*
      *done kund im **niht** entrinnen*   *des kunich Guntheres man.*

Ein Vergleich mit der Überlieferung (hier Handschrift B, Strophe 981) zeigt jedoch, dass die fragliche Passage dort ganz ohne Negationsklitika vorkommt und die Satznegation wie in der Gegenwartssprache durch einfache Negationsangaben (hier durchweg *niht*) ihren Ausdruck findet:

925   *Do der sere wnde*   *des swertes **niht** vant,*
      *do het et er **niht** mere*   *wan des schildes rant.*
      er zuct in von dem brunnen.   *do lief er Hagnen an;*
      *do kvnd im **niht** entrinnen*   *des kvnich Gvnthers man.*

Dieser Befund bedeutet jedoch keineswegs, dass die diskontinuierliche Satznegation im Mittelhochdeutschen eine Erfindung moderner Herausgeber darstellt. Ihr Vorkommen wird im Laufe der mittelhochdeutschen Periode allerdings zunehmend auf bestimmte syntaktische Kontexte beschränkt. Zu Beginn des 13. Jahrhunderts ist das System offenbar schon so weit abgebaut, dass einschlägige Ausdrücke vor allem in zwei Fällen auftreten:

1) bei bestimmten Verben (Präterito-Präsentien sowie *tuon, lâzen, ruochen*; zu den mittelhochdeutschen Präterito-Präsentien → 4.1.3),

2) in so genannter Kontaktstellung, wenn Negationsangabe und Proklitikon unmittelbar aufeinander folgen. Beide Vorkommensvarianten sind in den Strophen 1738 und 1739 der Handschrift A des ›Nibelungenlieds‹ zu beobachten:

1738   *Do sprach der videlere:*   *»wir han daz wol ersehen,*
       daz wir hie vinden vinde,   *als wir e horten iehen.*
       wir svln zv̂ den kvnigin   *hintze hove gan.*
       *so **entar** vnsere herren*   *mit strite **niemen** wol bestan.«*

1739   *Wie dike ein man dvrh vorhte*   *manigiv dinch verlat,*
       swa so vriv̇nt bi vrivnde,   *gv̂tlichen stat,*
       vn(d) hat er gv̂te sinne,   *daz er sin **niht** entv̂t.*
       schade vil maniges mannes   *wirt von sinnen wol behv̂t.*

Beim Präterito-Präsens *turren* tritt die diskontinuierliche Satznegation auf in *so entar vnsere herren mit strite niemen wol bestan* (1738,4) ›Dann wagt es niemand, unsere Herren in kriegerischer Absicht anzugreifen‹. Zusätzlich in Kontaktstellung tritt sie auf in *vn(d) hat er gv́te sinne, daz er sin niht entv̂t* (1739,3) ›wenn er vernünftig ist, wird er es nicht tun‹.

Von der diskontinuierlichen Satznegation zu unterscheiden sind ebenso seltene wie in der älteren Forschungsliteratur viel zitierte Fälle wie die Passage *daz umbe ir reise und umbe ir vart / nie nieman nihtes inne wart* (Gottfried von Straßburg, Tristan 9503 f.) ›[…] damit niemand zu irgendeinem Zeitpunkt das Geringste von ihrem Ausritt erfuhr‹. Das Fehlen des Klitikons sowie das gehäufte Auftreten der Negationsangaben *nie* (Temporalangabe), *nieman* (Nominativergänzung) und *nihtes* (Akkusativergänzung) verweisen darauf, dass hier weniger ein syntaktisches als ein stilistisches Verfahren zur besonderen Betonung des verneinten Satzinhalts vorliegt.

Schließlich verfügt das Mittelhochdeutsche über eine Reihe von spezifischen Verwendungen von Negationspartikeln, deren wichtigste die so genannte exzipierende Konstruktion oder Exzeptivkonstruktion darstellt. Dabei handelt es sich um durch das Klitikon *en-* oder *-ne* negierte abhängige Sätze im Konjunktiv, welche Ausnahmebedingungen für den Inhalt des übergeordneten Satzes formulieren: *den* [nämlich *mînen lîp*] *wil ich verliesen, sine werde mîn wîp* (NL 329,4) ›ich will sterben, wenn sie nicht meine Frau wird‹.

S	E_{Akk}	V_{fin}	E_{Nom}	V_{Inf}	A_{Mod}
	den	*wil*	*ich*	*verliesen*	=AS

AS uneingel.	E_{Nom}	Neg	V_{fin}	prädE_{Nom}
	si-	*-ne*	*werde*	*mîn wîp*

Wie die diskontinuierliche Satznegation verschwindet auch die Verwendung der Negationspartikel zum Ausdruck der Exzeptivkonstruktion mit dem Abbau der negierenden Klitika. Zunächst werden diese durch das Korrelat *danne* verdeutlicht – damit entsteht zwischenzeitlich eine diskontinuierliche Exzeptivkonstruktion. So lautet NL 329,4 in der Handschrift D (1. Hälfte 14. Jahrhundert): […] *si enwerde danne min wip*. Mit dem Wegfall des Klitikons drückt neben dem konjunktivischen Modus nur noch *danne* die Konstruktion aus wie etwa in der ›Nibelungenlied‹-Handschrift b (1437–1440), wo die fragliche Passage […] *dann sy werd mein weib* lautet. In dieser Form bleibt die exzipierende Konstruktion noch bis in die erste Hälfte des 20. Jahrhunderts erhalten (*man hängt keinen Dieb, man hätte ihn denn*).

Auf einer allgemeineren sprachhistorischen Ebene liegt es nahe, einen Zusammenhang zwischen der Profilierung der Nebensatzklammer einerseits und dem Abbau von Nebensatzkonstruktionen andererseits herzustellen, die ohne explizite Einleitung durch Pronomen bzw. Subjunktion auskommen und damit keine Nebensatzklammern bilden können.

Für das Mittelhochdeutsche gehören zu letztgenannter Kategorie neben den Exzeptivkonstruktionen v. a. uneingeleitete Konditionalsätze mit Erststellung des finiten Verbs. In der Gegenwartssprache dominiert die Konstruktion mit klammeröffnender Subjunktion *wenn* und finiter Verbform in Endstellung: *Wenn meine Tante Räder hätte, wäre sie ein Fahrrad*:

AS wenn	E_{Nom}	E_{Akk}	V_{fin}
	meine Tante	Räder	hätte

S	A_{Mod}	V_{fin}	E_{Nom}	$prädE_{Nom}$
	=AS	wäre	sie	ein Fahrrad

Daneben existiert aber auch eine Variante ohne Nebensatzklammer und mit finiter Verbform in Erststellung: *Hätte meine Tante Räder, wäre sie ein Fahrrad*. Im Mittelhochdeutschen ist die Verteilung tendenziell umgekehrt. Dominant ist die Konditionalkonstruktion ohne Nebensatzklammer, die oft durch das Korrelat *sô* im übergeordneten Satz verdeutlicht wird: *nim ich die siben hungerjâr, sô verderbent alle mîne liute von mîner schulde* [...]. (BvR I, 3):

AS uneingeleitet	V_{fin}	E_{Nom}	E_{Akk}
	nim	ich	die siben hungerjâr

S	A_{Mod} =AS (Korrelat)	V_{fin}	E_{Nom}	A_{Kaus}
	sô	verderbent	alle mîne liute	von mîner schulde

Daneben kennt das Mittelhochdeutsche aber auch schon die Konstruktion mit Nebensatzklammer, die allerdings neben der konditionalen eine mehr oder weniger ausgeprägte temporale Bedeutungsnuance aufweist: *Unde swenne ir den kerker rûmen müezet, sô hânt iu die tiuvel geleit zwô schâr.* (BvR XV,8) ›Und immer wenn ihr den Kerker verlassen müsst, haben euch die Teufel zwei Heere entgegengestellt‹.

Aufgabencode: EC

6. Einführung in die Textphilologie

6.1 Schreibung und Aussprache

6.1.1 Althochdeutsch

Die althochdeutsche Sprache ist unmittelbar nur in ihrer schriftlichen Überlieferung greifbar. Die schriftliche Niederlegung althochdeutscher Texte erfolgte mit dem lateinischen Alphabet. Das lateinische Alphabet ist eine Buchstabenschrift, deren Einzelelemente, die Buchstaben, in Beziehung zur Lautseite der Sprache und deren Einzelelementen stehen. Man nennt die zur Wiedergabe der Lauteinheiten (der **Phoneme**) verwendeten Buchstaben und Buchstabenkombinationen **Grapheme**.

Das lateinische Alphabet ist aber für die schriftliche Erfassung fremder Sprachen – in diesem Fall des Deutschen – nur bedingt geeignet, denn der Vorrat an Schriftzeichen reicht nicht aus, um die lautliche Seite der anderen Sprache vollkommen abzubilden. Die Zuordnung der Schreibweise zum gesprochenen Wort wird in der Gegenwartssprache durch die Norm der Orthographie geregelt; die Aussprache des geschriebenen Wortes folgt der Aussprachenorm.

Aus der Schreibweise allein ist jedoch auch in der Gegenwartssprache vielfach keine eindeutige Bestimmung der Aussprache möglich. Die Schreibung <v> beispielsweise hat unterschiedlichen Lautwert in den Wörtern *Vater* und *Vase*. Die Schreibungen <b>, <d> und <g> bezeichnen in anlautender und in inlautender Position, also am Wortanfang und im Wortinnern, einen anderen Laut als im Auslaut (am Wortende): *Baum, leben – Laub*; *Dach, reden – Hand*; *Golf, sagen – Weg*. Der Buchstabe *c* wird in mehreren Kombinationen verwendet: <sch>, <ch>, <ck>; die Kombination <ch> hat wiederum in verschiedenen Positionen unterschiedlichen Lautwert: *Chrom – Dach - Teich*. Der Buchstabe *e* hat sehr verschiedene Lautwerte und Funktionen, zum Beispiel in *Bett, tragen, Herd, Leib, lieb*. In allen diesen Fällen ermöglicht die Kenntnis der gesprochenen Sprache die lautliche Interpretation der geschriebenen Sprache.

Die obigen gegenwartssprachlichen Beispiele lassen bereits die Probleme erkennen, die sich bei der lautlichen Auswertung von nur geschrieben überlieferter Sprache älterer Zeiten ergeben können, zumal das Althochdeutsche nicht über eine orthographisch geregelte Normierung wie das Neuhochdeutsche verfügte. Über die grundsätzliche Schwierigkeit der lautlichen Auswertung hinaus ist im Althochdeutschen mit graphischer Variation sprachgeographischer Art (→ 1.3) und vor allem mit Schwankungen und Variantenreichtum im graphischen System selbst zu rechnen.

Die Aussprache des Althochdeutschen ist aus dem Vergleich mit der heutigen Aussprache in der deutschen Gegenwartssprache und in den Dialekten, aus der schriftlichen Überlieferung, insbesondere im Reim, und aus dem Vergleich mit verwandten Sprachen rekonstruiert. Für das Althochdeutsche ist von folgenden Verhältnissen auszugehen:

Im Vokalismus gilt: Alle Vokale sind kurz zu lesen, wenn sie nicht im Textabdruck durch einen waagerechten Strich als Langvokale gekennzeichnet sind. Die Wörter *gepurti* (Ps 28a), *namo* (T 34,6), *oba* (L 11b) enthalten also nur Kurzvokale. Die im Neuhochdeutschen eingetretene Dehnung in offener Tonsilbe (→ 2.2.5) ist bei der Aussprache des Althochdeutschen zu vermeiden. Die Langvokale des Althochdeutschen werden im Textanhang dieses Buches (Kapitel 7) *ā, ē, ī, ō, ū* geschrieben. Die **Diphthonge** *ei, ou, uo, ua, ie, ia, io* und *iu* werden als Diphthonge mit Betonung des ersten Bestandteils gesprochen, auch im Falle des *<ie>*, das im Neuhochdeutschen den Lautwert [i:] hat. Aufgrund des Wechsels zwischen den Buchstabenformen *u* und *v* im lateinischen Alphabet kann *<v>* den Lautwert *u* haben, zum Beispiel *vncin = unzin* (Ps 4b).

Hinsichtlich der Betonung der Wörter ist zu beachten, dass die Anfangsbetonung auf der Wurzel beizubehalten ist, auch wenn das Wort in einer anderen Silbe einen Langvokal hat: *'strangēta*.

Im Konsonantismus kann für eine ganze Reihe von Buchstaben in etwa von den heutigen Lautwerten ausgegangen werden, so etwa bei *<l>*, *<r>*, *<m>* und *<n>*. Ferner sind *<p>*, *<t>*, *<k>* und *<b>*, *<d>*, *<g>* als stimmlose und stimmhafte Explosive zu sprechen (Belege aus dem ›Ludwigslied‹):

<p>	:	*sprah*	*<b>*	:	*bruoder*
<t>	:	*faterlōs*	*<d>*	:	*līdan*
<k>	:	*karlemanne*	*<g>*	:	*guot*

Auch im Auslaut verweisen *<b>*, *<d>*, *<g>* im Althochdeutschen auf stimmhafte, nicht auf stimmlose Laute; die so genannte **Auslautverhärtung** tritt erst in mittelhochdeutscher Zeit ein (→ 2.1.4). Der Auslaut von *quad* (T 34,6) klingt also wie der auslautende Dental in engl. *word*, der Auslaut von *uuīg* (L 48b) wie der auslautende Velar in engl. *big*, der Auslaut von *gib* (T 34,6) wie der auslautende Labial in engl. *rob*.

Die Schreibung *<th>* bezeichnete im früheren Althochdeutschen noch einen stimmhaften Frikativ entsprechend dem heutigen englischen *th* [ð] im Artikel *the*. Die Aussprache geht dann zu *d* über. In der Tatian-Übersetzung kann schon [d] gelesen werden: *thīn* (T 34,6) = *dein*.

Neben der Schreibung *<k>* begegnet mit demselben Lautwert [k] auch die Schreibung *<c>* wie in *urancōno* (L 12a), *sculdi* (T 34,6).

Die Schreibung *<ph>* hat den Lautwert [pf] bzw. postliquid [f]: *hilph* (L 23b).

Die Schreibung *<z>* kann einerseits, wie im Neuhochdeutschen, den Lautwert [ts] repräsentieren: *zun* (Ps 7a). Andererseits kann sie auch einen *s*-Laut darstellen:

daz (Ps 8b). Mit dem Lautwert [ts] erscheint ferner auch <*c*>, so etwa *ce* neben *ze* in *cehanton* (L 53a). Im Inlaut steht <*zz*> für [ts] in *sizzen*; diese Graphie kann jedoch auch für einen *s*-Laut stehen: *uuazzar*.

Die Schreibung <*ch*> repräsentiert in manchen Fällen die Lautfolge *kch* [kch]: *chērte* (Ps 8b). In anderen Fällen wie *rīchi* (L 19b) hat <*ch*> denselben Lautwert wie im Neuhochdeutschen in entsprechender Stellung. Dieser Lautwert wird im Althochdeutschen vor Konsonant und im Wortauslaut durch bloße <*h*>-Schreibung ausgedrückt: *thūhti* (L 34a), *unsih* (T 34,6). Im Anlaut und intervokalisch (am Silbenanfang) repräsentiert <*h*> den Hauchlaut: *himile*, *giheilagōt* (T 34,6), *sihit* (L 45b).

Die Schreibung <*s*> verweist auf einen *s*-Laut (*bis*, T 34,6); die Schreibungen <*z*> und <*zz*> wie in *furlāz* (T 34,6) und *ane skiozze* (Ps 24b) bezeichnen, wie oben gesehen, ebenfalls einen *s*-Laut, der aber wohl im Althochdeutschen in der Aussprache von dem anderen *s*-Laut unterschieden wurde.

Für den Lautwert [f] standen im Althochdeutschen die Schreibungen <*f*> und <*v*> zur Verfügung, wobei <*v*> auch mit <*u*> wechseln konnte: *fone* (Ps 28a), *uolgōn* (L 36a).

<*u*> und <*v*> drücken schließlich allein und in verschiedenen Kombinationen den Lautwert [w] (Halbvokal) aus: *uuillo* (T 34,6), *vuilih* (Ps 31a), *uer* (Ps 3b), *villih* (Ps 19b).

Folgende Zusammenstellung bietet die wichtigsten Graphievarianten des Althochdeutschen, wie sie im Textanhang begegnen. Zu sprachlandschaftlich bedingten Graphiebesonderheiten zusätzlich → 1.3:

Graphie	Lautwert	Beispiel
<k>	k	*karlemanne* (L 7b)
<c>	k	*urancōno* (L 12a)
<ph>	pf, f	*gilimphit* (T 87,5) / *hilph* (L 23b)
<ch>	kch	*chērte* (Ps 7a)
<ch>	ch	*rīchi* (L 19b)
<h>	ch	vor Konsonant, im Auslaut *thūhti* (L 34a), *unsih* (T 34,6).
<h>	h	im Anlaut, intervokalisch *himile* *giheilagōt* (T 34,6).

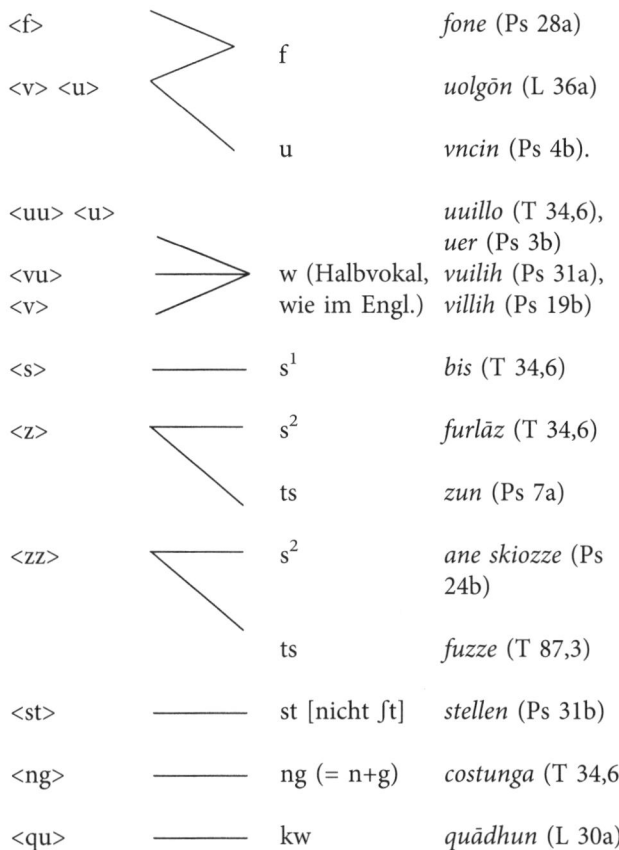

<f>		f	*fone* (Ps 28a)
<v> <u>			*uolgōn* (L 36a)
		u	*vncin* (Ps 4b).
<uu> <u>			*uuillo* (T 34,6), *uer* (Ps 3b)
<vu>		w (Halbvokal, wie im Engl.)	*vuilih* (Ps 31a), *villih* (Ps 19b)
<v>			
<s>		s^1	*bis* (T 34,6)
<z>		s^2	*furlāz* (T 34,6)
		ts	*zun* (Ps 7a)
<zz>		s^2	*ane skiozze* (Ps 24b)
		ts	*fuzze* (T 87,3)
<st>		st [nicht ʃt]	*stellen* (Ps 31b)
<ng>		ng (= n+g)	*costunga* (T 34,6)
<qu>		kw	*quādhun* (L 30a)

6.1.2 Mittelhochdeutsch

An den grundlegenden Laut-Buchstaben-Korrespondenzen ändert sich vom Alt-zum Mittelhochdeutschen wenig, sieht man einmal von der Herausbildung einer unübersehbaren, wenn auch keinesfalls regellos auftretenden Vielfalt von Schreibvarianten in der handschriftlichen Überlieferung ab. Es genügen hier wenige Bemerkungen, die in erster Linie auf Besonderheiten der Notationskonventionen in den normalisierten Textausgaben eingehen.

Langvokale sind in den normalisierten Textausgaben des Mittelhochdeutschen mit Ausnahme der gleichfalls langen Umlautgraphien <æ>, <œ> und (anders als im Ahd.) <iu> = [y:] durch superskribierten Zirkumflex markiert (*dâhte* ›dachte‹). Steht kein Zirkumflex, liegt Kurzvokal vor (*dahte* ›deckte‹).

Die mittelhochdeutschen Vokaldigraphen <ie>, <uo>, <üe> und <öu>, <ou>, <ei> bezeichnen durchweg Diphthonge, während <ie> im Neuhochdeutschen zum Zeichen für den langen Monophthong [i:] geworden ist.

In wortinitialer (*hêre*) sowie in der Mehrzahl der wortmedialen postvokalischen Positionen (*sehen*) entspricht mhd. <h> wie in der Gegenwartssprache dem Hauchlaut [h]. Wortfinal (*sprah*) sowie wortmedial in den Kombinationen <lh, rh, hs, ht> entspricht mhd. <h> dem Frikativ [x] (*solh, durh, wuohs, brâhte*), wobei <h> hier schon regelmäßig mit <ch> alterniert, das sich zur Gegenwartssprache hin durchsetzt.

Für die *s*-Laute gilt, dass <s> wie im Althochdeutschen germ. /s^1/ (z. B. *sanc*), <z> hingegen entweder aus postvokalischer Tenuesverschiebung entstandenem (ahd.) /s^2/ (z. B. *daz*) oder wortinitial (*zage*) und nach Konsonantenbuchstaben (*unz, herze*) der Affrikata [ts] entspricht.

Hinsichtlich der <s>-haltigen Digraphen <sk/sc/sch, st, sp, sl, sm, sn, sw> tritt insofern eine Veränderung gegenüber dem Althochdeutschen ein, als <sk/sc> wie die Entsprechung von nhd. <sch>, also [ʃ], ausgesprochen werden, während <s> in mhd. <st, sp, sl, sm, sn, sw> weiterhin [s] entspricht.

Aufgabencode: F48

6.2   Texterschließung mit Wörterbuch und Grammatik

6.2.1   Althochdeutsch

a) Zum Nachschlagen im ›Althochdeutschen Wörterbuch‹ von Rudolf Schützeichel
Die Einträge im ›Althochdeutschen Wörterbuch‹ sind nach dem lateinischen Alphabet geordnet. Daraus ergibt sich als Grundregel, dass zur Auffindung eines unbekannten althochdeutschen Wortes im Wörterbuch die Identifizierung von dessen Anfangsbuchstaben ausreicht. Über die in Kapitel 6.1.1 angeführten Schwierigkeiten hinaus müssen dabei einige weitere Besonderheiten beachtet werden.

So führt der Versuch, die Form *dugidi* (L 5a) unter dem Buchstaben *D* im Wörterbuch nachzuschlagen, zu keinem Erfolg. Fündig wird man hingegen unter *T*, im entsprechenden Artikel ist das fragliche Lexem dann in sämtlichen belegten Varianten aufgeführt. Außerdem sind durch entsprechende Siglen sämtliche Texte nachgewiesen, in denen das Lexem vorkommt (Die Sigle L steht beispielsweise für ›Ludwigslied‹). Unter dem Buchstaben *T* erscheint das Lexem deswegen, weil die Form *dugidi* durch nicht durchgeführte Medienverschiebung von anlautend *d-* (→ 2.1.3) charakterisiert ist; die alphabetische Einordnungspraxis des ›Althochdeutschen Wörterbuchs‹ geht aber, in Anlehnung an die neuhochdeutsche Standardsprache, von durchgeführter Medienverschiebung des Dentals aus (vgl. nhd. *Tugend*). In vielen vergleichbaren Fällen wird die Orientierung im Wörterbuch durch Verweise erleichtert.

tugid, tuged, dugid, dŭged *st. F., Tugend, Tüchtigkeit, Vortrefflichkeit, Fähigkeit; Herrschertugend; Stärke, Kraft, Macht. L. MN. NG. Ph. WH.*

aus: R. Schützeichel, Althochdeutsches Wörterbuch. 5., überarbeitete und erweiterte Auflage. Tübingen 1995, S. 288. Diese Ausgabe ist leichter handhabbar als die neueste von 2012.

Der Versuch, die Form *furiu(u)orhtōstu* (Ps 8a) bzw. den zugrunde liegenden Infinitiv *furiwurken* unter dem Buchstaben *F* nachzuschlagen, bleibt ergebnislos. Hier ist das Prinzip zu beachten, dass das Althochdeutsche Wörterbuch Präfixbildungen nicht unter dem Präfix (hier *furi-*), sondern unter der Basis (hier *-wurken*) verzeichnet. Beim Nachschlagen von *furiwurken* zeigt sich außerdem, dass das Verb ausschließlich in ›Psalm 138‹ vorkommt:

> ane**wurkan,** *anbringen. WH.*
> furi**wurken,** *versperren. Ps.*
> gi**wurchen,** ga- ka-, ke-, gawurchan, chi-,
>   *tun (er)schaffen; vollbringen, machen;*
>   *hervorbringen. I. MF. N. W. WK.*
> ar**wurchen,** *hervorbringen. MF.*

aus: R. Schützeichel, Althochdeutsches Wörterbuch. 5., überarbeitete und erweiterte Auflage. Tübingen 1995, S. 332.

b) Grammatische Problemfälle im Text
In Kapitel 3 des vorliegenden Arbeitsbuchs wird althochdeutsche Flexionsmorphologie als ein System vermittelt, das weitgehend von funktionalen, zeitlichen, geographischen und anderen Variationsfaktoren abstrahiert. In der althochdeutschen Textüberlieferung sind solche vom abgeleiteten System abweichenden Varianten aber an der Tagesordnung. Behandelt und verzeichnet werden diese Abweichungen in Spezialuntersuchungen und Handbüchern, in der für Studierende am leichtesten zugänglichen Form in der ›Althochdeutschen Grammatik‹ von W. Braune (Bd. I und II, Tübingen 2004).

Die Form *Quādhun* (L 30a) etwa lässt sich als 3. Person Plural Indikativ Präteritum des stV. *quedan* (AR V) bestimmen. Sie weist insofern einen vom System abweichenden und damit erklärungsbedürftigen wurzelschließenden Konsonantismus auf, als bei einer Form des Präteritum Plural eigentlich grammatischer Wechsel *d/t* zu erwarten wäre. Die systemgerechte Form müsste dementsprechend *quātun* lauten. Klärung verschafft die ›Althochdeutsche Grammatik‹, wo es zu *quedan* und anderen Fällen heißt:

»Der für die Tempusunterscheidung unnötige (funktionslose) gramm. Wechsel wird oft durch Ausgleich beseitigt, indem entweder der Konsonant des Präs.

oder des Prät. durchgeführt wird. Dieser Ausgleich ergreift während der ahd. Periode mehrere der obengenannten Verben, z. B. *lësan, ginësan, quëdan, mīdan, findan, wërdan, wīhan, swëlhan, heffen.*« (§ 328, Anm. 1)

In anderer Weise erklärungsdürftig ist die Form *ginīgo* (Ps 6b), die aufgrund morphologischer Kriterien und unter Berücksichtigung des Kontexts als 1. Person Singular Indikativ Präteritum des stV. *ginīgan* (AR Ia) bestimmt werden kann. Laut Flexions**paradigma** wäre an dieser Stelle allerdings die Flexionsendung *-u* statt *-o* zu erwarten. Die Erklärung findet sich wieder in der Althochdeutschen Grammatik:

> »Die Endung der 1. Sg. ist bei den stV. und swV. I. *-u* (idg. *-ō*), das nach dem 9. Jh. zu *-o* wird (§ 58.2A).« (§ 305)

Die Form *uuolda* (L 9b) lässt sich aufgrund ihrer Morphologie (lenisiertes Dentalsuffix *-d-*, Flexionsendung *-a*) sowie unter Berücksichtigung des Kontextes (*god* ist Subjekt) als 3. Person Singular Präteritum des besonderen Verbs ahd. *wellen* bestimmen. Identischen Stamm und gleichfalls lenisiertes Dentalsuffix *-d-* besitzt die Form *Uuolder* (L 43a), eine Endung *-er* weist das einschlägige Flexionsparadigma jedoch nicht auf. Die Sequenz *-er* muss also anders erklärt werden. Dabei hilft der Umstand, dass das ›Ludwigslied‹ einige vergleichbare Formen wie *gideilder* (L 7a) oder *Uuuisser* (L 21b) aufweist, die aufgrund von Morphologie und Kontext als Verbformen erkennbar sind, am Wortende aber als verbale Flexionsendung nicht erklärbares *-er* zeigen. Bei Letzterem handelt es sich tatsächlich um das Personalpronomen *er*, das sich unter bestimmten Umständen mit dem vorausgehenden Wort zusammenschließt. Dieses Phänomen wird als Klitisierung bezeichnet, ist auch aus mündlich geprägten Varietäten der Gegenwartssprache bekannt (*hatter nich* < *hat er nicht*) und erfährt in der ›Althochdeutschen Grammatik‹ folgende Beschreibung (§ 283, Anm. 2):

> »Das Pronomen der 3. P. gibt hinter starkbetonten Wörtern meist seinen eigenen Starkton auf und wird dem vorhergehenden Wort enklitisch angeschlossen.«

Mit derart geschärftem Blick für die Klitisierung, die am Wortanfang (Proklise) oder -ende (Enklise) auftreten kann, fällt bei einer Durchsicht der althochdeutschen Texte auf, dass das Phänomen nicht auf Pronomen der 3. Person beschränkt ist, sondern auch bei Pronomen der 1. Person, so etwa bei *uuillih* (L 36a, Ps 16a) < *uillu ih* und *mahtih* (Ps 12b) < *mahta ih*, bei Pronomen der 2. Person (*furiuuorhtōstu* (Ps 8a) < *furiuuorhtōs du*) und keinesfalls nur im Nominativ des Personalpronomens vorkommt (vgl. den Genitiv Singular der 3. Person in *dūs* (Ps 7b) < *dū es*).

6.2.2 Mittelhochdeutsch

a) Wörterbücher

Die für die lexikalische Erschließung mittelhochdeutscher Texte konzipierten Wörterbücher, die im Folgenden knapp vorgestellt werden, stellen Sonderfälle zweisprachiger Bedeutungswörterbücher dar. Die Sprache der Stichwörter, der so genannten Lemmata, ist eine ältere Stufe der Sprache der Bedeutungsangaben, der so genannten Interpretamente. Die Anordnung der Lemmata erfolgt in erster Linie nach dem lateinischen Alphabet. Neben reinen Beutungswörterbüchern gibt es unter den mittelhochdeutschen Sprachstufenwörterbüchern auch Belegwörterbücher.

w>Als Belegwörterbücher bezeichnet man lexikographische Hilfsmittel, die nicht allein den Lemmata Interpretamente zuordnen, sondern diese Zuordnung durch die Nennung von Belegstellen aus Texten explizit und damit für den Benutzer nachprüfbar machen. Für das Mittelhochdeutsche existieren zwei wichtige Belegwörterbücher, zum einen das ›Mittelhochdeutsche Wörterbuch‹ von Georg Benecke, Wilhelm Müller und Friedrich Zarncke (Leipzig 1854–1866), kurz BMZ, zum anderen das ›Mittelhochdeutsche Handwörterbuch‹ von Matthias Lexer (Leipzig 1872–1878), der so genannte ›große Lexer‹, das neben seinem Eigenwert auch »als Supplement und alphabetischer Index« zum BMZ konzipiert ist, da Letzteres seine Lemmata dem Usus der zeitgenössischen historisch-vergleichenden Sprachwissenschaft gemäß nach etymologischen Kriterien ordnet. So findet man das mhd. stV. *ezzen* im BMZ nicht unter *E*, sondern unter *I* (vgl. die 1. Person Singular Indikativ Präteritum mhd. *ih izze*). Dieses Verfahren weist bereits darauf hin, dass die mittelhochdeutschen Belegwörterbücher auf Spezialisten als Benutzer abzielen – dies gilt auch für die seitdem publizierten Ergänzungen und Neuansätze: 1878 erschienen die ›Nachträge zum mittelhochdeutschen Handwörterbuche‹ von Lexer, 1990 ein alphabetischer Index zum BMZ und 1992 das ›Findebuch zum mittelhochdeutschen Wortschatz‹ von Kurt Gärtner u. a., welches die seit 1878 erschienenen lexikographischen Teile von Textausgaben u. ä. auswertet. Seit 2002 sind die bisher genannten Belegwörterbücher in einer Verbunddatenbank integriert, die in reduzierter Form auch im Internet benutzbar ist (→ 6.3). Seit 2006 schließlich erscheint das neue ›Mittelhochdeutsche Wörterbuch‹ (MWB), das mittelfristig die lexikographischen Hilfsmittel des 19. Jahrhunderts ablösen soll.

Um neben den Interessen von Spezialisten auch den Bedürfnissen des akademischen Unterrichts Rechnung zu tragen, ließ M. Lexer sein ›Handwörterbuch‹ ab 1879 unter dem Titel ›Mittelhochdeutsches Taschenwörterbuch‹ als reines Bedeutungswörterbuch, d. h. um den Belegteil reduziert, erscheinen. Diese Fassung erlebte bis 1992 38 Auflagen, seit der 29. Auflage (1959) wurden Zusätze nicht mehr in den laufenden Text eingearbeitet, sondern erschienen in den sogenannten ›Nachträgen‹, einem ›Wörterbuch im Wörterbuche‹, das in den letzten Auflagen ca. ein Drittel des Gesamtumfangs des ›Taschenlexer‹ einnahm, so dass Benutzer Wörter oft doppelt nachschlagen mussten. So findet sich etwa *prîmezît* (BvR I, 14) im ›Taschenlexer‹ lediglich in den ›Nachträgen‹ (S. 436). Dieser Mangel an Benutzungskomfort war einer der Hauptgründe für die Neukonzeption des Lexerschen Taschenwörterbuchs, die Beate Hennig seit 1993 in teilweise, seit der 3. Auflage (1998) in vollständig revidierter Form als ›Kleines Mittelhochdeutsches Wörterbuch‹ publiziert. Einige für den Benutzer besonders relevante Aspekte der Neukonzeption seien abschließend kurz an Passagen aus dem Textanhang illustriert.

Abgesehen von dem mit der Aufgabe der Zweiteilung in Hauptteil und ›Nachträge‹ verbundenen Zugewinn an Handhabbarkeit betreffen die Neuerungen v. a. die Bedeutungsangaben. Diese sind bei B. Hennig zum einen enzyklopädischer als bei Lexer und damit für mit vormoderner Kultur noch nicht vertraute Benutzer zugänglicher. Für *prîm(e)zît* (s. o.) gibt Lexer ›erste kanonische stunde‹ an. Um aus diesem Interpretament Gewinn zu ziehen, muss der Benutzer das System der kanonischen Gebetsstunden kennen. Bei B. Hennig lautet die Bedeutungsangabe hingegen ›Zeit des Morgengebets [Prim, kanonische (Gebets)Stunde, 6 Uhr morgens]‹ (S. 256).

Zweitens merkt man den Bedeutungsangaben bei Lexer häufig nicht nur auf graphischer, sondern v. a. auf lexikalischer Ebene ihre Herkunft aus dem 19. Jahrhundert an. So finden sich für *muoshûs(e)* (BvR XV, 31) im ›Taschenlexer‹ (S. 145) die Angaben ›speisehaus; speisesaal‹. ›speisesaal‹ passt für die vorliegende Passage nicht, ›speisehaus‹ hingegen wird in gegenwartssprachigen Wörterbüchern entweder als veraltet bzw. regional gekennzeichnet oder kommt überhaupt nicht vor. Die einzige im fraglichen Kontext passende standardsprachliche Bedeutungsangabe ›Gasthaus‹ findet sich allein bei B. Hennig (S. 231).

Schließlich zeigt sich in Lexers Taschenwörterbuch des Öfteren die Tendenz, so genannten ›falschen Freunden‹ unzureichende oder gar irreführende Bedeutungsangaben zuzuweisen. Das Adjektiv *ungetriuwe* (BvR XV, 34; NL 988, 4b) hat laut Taschenlexer (S. 252) die dem Lemma lautähnlichen Bedeutungen ›untreu; treulos‹. Damit wird das Bedeutungsspektrum dieses Zentralbegriffs der mittelalterlichen Sozialordnung ganz auf seinen – in der Gegenwartssprache vorherrschenden – individuellen Aspekt reduziert (›untreuer Ehemann‹). Der Tatsache, dass mhd. *triuwe* und das davon abgeleitete negierte Adjektiv *ungetriuwe* in erster Linie und auch in beiden hier zitierten Vorkommensfällen kollektiv bestimmte Werte der Feudalgesellschaft bezeichnen, wird allein von den Bedeutungsangaben bei Hennig (S. 372) Rechnung getragen: ›treulos; verräterisch, heimtückisch, falsch; unrechtmäßig‹.

b) Grammatik

Die Form *dahte* (NL 2037, 2a) kann als 3. Person Singular Indikativ Präteritum eines schwachen Verbs bestimmt werden. Ihr Wurzelvokalismus ist durch den Kurzvokal *a* von der Form *gedâhte* (BvR I, 3) unterschieden. *gedâhte* gehört zu *gedenken* (→ 4.1.2). Bei der Bildung des Infinitivs zu *dahte* ist (wegen des Wurzelvokals *a* und wegen des fehlenden **Bindevokals**) davon auszugehen, dass in *dahte* **Rückumlaut** vorliegt, der Infinitiv also mit Umlaut anzusetzen ist. Ein Infinitiv **dehen* lässt sich aber im Wörterbuch nicht nachweisen. Das Wortregister der Mittelhochdeutschen Grammatik von H. Paul führt die Form *dahte* nicht auf.

Einen Weg zur Identifizierung der Form bietet der Kontext, insbesondere die dabeistehende Präpositionalergänzung *mit dem schilde*. Im Kampfgeschehen, das ja den zweiten Teil des ›Nibelungenlieds‹ wesentlich prägt, dienen Schilde den Kombattanten gewöhnlich dazu, sich zu schützen oder sich zu bedecken, was einen Infinitiv *decken* vermuten lässt. Unter diesem Lemma wird im ›Mittelhochdeutschen Taschenwörterbuch‹ auch die Präteritumsform *dahte* aufgeführt. In der ›Mittelhochdeutschen Grammatik‹ führt das Wortregister unter *decken* für den Aspekt *ct – ht* zu § L 66 Anm. Dort heißt es mit Bezug auf den primären Berührungseffekt (→ 2.1.2):

Anm.: Anders zu erklären ist, dass die swV. mit /ck/ im Präs. das Prät. und Part. mit *ht* [xt] neben *ct* bilden: *dahte, gedaht – dacte, gedact* von *decken; strahte – stracte* von *strecken; strihte – stricte* von *stricken; druhte – dructe* von *drücken; marhte – marcte* von *merken.* Ahd. hieß es auch: *knufta, stafta* von *knüpfen, stepfen,* mhd. nur *knupfte, stapfte.* Die Formen mit Frikativ sind die älteren; sie sind Verschiebungsprodukt der einfachen Tenuis, die im Prät., wo kein /j/ vorlag, vorahd. nicht geminiert worden war; die Verschlußlaute beruhen auf Ausgleich mit dem Präs. (vgl § L 68; Ahd. Gr. I, § 362, Anm. 1; anders Fourquet 1954, 9 f., mit Blick auf parallele Erscheinungen im As. u. Ags.; vgl. auch § M 89, § M 68). Erst spätmhd. (bes. alem.?) ist der Übergang des *z/ʒ* in *s* in *saste, kraste, swiste* usw. für *sazte, krazte, swizte*; zu *saste, gesast* im Reim vgl. Zwierzina 1901, 47; Schirokauer 1923, 23; zu vornehml. alem. *saste, gesast* in Urk. des 13. Jh.s s. WMU 2, 1559.

aus: H. Paul, Mittelhochdeutsche Grammatik. 25., neubearbeitete A. Tübingen 2007, § L 66, S. 125 f.

Das heißt: Der Infinitiv *decken* aus **þakjan* enthält durch folgendes *j* geminiertes *kk*, das außer im südlichen Oberdeutschen in der 2. Lautverschiebung bewahrt blieb und graphisch durch <*ck*> bezeichnet wird. Im Präteritum stand ursprünglich der Bindevokal *i*, so dass kein primärer Berührungseffekt eintreten konnte: **þak-i-da*. Das *i* fiel aus, bevor der Umlaut eingetreten war: **þak-da*. In dieser Position ohne nachfolgendes *j* trat auch keine Gemination ein, so dass einfaches postvokalisches *k* in der 2. Lautverschiebung zu Doppel-*h* wurde, das im Morphemauslaut vereinfacht wurde: *dah-te*. Die im Mittelhochdeutschen daneben auftretende Form *dacte* passt das Präteritum im Konsonantismus wieder an das Präsens an. Im Neuhochdeutschen ist dann auch der Rückumlaut aufgehoben und eine völlig regelmäßige Formenbildung erreicht: *decken – deckte*.

Das Beispiel kann veranschaulichen, wie man sich mithilfe der derzeit maßgeblichen wissenschaftlichen Grammatik des Mittelhochdeutschen Klarheit über problematische grammatische Formen verschaffen kann. Das vorliegende Arbeitsbuch kann die umfassende Dokumentation und Diskussion der großen Grammatiken keineswegs ersetzen. Auf diese Grammatiken muss daher immer wieder im Einzelfall zurückgegriffen werden.

Aufgabencode: F4C

6.3   Digitale Angebote zum Alt- und Mittelhochdeutschen

6.3.1   Grundsätzliches

Digitale Angebote, die für die Arbeit mit älteren Sprachstufen und für die Einführung in das Alt- und Mittelhochdeutsche nützlich sind, gibt es zahlreiche. Die sprichwörtliche Dynamik des digitalen Mediums, sowohl was Offline-Produkte (auf CD-ROM oder DVD-ROM), insbesondere aber auch Online-Angebote im Web betrifft, macht eine vollständige Übersicht oder detaillierte Darstellung und Wertung auch nur ausgewählter Beispiele im Rahmen dieser Einführung unmöglich, daher sollen im Folgenden nur einige zentrale Angebote herausgegriffen und vorgestellt werden. Darüber hinaus sollen Bewertungskriterien formuliert werden, die generell für digitale Publikationen gelten können. Für die hier zu berücksichtigenden Angebote scheinen sie jedoch besonders relevant, denn es ist festzustellen, dass für einige historische Themenfelder, insbesondere für die Epoche des Mittelalters oder gar für die Vorgeschichte des Deutschen, für die Zeit und die Kultur der Germanen, zahllose laienhafte, häufig sogar unseriöse und fragwürdige Angebote im Netz zu finden sind. Kriterien für eine solide Einschätzung des wissenschaftlichen Wertes und der wissenschaftlichen Redlichkeit des jeweiligen Angebots sind daher eine Grundvoraussetzung für die adäquate Benutzung solcher Ressourcen.

In diesem Zusammenhang ist auch ein Wort zur ›Wikipedia‹ und ähnlichen Angeboten (›Wiktionary‹, ›Wikisource‹ etc.) angebracht.[1] Untersuchungen bescheinigen insbesondere der deutschen Wikipedia zwar eine ähnlich gute Qualität wie gedruckten Lexika,[2] jedoch sind die Forschungen dazu noch am Anfang und die Urteile zu differenzieren: Die Qualität mancher Artikel kann je nach Bearbeitungsstatus beträchtlich schwanken, daher sollte zur Absicherung unbedingt auch die *Versionsgeschichte* bzw. der *Diskussionsverlauf* konsultiert werden. Da die Artikel in der Regel unter *Nicknames* und eben kollaborativ verfasst werden, ist eine Angabe des Autors und damit eine Einschätzung seiner fachlichen Qualifikation(en) zumeist nicht möglich. Dennoch finden sich gute und verlässliche Artikel für eine erste und schnelle Information, zumeist in den faktenorientierten oder tagesaktuellen Themenbereichen, häufig kann die Qualität jedoch auch weniger gut sein und

---

1 www.wikipedia.org; http://de.wiktionary.org/; http://de.wikisource.org; Zur Kritik am Konzept der »Relevanz« (http://de.wikipedia.org/wiki/Wikipedia:Relevanzkriterien) und der »Redakteure« s. z.B. Torsten Kleinz: Wikipedia: Der Kampf um die Relevanz, in: c't Magazin 30.10.2009, http://heise.de/-846332. Tipps und Hinweise zur Beurteilung der Artikelqualität findet man auf zahlreichen didaktisch-pädagogischen Websites oder Bildungsservern, z.B. www.bildungsserver.de. Alle in diesem Kapitel angeführten Websites wurden zuletzt eingesehen am 22.3.2011.

2 Vgl. z.B. Daniela Pscheida: Das Wikipedia-Universum. Wie das Internet unsere Wissenskultur verändert, Bielefeld 2010 (Reihe Kultur- und Medientheorie); Henrik Grotjahn: Qualitätsmessungen an der Wikipedia: Konstruktion von Qualität – eine Metaanalyse, Saarbrücken 2007; Julian Thomas Fath: Qualität und Herstellungsbedingungen der deutschsprachigen Wikipedia. Diplomarbeit Hochschule Magdeburg-Stendal (FH), Fachbereich Kommunikation und Medien, Bereich Journalistik/Medienmanagement. Hochschulschrift 2009.

in ihrem Informationswert sowie in der Darstellungs- und Erläuterungstechnik weit hinter den etablierten sprach- und literaturwissenschaftlichen oder historischen Handbüchern zurückstehen. Häufig basieren sogenannte gute Artikel auf Artikeln aus gedruckten Lexika. Solange die Probleme des Qualitätsmanagements bei ›Wikipedia‹ nicht gelöst sind, kann nur zu kritischer Vorsicht bei der Benutzung geraten, von der wissenschaftlichen Verwendung und Zitierung abgeraten und auf die gängigen, wissenschaftlich redaktionell betreuten Handbücher des Faches verwiesen werden. Von diesen sind zahlreiche mittlerweile ebenfalls elektronisch publiziert und damit vom heimischen Schreibtisch aus gut zugänglich.[3]

Websites werden immer – soweit möglich – unter Nennung ihres Autors und mit dem Datum des letzten Zugriffs referenziert; dabei sollten Persistent Identifier (PI) berücksichtigt werden.[4]

6.3.2 Zentrale Portale

Für die wissenschaftliche, überregionale Informationsversorgung in Deutschland, wozu auch die Verzeichnung, Bewertung und ggf. Archivierung und Pflege netzbasierter Angebote gehören, sind wissenschaftliche Bibliotheken zuständig. Die fachlichen Zuständigkeiten sind derzeit noch[5] je nach Bestand und Fächerkompetenz auf das System der sog. Sondersammelgebiets-Bibliotheken (SSG) abgebildet, die damit eine dezentrale virtuelle Forschungsbibliothek bilden. Fachbezogene detaillierte Informationen erhält man daher am besten bei der zuständigen SSG-Bibliothek, z. B. für die ›Germanistik, Deutsche Sprache und Literatur‹ bei der Frankfurter Universitätsbibliothek Johann Christian Senckenberg, für die Geschichte Deutschlands, Österreichs und der Schweiz (einschließlich Mittelalter und Historische Hilfswissenschaften) an der Bayerischen Staats- und Universitätsbibliothek München usw.[6] Des Weiteren haben entsprechende wissenschaftliche Institute häufig gemeinsam mit Bibliotheken fach- oder themenspezifische Angebote aufgebaut, historische oder wissenschaftliche Bestände retrodigitalisiert oder parallel gedruckt und digital oder genuin digital publiziert. Wegweiser dorthin sind die virtuellen Fachbibliotheken oder Fachportale.

---

3 In diesem Zusammenhang ist auch das von der Deutschen Forschungsgemeinschaft finanzierte Programm der »Nationallizenzen« zu nennen, das kostenpflichtige Verlagsprodukte für wissenschaftliche Nutzer verfügbar macht: www.nationallizenzen.de.
4 www.persistent-identifier.de/.
5 Das System der SSG-Bibliotheken wird sukzessive in ein Fachinformationssystem (FIS) überführt; vgl. http://www.dfg.de/foerderung/programme/infrastruktur/lis/lis_foerderangebote/fachinformations-dienste_wissenschaft/ueberfuehrung_sondersammelgebiete/index.html
6 Grundlegende Informationen z. B. über das DFG-Papier http://www.dfg.de/download/pdf/foerderung/programme/lis/richtlinien_lit_versorgung_ssg.pdf; Überblick über die Zuständigkeiten z. B. unter http://webis.sub.uni-hamburg.de/.

a) Mediaevum – www.mediaevum.de
Seit vielen Jahren hat sich dieses gut betreute und gepflegte, als Privatinitiative und mittlerweile in eine GbR überführte mediävistische Fachportal etabliert,[7] das nicht nur als zuverlässiger Wegweiser zu fachspezifischen Angeboten wie digitalen Publikationen, Hilfsmitteln und Datenbanken dient, sondern auch Aufgaben der Kommunikation innerhalb der Fachcommunity übernimmt: Dazu gehören Funktionalitäten wie die von der Community selbst gepflegte Projektdatenbank, ein Tagungskalender, ein Stellenmarkt oder ein Diskussionsforum mit zahlreichen, auch für Anfänger interessanten Themenknoten. Besonders hervorzuheben sind am Bedarf von Studierenden orientierte Einführungen und Bibliographien zu einigen Kanonautoren und -themen, die verbunden sind mit einem Buch-Bestellservice beim Internetbuchhändler.

b) Germanistik im Netz – www.germanistik-im-netz.de
Die ›Virtuelle Fachbibliothek Germanistik‹ enthält die klassischen Dienste solcher Angebote: eine parallele Literaturrecherche, die ausgewählte Bibliothekskataloge, Fachbibliographien wie die ›Bibliographie der deutschen Sprach- und Literaturwissenschaft (BDSL) online‹ und Verzeichnisse von Internetquellen umfasst, Neuerscheinungs- und Neuerwerbungsdienst, Zeitschriftendienst, aktuelles GermanistInnenverzeichnis sowie einen Dokumentenserver u. a. m. Anfängerinnen und Anfänger sollten sich dringend mit der Nutzung dieses Angebots vertraut machen.

6.3.3 Fachspezifische Angebote (exemplarisch)

a) Wörterbücher und Lexika
Einen Überblick über die wissenschaftlichen Wörterbücher, die zumeist von den deutschen Wissenschaftsakademien erstellt wurden und werden, gibt das Wörterbuchportal, das von der Berlin-Brandenburgischen sowie der Heidelberger Akademie der Wissenschaften betreut wird.[8] Es beinhaltet nicht nur eine Linkliste zu den entsprechenden Vorhaben, sondern auch eine übergreifende Suchmöglichkeit über verschiedene Volltextwörterbücher.

Die Wörterbücher zum Mittelhochdeutschen (→ 6.2.2) sind digital besonders gut aufbereitet und zugänglich. Die drei aufeinander bezogenen abgeschlossenen Wörterbücher zum Mittelhochdeutschen (Benecke/Müller/Zarncke, Lexer und das ›Findebuch‹) sind volltextdigitalisiert, untereinander verknüpft und voll recherchierbar sowohl als Verlagsprodukt auf CD-ROM als auch online frei im Netz zugänglich und stehen nicht nur für die Nachschlagearbeit beim Übersetzen, sondern auch als differenziert durchsuchbare Datenbank für linguistische Arbeiten zur Verfügung.[9]

---

7 Herausgeber sind Sonja Glauch (Universität Erlangen-Nürnberg), Joachim Hamm (Universität Würzburg) und Michael Rupp (KIT).
8 www.woerterbuch-portal.de/; letztes Update Oktober 2008.
9 Georg Friedrich Benecke – Wilhelm Müller – Friedrich Zarncke, Mittelhochdeutsches Wörterbuch,

Das neue ›Mittelhochdeutsche Wörterbuch‹[10] wird vollständig digital erarbeitet und mit einer moderaten *Moving wall* von sechs Monaten nach Erscheinen der jeweiligen Lieferung frei im Netz publiziert. Diese Publikation ist nicht allein mit dem digitalen Quellenarchiv, sondern auch mit den älteren Wörterbüchern verknüpft, so dass die Hilfsmittel zum Mittelhochdeutschen hervorragend zugänglich sind. Auf eine solche Repräsentation im Netz warten die Nachschlagewerke für das Althochdeutsche[11] und das Frühneuhochdeutsche noch.

Bis zu einem gewissen Grad kann auch das ›Grimmsche Wörterbuch‹ für die älteren Sprachstufen herangezogen werden; der ursprüngliche Plan sah eine Dokumentation der deutschen Sprache ab ca. 1450 vor,[12] sehr häufig reichen die Belege und Beschreibungen jedoch bis ins Alt- und Mittelhochdeutsche zurück bzw. umfassen im Etymologieteil auch die Vorgeschichte. Dies lässt sich am Beispiel des nur bis ins 16. Jahrhundert belegten Adjektivs *michel* zeigen (→ NL 992,4a im Textanhang):

Nach der Bedeutungsangabe und einem Überblick über die Formen in älteren germanischen Sprachstufen und indogermanischer Verwandtschaft erhält man Angaben über die zeitliche und räumliche Verbreitung des Wortes, das nach Auskunft des Wörterbuchs nur bis ins Mittelalter allgemein, danach im 15. und 16. Jh. nur noch im Oberdeutschen bezeugt ist. Einige (in der Abbildung nicht sichtbare) Belege stammen aus mittelhochdeutschen Texten und können für den Vergleich mit der genannten ›Nibelungenlied‹-Stelle gut herangezogen werden.

Sowohl die Wörterbücher zum Mittelhochdeutschen als auch der ›Digitale Grimm‹ sind in der Webversion frei zugänglich und ähnlich aufgebaut. Über ein einfaches Suchfeld können Stichwörter nachgeschlagen werden, die Volltextsuche ermöglicht darüber hinaus Suchanfragen über den gesamten Wörterbuchtext. Die Internetversionen sind bis auf Band- und Spaltenebene zitierfähig, da sie die entsprechenden Buchreferenzen mitführen. Um diese Werkzeuge effizient nutzen zu können, ist es notwendig, sich sowohl mit den Strukturen und Prinzipien der Wörterbücher als auch den Möglichkeiten der Technik vertraut zu machen.[13]

I–III, Leipzig 1854–1866, Nachdruck Stuttgart 1990; Matthias Lexer, Mittelhochdeutsches Handwörterbuch, I–III, Leipzig 1872–1878, Nachdruck Stuttgart 1992; Kurt Gärtner – Christoph Gerhardt – Jürgen Jaehrling – Ralf Plate – Walter Röll – Erika Timm – Datenverarbeitung Gerhard Hanrieder, Findebuch zum mittelhochdeutschen Wortschatz. Mit einem rückläufigen Index, Stuttgart 1992; Mittelhochdeutsche Wörterbücher im Verbund. Die wichtigsten lexikographischen Hilfsmittel für das Studium älterer deutscher Texte auf CD-ROM. Herausgegeben von Thomas Burch, Johannes Fournier, Kurt Gärtner, Stuttgart 2002; Internetversion: www.mwv.uni-trier.de oder über www. woerterbuchnetz.de.

10 Mittelhochdeutsches Wörterbuch, hrsg. von Kurt Gärtner, Klaus Grubmüller und Karl Stackmann. Bd. 1 f., Stuttgart 2006 ff.; Aktuell (Juli 2015) Bd. 2, Lieferung 1/2; Online-Angebot unter www. mhdwb-online.de/.

11 Ein digitale Version des Leipziger Althochdeutschen Wörterbuchs wird derzeit in Trier vorbereitet. Das im Netz zugängliche Althochdeutsche Wörterbuch von Gerhard Köbler ist von zweifelhafter Qualität und kann für die wissenschaftliche Beschäftigung nicht empfohlen werden.

12 Deutsches Wörterbuch von Jacob Grimm und Wilhelm Grimm; Online-Ausgabe unter www.dwb. uni-trier.de. Zum Plan vgl. das Vorwort, Bd. 1, 1854, S. XXXIV.

13 Die CD-ROM-Verlagsprodukte bieten Such- und Arbeitsmöglichkeiten, die über diejenigen der

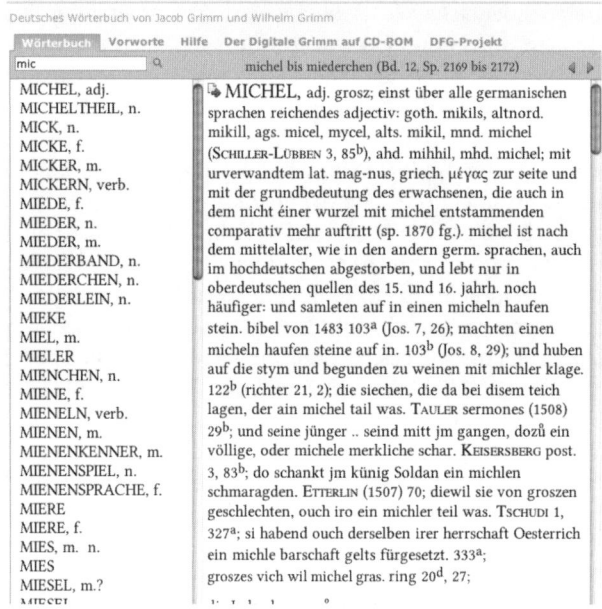

Als ein Spezialwörterbuch sei hier noch das ›Deutsche Rechtswörterbuch‹ erwähnt, das den Wortschatz der Sprache des Rechtslebens vom Beginn der schriftlichen Überlieferung im 5. Jahrhundert in merowingischen Urkunden bis hin zu Goethe erfasst und dabei die westgermanischen Varietäten berücksichtigt. Dank seiner Vernetzung mit anderen digitalen Wörterbüchern, insbesondere aber mit seinem Quellenarchiv wird das Online-Angebot des DRW zu einem umfassenden Informationssystem ausgebaut.[14]

Andere zentrale Nachschlagewerke unseres Fachs sind z. T. (noch) nicht digital verfügbar wie das ›Verfasserlexikon‹ oder nur als kostenpflichtige Verlagsprodukte erhältlich wie das ›Lexikon des Mittelalters‹. Als gemeinsam durchsuchbares Angebot frei zugänglich sind dagegen die ›Allgemeine Deutsche Biographie‹ sowie die ›Neue Deutsche Biographie‹, die ebenfalls Artikel zu mittelalterlichen Persönlichkeiten und Dichtern enthalten.[15] Eine aktuell gehaltene Übersicht findet man beim erwähnten Portal ›Mediaevum‹ oder über die übrigen Informationskanäle.

Internetversionen hinausgehen. Auch dafür gilt, dass der Umgang mit diesen Werkzeugen spezifisch erlernt werden muss, um das Potenzial ausschöpfen zu können.

14 Die berücksichtigten Varietäten sind: Frankolateinisch, Altenglisch, Altfriesisch, Altsächsisch, Mittelniederländisch, Mittelniederdeutsch, Althochdeutsch, Mittelhochdeutsch, Frühneuhochdeutsch und Neuhochdeutsch; online unter drw-www.adw.uni-heidelberg.de/drw/.

15 www.deutsche-biographie.de/; gemeinsames Projekt der Historischen Kommission bei der Bayerischen Akademie der Wissenschaften und der Bayerischen Staatsbibliothek.

b) Quellen, Handschriften und Editionen

In diesem Bereich gibt es eine besonders dynamische Entwicklung, daher ist auf die gepflegten Linklisten bei mediaevum.de sowie auf das Zentralverzeichnis digitalisierter Drucke ZVDD[16] zu verweisen. Bibliotheken, Archive und Museen arbeiten daran, nicht allein die Kataloge, Findbücher und Verzeichnisse, sondern die Quellen selbst ins Netz zu stellen. Aktuelle Editionsprojekte werden in der Regel digital erstellt und beinhalten neben der Druckedition zumeist auch eine digitale Publikationskomponente. Aufgrund der Fülle des Angebots können hier nur exemplarisch einige recht bekannte umfangreiche Sammlungen, Initiativen und Mustereditionen vorgestellt werden, die frei im Netz verfügbar sind. Auf kostenpflichtige Verlagsprodukte wird nicht weiter eingegangen.

Manuscripta Mediaevalia – www.manuscripta-mediaevalia.de
Für fortgeschrittene Studierende und Handschriften-Forschende ist die Bündelung der Bestandserhebung und -beschreibung im Portal ›Manuscripta Mediaevalia‹ zur zentralen Anlaufstelle geworden. Es erlaubt die gezielte Recherche nach mittelalterlichen Handschriften in deutschen Bibliotheken und Archiven (derzeit mehr als 90.000 Dokumente zu abendländischen Handschriften hauptsächlich in deutschen Bibliotheken) und enthält darüber hinaus zahlreiche digitalisierte Handschriftenkataloge und Links zu Handschriftendigitalisaten. Neuere Katalogisierungs- und Handschriftendigitalisierungsprojekte liefern standardmäßig ihre Daten an das Portal, so dass das Angebot laufend erweitert und vervollständigt wird.

Marburger Repertorium und Paderborner Repertorium (www.handschriftencensus.de)
Das vom Institut für deutsche Philologie des Mittelalters der Philipps-Universität Marburg betreute ›Repertorium deutschsprachiger Handschriften des 13. und 14. Jahrhunderts‹ erschließt die entsprechenden Bestände.[17] Ziel ist ihre vollständige Verzeichnung, wobei unvollständige Angaben ständig ergänzt und präzisiert werden. Differenzierte Suchmöglichkeiten, übersichtliche und standardisierte Darbietungen der Beschreibungen sowie aktuelle Links zu Digitalisaten machen das Repertorium zu einem hervorragenden Arbeitsmittel, das auch für Studierende geeignet ist.

Das ›Paderborner Repertorium der deutschsprachiger Textüberlieferung des 8. bis 12. Jahrhunderts‹ ergänzt das Marburger Repertorium und verwendet dessen datentechnische Grundlage, daher sind Aufbau und Suchmöglichkeiten vergleichbar.[18] Auch hier ist die vollständige Verzeichnung der rund 300 deutschsprachigen

---

16 www.zvdd.de; das Nachweisportal für in Deutschland erstellte Digitalisate von Druckwerken vom 15. Jahrhundert bis heute. Es bietet übergreifend eine Suche nach differenzierten Kategorien. In diesem Kontext ist auch auf die Initiative zur Einrichtung einer ›Deutschen Digitalen Bibliothek‹ zu verweisen: www.deutsche-digitale-bibliothek.de/, Betaversion (online seit 28.11.2012): www.deutsche-digitale-bibliothek.de.

17 Die Sammlungen und Beschreibungen werden von einer Arbeitsgruppe am Institut für Deutsche Philologie des Mittelalters der Philipps-Universität Marburg unter Mitwirkung zahlreicher Fachleute erarbeitet; eine Liste findet man auf der Kontaktseite der Website.

18 Die Beschreibungen wurden von einer Arbeitsgruppe am Institut für Germanistik und Verglei-

Handschriften des 8. bis 12. Jahrhunderts sowie die sukzessive Ergänzung lückenhafter Beschreibungen angestrebt.

Handschriften- und Inkunabeldigitalisierung
Die ›Verteilte digitale Inkunabelbibliothek‹ hat zum Ziel, eine Gesamtdigitalisierung des Inkunabelbestandes deutscher Bibliotheken zu erreichen, gestartet ist sie mit einer Auswahl aus den Beständen der Universitäts- und Stadtbibliothek Köln sowie der Herzog-August-Bibliothek Wolfenbüttel. Als zentrales Nachweisinstrument dient der verteilte Inkunabelkatalog INKA.[19]

Ein Masterplan zur Digitalisierung aller verfügbaren Handschriften in Deutschland wird derzeit von den sechs deutschen Handschriftenzentren entwickelt.[20] Darüber hinaus gibt es national wie international eine Vielzahl von Initiativen und Projekten, mit denen Bibliotheken und Archive ihre Bestände digital ins Netz bringen. Hier haben nicht zuletzt die Katastrophen von Weimar und Köln das Bewusstsein für die Möglichkeiten und Notwendigkeiten digitaler Archivierung und Bestandserhaltung geschärft. Vorreiter sind Projekte wie das zur vollständigen Digitalisierung der Dom- und Diözesanbibliothek in Köln. Die Arbeiten und Initiativen der Bibliotheken von St. Gallen, Heidelberg, München, Trier, Wolfenbüttel u. a. erweitern das Spektrum der Möglichkeiten und treiben die technischen und wissenschaftlichen Entwicklungen auf diesem Feld voran.[21]

Volltextangebote[22]
Bibliotheca Augustana – https://www.hs-augsburg.de/~harsch/augustana.html
Dieses Projekt der Hochschule Augsburg stellt zahlreiche Texte der europäischen Literatur zur Verfügung, häufig jedoch nur in Auszügen und nicht immer nach den

---

chende Literaturwissenschaft der Universität Paderborn erarbeitet; weitere Informationen zur Zusammensetzung der Arbeitsgruppe auch hier auf der Website.

19 www.inka.uni-tuebingen.de/.

20 Vgl. dazu http://dx.doi.org/10.5282/o-bib/2015H1S1-14 und https://www.o-bib.de/article/view/2014H1S254-264/1179.

21 www.ceec.uni-koeln.de/. Es ist im gegebenen Rahmen nicht möglich, alle Initiativen und Bibliotheken zu benennen, hilfreich zum Auffinden entsprechender Angebote sind die angeführten Portale ›Manuscripta Mediaevalia‹, mediaevum.de sowie die Repertorien.

22 Eine der ältesten und gewiss auch dank der Verlinkung auf der Spiegel-Online-Homepage populärsten Sammlungen mit retrodigitalisierten Volltexten deutscher Literatur ist das ›Projekt Gutenberg‹. http://gutenberg.spiegel.de/. Ein Problem ist jedoch die Qualität der Metadaten und Metainformationen – häufig fehlt die Angabe der digitalisierten Ausgabe – sowie der Umstand, dass die Digitalisate aufgrund mangelnder Bezüge zum gedruckten Buch und fehlender Referenzen nicht zitierfähig sind. Auch die Erfassungsqualität, d. h. die Fehlerrate der erfassten Texte, ist in der Regel ungeprüft. Um einen Eindruck zu gewinnen vgl. man z. B. die zu Walther von der Vogelweide oder Wolfram von Eschenbach angebotenen Texte. Als wissenschaftliche Quelle ist dieses Angebot demnach nicht empfehlenswert. Die Angebote der ›Digitalen Bibliothek‹ (www.zeno.org) und des ›Deutschen Textarchivs‹ (www.deutschestextarchiv.de/) werden hier nicht weiter besprochen, da sie für das Alt- und Mittelhochdeutsche kaum bzw. keine einschlägigen Texte beinhalten. Zitierfähig und von guter Qualität sind dagegen die Volltexte im ›Text Grid Repository‹ (www.textgridrep.de). Sie stehen unter offener Lizenz, sind als XML/TEI oder EPUB-Texte herunterladbar und können mit Hilfe der Voyant-Tools digital analysiert werden. Allerdings ist der mediävistisch relevante Anteil (noch) recht gering.

neuesten Editionen. Die Texte sind daher nicht unbedingt als zitierfähig anzusehen, hier ist im Einzelfall zu entscheiden. Die Seite wird jedoch gut gepflegt und ständig ausgebaut und verbessert, so dass sie einen ersten Überblick und auch Such-Einstieg in Texte bieten kann.

Mittelhochdeutsches Textarchiv – www.mhgta.uni-trier.de
Dieses von der Universität Trier und der University of Virginia, Charlottesville/ USA, durchgeführte Projekt stellt rund 100 mittelhochdeutsche Texte in höchster Erfassungsqualität zur Verfügung, viele davon als freie XML-Downloads. Andere sind über das Quellenarchiv des ›Mittelhochdeutschen Wörterbuchs‹ zugänglich (siehe oben).

Die digitalen Monumenta Germaniae Historica (dMGH) – www.dmgh.de
Die digitalen MGH stellen sämtliche Editionsbände dieser umfangreichen und für die Geschichte des Mittelalters zentralen Quellensammlung in einer differenziert recherchierbaren Volltextversion zur Verfügung. Neue Bände werden leider erst nach einer *Moving wall* von drei Jahren online publiziert. Bis Ende 2010 wird die Volltexterfassung der älteren Bände abgeschlossen sein. Derzeit stehen die Bände der Abteilungen Scriptores, Diplomata und Epistolae sowie weite Teile der Leges und der Antiquitates im Volltext zur Verfügung (Stand: Juli 2015).

Digitale Parzival-Edition – www.parzival.unibe.ch/
Als moderne Edition, die sich die Möglichkeiten des digitalen Mediums gut nutzbar macht, sei die Parzival-Edition von Michael Stolz und seinem Team von der Universität Bern herausgegriffen. Neben Handschriftendigitalisaten mit entsprechenden Transkriptionen enthält diese gut gepflegte Präsentation Editionsproben ausgewählter Abschnitte, die sich durch Parallelpräsentationen und transparente Apparatgestaltung auszeichnen.

Deutsch Diachron Digital (DDD): Ein Referenzkorpus für das Deutsche – www. deutschdiachrondigital.de
Hierbei handelt es sich um ein Vorhaben, das derzeit eine vorläufige Version annotierter und durchsuchbarer Texte bereithält (Juli 2015).
Unter diesem Dach werden Referenzkorpora zu den älteren Sprachstufen des Deutschen erstellt, die in ein sprachstufenübergreifendes tiefenannotiertes Korpus historischer Texte des Deutschen münden sollen. Das Referenzkorpus Altdeutsch erfasst und annotiert die ältesten Sprachdenkmäler des hochdeutschen und des niederdeutschen Sprachraumes vom Beginn der schriftlichen Überlieferung um 750 bis etwa 1050 (HU Berlin, Frankfurt am Main, Jena). Annotiert werden Satzgrenzen, Wortarten und Morphologie, weitere Ausdifferenzierungen sind möglich. Analog verfährt das Referenzkorpus Mittelhochdeutsch (1050–1350) der Universitäten Bonn und Bochum, so dass die Korpora zu einem späteren Zeitpunkt zusammengefügt werden können. Aufgrund der Tiefenannotation können differenzierte und

komplexe linguistische Abfragen durchgeführt werden, so dass das DDD-Korpus das Potenzial hat, zu einem zentralen Forschungsinstrument für die historische Linguistik zu werden.

c) Sprachatlanten

Da Dialektologie im Zusammenhang mit der 2. Lautverschiebung (→ 2.1.3) ein wichtiges Thema des Arbeitsbuches ist, sei hier auf die Angebote der digitalen Sprachatlanten hingewiesen, an erster Stelle auf den ›Digitalen Wenkeratlas‹ DiWA – www.diwa.info.

Neben Wenkers gedruckten und auch den bislang nur in zwei handgezeichneten Exemplaren vorhandenen Karten sind weitere Regionalatlanten, die Digitalisate der Original-Wenkerbögen, Tondokumente sowie eine Bibliographie angebunden. Leicht zu bedienende Werkzeuge ermöglichen Überblendungen der Karten, was Einblicke in Dynamik und Variation regionalsprachlicher Erscheinungen bietet.

Viele Regionalatlanten haben eigene anschauliche und nützliche Web-Angebote gestaltet, exemplarisch genannt sei der ›Sprechende Sprachatlas von Bayern‹ – http://sprachatlas.bayerische-landesbibliothek-online.de/. Unter verschiedenen thematischen Kategorien werden aktuelle Hörbeispiele regionaler Varietäten verkartet.

Aufgabencode: F49

7. Textauswahl

7.1 Althochdeutsche Texte

7.1.1 Tatian 34,6

Et ait illis: cum oratis, dicite: pater noster qui in caelis es, sanctificetur nomen tuum, adveniat regnum tuum, fiat voluntas tua, sicut in caelo et in terra, panem nostrum cotidianum da nobis hodie, et dimitte nobis debita nostra, sicut et nos dimittimus debitoribus nostris, et ne inducas nos in temptationem, sed libera nos a malo.

Thō quad her in: thanne ir betōt, thanne quedet sus: fater unser, thū thar bis in himile, sī giheilagōt thīn namo, queme thīn rīhhi, sī thīn uuillo, sō her in himile ist, sō sī her in erdu, unsar brōt tagalīhhaz gib uns hiutu, inti furlāz uns unsara sculdi, sō uuir furlāzemēs unsaren sculdigōn, inti ni gileitest unsih in costunga, ūzouh arlōsi unsih fon ubile.

Tatian. Lateinisch und altdeutsch mit ausführlichem Glossar. Hrsg. von Eduard Sievers. 2. neubearb. Auflage, unver. Nachdruck Paderborn 1960, S. 55 f.

7.1.2 Tatian 87,1–5 (Christus und die Samariterin)

Johannes, 4,4. Oportebat autem eum transire per Samariam. 5. Venit in civitatem Samariae quae dicitur Sychar, iuxta predium quod dedit Iacob Ioseph filio suo. 6. Erat ibi fons Iacob. Ihesus ergo fatigatus ex itinere sedebat sic super fontem; hora erat quasi sexta.

87,1. Gilamf inan uaran thuruh Samariam. Inti quam thō in burg Samariae thiu dār ist giquetan Sychar, nāh uodile, den dār gab Iacob Iosebe sīnemo sune. Uuas dār brunno Iacobes. Der heilant uuas giuueigit fon dero uuegeuerti, saz sō oba themo brunnen; uuas thō zīt nāh sehsta.

7. Venit mulier de Samaria haurire aquam. Dicit ei Ihesus: da mihi bibere. 8. Discipuli enim eius abierant in civitatem, ut cibos emerent. 9. Dicit ergo ei mulier illa Samaritana: quomodo tu Iudeus cum sis bibere a me poscis quae sum mulier Samaritana? non enim coutuntur Iudei Samaritanis.

2. Quam thō uuīb fon Samariu sceffen uuazzar. Thō quad iru der heilant: »gib mir trinkan.« Sīne iungōron giengun in burg, thaz sie muos couftīn. Thō quad imo uuīb thaz samaritānisga: »uueo thū mit thiu Iudeisg bis trinkan fon mir bitis, mit thiu bin uuīb samaritānisg? ni ebanbrūchent Iudei Samaritanis.«

10. Respondit Ihesus et dixit ei: si scires donum dei et quis est qui dicit tibi: da mihi bibere, tu forsitan petisses ab eo, et dedisset tibi aquam vivam. 11. Dicit ei mulier: domine, neque in quo haurias habes et puteus altus est: unde ergo habes aquam vivam? 12. Numquid tu maior es patre nostro Iacob qui dedit nobis puteum, et ipse ex eo bibit et filii eius et pecora eius?

13. Respondit Ihesus et dixit ei: omnis qui bibet ex aqua hac sitiet iterum, qui autem biberit ex aqua quam ego dabo ei, non sitiet in aeternum, 14. sed aqua quam ego dabo ei fiet in eo fons aquae salientis in vitam aeternam.

15. Dicit ad eum mulier: domine, da mihi hanc aquam, ut non sitiam neque veniam huc haurire. 16. Dicit ei Ihesus: vade, voca virum tuum et veni. 17. Respondit mulier et dixit: non habeo virum. Dicit ei Ihesus: bene dixisti, quia non habeo virum; 18. quinque enim viros habuisti, et nunc quem habes non est tuus vir: hoc vere dixisti. 19. Dicit ei mulier; domine, video quia propheta es tu. 20. Patres nostri in monte hoc adoraverunt, et vos dicitis quia in Hierusolymis est locus ubi adorare oportet.

3. Thō antlingita ther heilant inti quad iru: »oba thū uuessīs gotes geba inti uuer ist thē dir quidit: gib mir trinkan, thū odouuān bātīs fon imo thaz hē dir gābi lebēnti uuazzar.« Thō quad imo thaz uuīb: »hērro, thū nū ni habēs mit hiu scefēs inti thiu fuzze teof ist: uuanān habēs lebēnti uuazzar? Eno thū bistū mēra unsaremo fater Iacobe thē dār gab uns den phuzi: her tranc fon imo inti sīna suni inti sīn fihu.«

4. Thō antuurtanti der heilant in quad iru: »giuuelīh dē dār trinkit fon uuazzare thesemo, thurstit inan abur, dē dār trinkit fon thesemo uuazzare thaz ih gibu, ni thurstit zi ēuuidu, ouh uuazzar thaz ih imo gibu ist in imo brunno uuazzares ūfspringanti in ēuuīn līb.

5. Thō quad zi imo thaz uuīb: »hērro, gib mir thaz uuazzar, thaz mih ni thurste noh ni queme hera scephen.« Thō quad iru der heilant: »uar inti halo thīnan gomman inti quim hara.« Antuurtanti daz uuīb inti quad: »ni habu gomman.« Thō quad iru der heilant: »uuola quādi thaz thū ni habēs gomman: thū habētōs finf gomman, inti den thū nū habēs nist dīn gomman: thaz quādi dū uuār.« Thō quad imo daz uuīb: »hērro, ih gisihu daz thū uuīzogo bist. Unsara fatera in thesemo berge betōtun, inti ir quedent, uuanta in Hierusalem ist stat dār gilimphit zi bettōnne.«

Tatian. Lateinisch und altdeutsch mit ausführlichem Glossar, hg. von Eduard Sievers. 2. neubearb. Aufl. Unver. Nachdruck Paderborn 1960, S. 118 ff.

Anmerkungen zum althochdeutschen Text:

87,2: *bis*: 2. Pers. Sing. Ind. Präs. des Verbs *sīn*; seltene Variante zu *bist*
87,3: *uuessīs*: fränkische Variante zu *wissīs*.
     thē: Nebenform zu *thēr*.
     sīna: *-a* ist eine ältere Variante zu *-e* (*sīne*).

87,4: *in*: Variante zu *inti*.
87,5: *habu*: Variante zu *habēn*, 1. Pers. Sing. Ind. Präs.
nist: klitisierte Form aus *ni* und *ist*.
quedent: Variante zu *quedet*, 2. Pers. Plur. Ind. Präs.
bettōnne: Dativ des Infinitivs.

7.1.3 Otfrid von Weißenburg, Evangelienbuch, IV, 32, 1–33, 16

32,1 Muater sīn thiu guata   thiz allaz scōwōta,
   theso selbun quisti   thio ruartun iro brusti
Rōzagemo muate,   joh ward uns iz guate;
   ni moht iz sīn in ander   ni sia ruarti thaz sēr.
5 Sīn drūt ouh stuant thār einer   mit thiarnuduamu reiner;
   er giburita ouh thō thār joh sah imo thaz jāmar.
Thuruh thio sīno guati   thō in therera nōti
   bifalah ther sun guater   themo sina muater,
Thaz er sia zi imo nāmi,   si drōstolōs ni wāri
10   in ira kindes wehsal   sia bisuorgēti ubar al.
   Bisorgēta er thia muater   thār so hangēnter,
   wir sīn gibot ouh wirken   inti bī unsa muater thenken.

33,1 Sunna irbalg sih thrāto   suslīchero dāto,
   ni liaz si sehan woroltthiot   thaz ira frōnisga lioht;
Hintarquam in thrāti   thera armalīchun dāti,
   ni wolta si in then riuōn   thāra zi in biscōuōn.
5 In ni liaz si nuzzi   thaz scōnaz annuzzi
   ni liaz in scīnan thuruh thaz   ira gisiuni blīdaz;
Thes scīmen thi ich nu zelita,   thes sih worolt frewita,
   irzēh si in thes zi nōti   thrio dages zīti;
Thaz was in alawāra   fon sextu unz in nōnā
10   thaz scolta in thoh in wār mīn   thes dages liohtōsta sīn:
Thaz ira lioht berahta,   si garo iz in intworahta,
   si gikērt in harto thaz   in finstar egislīchaz;
Wanta sah gifangan   joh druhtin ira irhangan,
   then selbon ther sia worahta,   joh harto thaz irforahta.
15 Riaf er thō filu fram,   so nōnā zīt thō biquam,
   joh gruazta ouh thiu sīn stimna   sīnes fater minna:

Otfrids Evangelienbuch. Hrsg. von Oskar Erdmann. 6. Auflage besorgt von Ludwig Wolff. Tübingen 1973 (ATB 49), S. 210 f.

Anmerkungen zum Text:

32,1   *Muater, guata* usw.: südrheinfränkische Formen mit -*ua*- statt -*uo*-.
32,5   *drūt*: rheinfränkische Form ohne Medienverschiebung germ. *d* > ahd. *t*
         (obd. *trūt*).
33,6   *liaz*: bei Otfrid steht im Präteritum der VII. Ablautreihe immer -*ia*- statt -*ie*-.

7.1.4 Ludwigslied

Rithmus teutonicus de piae memoriae hluduico rege filio hluduici aeque regis.

	Einan kuning uueiz ih,	Heizsit her hluduīg,
	Ther gerno gode thionōt:	Ih uueiz her imos lōnōt.
	Kind uuarth her faterlōs.	Thes uuarth imo sār buoz:
	Holōda inan truhtīn,	Magaczogo uuarth her sīn.
5	Gab her imo dugidi,	Frōnisc githigini,
	Stuol hier in urankōn.	Sō brūche her es lango!
	Thaz gideilder thanne	Sār mit karlemanne,
	Bruoder sīnemo,	Thia czala uuunniōno.
	Sō thaz uuarth al gendiōt,	Korōn uuolda sīn god.
10	Ob her arbeidi	Sō iung tholōn mahti.
	Lietz her heidine man	Oba sēo līdan,
	Thiot urancōno	manōn sundiōno.
	Sume sār uerlorane	Uuurdun sum erkorane:
	Haranskara tholōta	Ther ēr misselebēta.
15	Ther ther thanne thiob uuas,	Ind er thanana ginas,
	Nam sīna uaston:	Sīdh uuarth her guot man.
	Sum uuas lugināri,	Sum skāchāri,
	Sum fol lōses,	Ind er gibuozta sih thes.
	Kuning uuas eruirrit,	Thaz rīchi al girrit,
20	Uuas erbolgan krist:	Leidhōr, thes ingald iz.
	Thoh erbarmēdes got,	Uuuisser alla thia nōt:
	Hiez her hluduīgan	Tharōt sār rītan.
	›Hluduīg kuning mīn	Hilph mīnan liutin!
	Heigun sa northman	Harto biduuungan.‹
25	Thanne sprah hluduīg:	›Hērro, sō duon ih,
	Dōt ni rette mir iz,	Al thaz thū gibiudist.‹
	Thō nam her godes urlub,	Huob her gundfanon ūf,
	Reit her thara in urankōn	Ingagan northmannon.
	Gode thancōdun,	Thē sīn beidōdun,
30	Quādhun al ›frō mīn,	Sō lango beidōn uuir thīn.‹
	Thanne sprah lūto	Hluduīg ther guoto:

›Trōstet hiu, giselleon,   Mīne nōtstallon.‹
Hera santa mih god   Ioh mir selbo gibōd,
    Ob hiu rāt thūhti,   Thaz ih hier geuuhti.
35 Mih selbon ni sparōti,   Uncih hiu gineriti.
    Nū uuillih thaz mir uolgōn Alle godes holdon
Giskerit ist thiu hieruuist   Sō lango sō uuili krist:
    Uuili her unsa hinauarth,   Thero habēt her giuualt.
Sō uuer sō hier in ellian   Giduot godes uuillion,
40   Quimit hē gisund ūz   Ih gilōnōn imoz,
Bilībit her thār inne,   Sīnemo kunnie.'
    Thō nam her skild indi sper.   Ellianlīcho reit her:
Uuolder uuār errahchōn   Sīna(n) uuidarsahchōn.
    Thō ni uuas iz burolang, Fand her thia northman:
45 Gode lob sagēda,   Her sihit thes her gerēda.
    Ther kuning reit kuono, Sang lioth frāno,
Ioh alle saman sungun   ›Kirrieleison‹.
    Sang uuas gisungan,   Uuīg uuas bigunnan,
Bluot skein in uuangōn: Spilōdun ther urankon.
50   Thār uaht thegeno gelīh, Nichein sōsō hludūig:
Snel indi kuoni,   Thaz uuas imo gekunni.
    Suman thuruhskluog her,   Suman thuruhstah her.
Her skancta cehanton   Sīnan fianton
    Bitteres līdes.   Sō uuē hin hio thes lībes!
55 Gilobōt sī thiu godes kraft: Hludūig uuarth sigihaft;
    Ioh allēn heiligōn thanc!   Sīn uuarth ther sigikamf.
Uuolar abur hludūig,   Kuning unsēr sālīg!
    Sō garo sōser hio uuas,   Sō uuār sōses thurft uuas.
Gihalde inan thruhtīn   Bī sīnan ērgrehtīn.

Wilhelm Braune / Ernst A. Ebbinghaus: Althochdeutsches Lesebuch. 17. Auflage Tübingen 1994, S. 136 ff.

Anmerkungen zum Text:

1b   *her*: Nebenform zu *er*.
2b   *imos*: Klitisierung aus *imo + es*.
5a   *dugidi*: rheinfränkische Form ohne Medienverschiebung germ. *d > ahd. t* (obd. *tugidi*).
7a   *gideilder*: Klitisierung aus *gideilda + er*.
21a   *erbarmēdes*: Klitisierung aus *erbarmēda + es*.
21b   *Uuuisser*: Klitisierung aus *Uuuissa + er*.
23b   *liutin*: *-in* tritt regelmäßig statt *-im* im Dat.Pl. der *i*-Stämme auf.
24a   *Heigun*: Nebenform zu *eigun*.
27a   *urlub*: Variante zu *urloub*.
29b   *Thē*: Variante zu den Artikelformen Nom. Pl. Mask. *dia, die*.

30a   *Quādhun*: Variante zu *quātun*.
40b   *imoz*: Klitisierung aus *imo + ez*.
49a: *uuangōn*: -die Substantivendung *-ōn* (Dat. Pl.) tritt regelmäßig neben *-ōm*
        auf.

7.1.5 Psalm 138

Vellet ir gihōren	Dauiden guoton,
den sīnen touginon sin?	Er gruozte sīnen trohtin:
Ia gichuri dū mich, trohtin,	inte irchennist uer ih pin
fone demo anegine	vncin an daz enti.
5 Ne megih in gidanchun	fore dir giuuanchōn:
dū irchennist allo stīgā,	se uarōt sō ih ginīgo.
Sō uare sōse ih chērte mīnen zun[1],	sō rado nāmi dūs goum:
den uech furiuorhtōstu mir,	daz ih mih chērte after dir.
Dū hapēst mir de zungūn	sō fasto piduvngen,
10 daz ih āne dīn gipot	nespricho nochein uuort.
Vie michiliv ist	de dīn givizida, Cherist,
fone mir ce dir gitān !	uie mahtih dir intrinnen !
Far ih ūf ze himile,	dar pistu mit herie.
ist ze hello mīn fart,	dar pistu geginuart:
15 ne megih in nohhein lant,	nupe mih hapēt dīn hant.
Nu uillih mansleccun	alle fone mir gitvon,
Alle die mir rietun	den unrehton rīhtuom,
die sint fienta dīn,	mit dēn villih gifēh sīn.
20 De uider dir uellent tuon,	de uillih fasto nīdōn,
alle durh dīnen ruom	mir ze fiente tuon.
Dū got mit dīnero giualt	scirmi iogiuedrehalp,
mit dīnero chrefti	pinim dū [i]mo daz scefti[2],
ne lā dū [i]mos de muozze,	daz er mih se ane skiozze.
25 De sēla vorhtōstu mir,	die pisāzi dū mir.
dū uvrti sar mīn giuar,	sō mih de muoter gipar.
Noh trof ih des nelougino,	des dū tāti tougino,
nupe ih fone gepurti	ze erdūn auer vvrti.
Far ih in de finster,	dar habēst dū mih sār:
30 ih ueiz daz dīn nacht mach	sīn sō lioht alsō tach.
Sō vuilih danne file fruo	stellen mīno federā:
peginno ih danne fliogen	sōse ēr netete nioman.

----

1 Entstellt aus *zoum.*
2 Die Hs. hat *scepti.*

sō fliugih ze enti [i]enes meres:
ih ueiz daz dū mih dar irferist;
35   ne megih in nohhein lant,   nupe mih hapēt dīn hant.
Nu chius dir fasto ze mir,   vpe ih mih chēre after dir:
dū ginādīgo got,   chēri mih framort,
mit dīnen ginādūn   gihalt mih dir in ēuun.

Nach Willy Krogmann: Der althochdeutsche 138. Psalm. Forschungsgeschichtlicher Überblick und Urfassung. Hamburg 1973, S. 18 f.

Anmerkungen zum Text:

2b   *gruozte*: spätalthochdeutsche Form mit Nebensilbenabschwächung.
3b   *pin*: bairische Form mit durchgeführter Medienverschiebung anlautend germ. *b* > ahd. *p* (statt *bin*).
6b   *ginīgo*: im 10. Jahrhundert geläufige Endungsvariante in der 1. Pers. Sing. Ind. Präs. *-o* statt *-u*.
9a   *hapēst*: spätalthochdeutsche Form mit *-ēst* statt *-ēs* in der 2. Pers. Sing. Ind. Präs. der schwachen *ēn*-Verben.
13a   *Far*: spätalthochdeutsche Form mit Apokope (<*faru*).

7.2 Mittelhochdeutsche Texte

7.2.1 Nibelungenlied, 975–992

975   Dô sprach der degen küene: »noch wil ich iu mêre sagen:
allez mîn gewæte   wil ich mit mir tragen,
den gêr zuo dem schilde   und al mîn pirsgewant.«
den kocher zuo dem swerte   vil schier' er umbe gebant.

976   Dô zugen si diu kleider   von dem lîbe dan.
in zwein wîzen hemden   sach man si beide stân.
sam zwei wildiu pantel   si liefen durch den klê.
dô sach man bî dem brunnen   den küenen Sîvriden ê.

977   Den prîs an allen dingen   truoc er vor manigem man.
daz swert daz lôst er schiere,   den kocher leit er dan,
den starken gêr er leinte   an der linden ast.
bî des brunnen vluzze   stuont der hêrlîche gast.

978   Die Sîfrides tugende   wâren harte grôz.
den schilt er leite nider,   aldâ der brunne vlôz.
swie harte sô in durste,   der helt doch niene tranc,
ê daz der künic getrunke;   des sagt er im vil bœsen danc.

979 Der brunne der was küele, lûter unde guot.
Gunther sich dô neicte nider zuo der fluot.
als er het' getrunken, dô riht er sich von dan.
alsam het ouch gerne der küene Sîfrit getân.

980 Dô engalt er sîner zühte. den bogen unt daz swert,
daz truoc allez Hagene von im dannewert.
dô sprang er hin widere, dâ er den gêr dâ vant.
er sach nâch einem bilde an des küenen gewant.

981 Dâ der herre Sîfrit ob dem brunnen tranc,
er schôz in durch daz kriuze, daz von der wunden spranc
daz bluot im von dem herzen vaste an Hagenen wât.
sô grôze missewende ein helt nimmer mêr begât.

982 Den gêr im gein dem herzen stecken er dô lie.
alsô grimmeclîchen ze flühten Hagen nie
gelief noch in der werlde von deheinem man.
dô sich der herre Sîfrit der grôzen wunden versan.

983 Der herre tobelîchen von dem brunnen spranc.
im ragete von dem herzen ein gêrstange lanc.
der fürste wânde vinden bogen oder swert:
sô müese wesen Hagene nâch sînem dienste gewert.

984 Dô der sêre wunde des swertes niht envant,
done het et er niht mêre wan des schildes rant.
er zuht' in von dem brunnen dô lief er Hagenen an.
done kunde im niht entrinnen des künic Guntheres man.

985 Swie wunt er was zem tôde, sô krefteclîch er sluoc,
daz ûz dem schilde dræte genuoc
des edelen gesteines; der schilt vil gar zerbrast.
sich hete gerne errochen der vil hêrlîche gast.

986 Dô was gestrûchet Hagene vor sîner hant zetal.
von des slages krefte der wert vil lût' erhal.
het er daz swert enhende, sô wær' ez Hagenen tôt.
sô sêre zurnt' der wunde; des gie im wærlîchen nôt.

987 Erblichen was sîn varwe: er'n kunde niht gestên.
sînes lîbes sterke muose gar zergên,
wand' er des tôdes zeichen in liehter varwe truoc.
sît wart er beweinet von schœnen vrouwen genuoc.

988	Dô viel in die bluomen	der Kriemhilde man.
	daz bluot von sîner wunden	sach man vil vaste gân.
	dô begunde er schelten	(des gie im grôziu nôt)
	die ûf in gerâten	heten den ungetriuwen tôt.

989	Dô sprach der verchwunde:	»jâ ir vil bœsen zagen,
	waz helfent mîniu dienste	daz ir mich habet erslagen?
	ich was iu ie getriuwe;	des ich engolten hân.
	ir habt an iuwern mâgen	leider übele getân.

990	Die sint dâ von bescholten,	swaz ir wirt geborn
	her nâch disen zîten.	ir habet iuwern zorn
	gerochen al ze sêre	an dem lîbe mîn.
	mit laster ir gescheiden	sult von guoten recken sîn.«

991	Die ritter alle liefen,	dâ er erslagen lac.
	ez was ir genuogen	ein vreudelôser tac.
	die iht triuwe hêten,	von den wart er gekleit;
	daz het wol verdienet	der ritter küen' unt gemeit.

992	Der künic von Burgonden	klagte sînen tôt.
	dô sprach der verchwunde:	»daz ist âne nôt,
	daz der nâch schaden weinet,	der in hât getân.
	der dienet michel schelten:	ez wære bezzer verlân.«

Das Nibelungenlied. Nach der Ausgabe von Karl Bartsch. Hrsg. von Helmut de Boor. 22. revidierte und von Roswitha Wisniewski ergänzte Auflage. Mannheim 1988, S. 162 ff.

7.2.2 Nibelungenlied 2037–2042

2037	Îrinc von Tenemarke	vil hôhe truoc den gêr.
	sich dahte mit dem schilde	der tiwer degen hêr.
	dô lief er ûf zuo Hagenen	vaste für den sal;
	dô huop sich von den degenen	ein vil grœzlîcher schal.

2038	Dô schuzzen si die gêre	mit krefte von der hant
	durch die vesten schilde	ûf liehtez ir gewant,
	daz die gêrstangen	vil hôhe dræten dan.
	dô griffen zu den swerten	die zwêne grimme küenen man.

2039	Des küenen Hagen ellen	daz was starke grôz.
	dô sluoc ouch ûf in Îrinc,	daz al daz hûs erdôz.
	palas und türne	erhullen nâch ir slegen.
	done konde niht verenden	des sînen willen der degen.

2040	Îrinc der lie Hagenen	unverwundet stân.
	zuo dem videlære	gâhen er began.
	er wânde er möhte in twingen	mit sînen herten slegen:
	sich konde wol beschermen	Volkêr der zierlîche degen.

2041	Dô sluoc der videlære,	daz über des schildes rant
	dræte daz gespenge	von Volkêres hant.
	den liez der dô belîben;	ez was ein übel man.
	dô lief er Guntheren	von den Burgonden an.

2042	Dô was ir ietwedere	ze strîte starc genuoc.
	swaz Gunther und Îrinc	ûf ein ander sluoc,
	daz brâhte niht von wunden	daz vliezende bluot.
	daz behuote ir gewæfen,	daz was starc unde guot.

Das Nibelungenlied. Nach der Ausgabe von Karl Bartsch. Hrsg. von Helmut de Boor. 22. revidierte und von Roswitha Wisniewski ergänzte Auflage. Mannheim 1988, S. 319 f.

7.2.3 Berthold von Regensburg, I. Daz etelîche jehent: tuo daz guote und lâ daz übele.

[1]Unde dâ von sô sult ir grôze wîsheit merken an dem edeln Dâvîde, wan er nam daz wægeste unde sach mit flîze ûf daz ende unde mit rehter wîsheit. [2]Dâ von gelanc im wol. [3]Er gedâhte in sînem muote: »nim ich die siben hungerjâr, sô verderbent alle mîne liute von mîner schulde die doch unschuldic sint. [4]Ich genæse etewie unde mîniu kint und wæren wan die aller unschuldigesten verlorn. [5]Ich wil der buoze niht. [6]Herre, wis mir gnædic, ich bin der die sünde hât begangen. [7]Dû solt die buoze an mir ûz lâzen gên. [8]Nim ich nû die drîe mânôde, sô hân ich guote bürge unde guotiu ros, unde mac mînen vîenden wol entrinnen ûf die guoten bürge, daz ich die drîe mânôde wol belîbe vor mînen vîenden. [9]Aber alle mîne liute werdent mir verderbet, die gar unschuldic sint an mîner sünde. [10]Gnâde, herre, ich wil ouch der buoze niht. [11]Ich wil ûf dîne gnâde nemen liutesterben drîe tage. [12]Sô triffest dû den rehte schuldigen alsô schiere als den unschuldigen«. [13]Unde dâ mite viel er ûf die erden unde rief got vil tiure an, daz er sich über in erbarmete unde daz unschuldige volk sîner schult niht entgelten lieze. [14]Unde dô got sîne wîsheit sô rehte an sach unde sîne tugent, daz er ûf daz ende dirre sache sô genzlîchen hæte gesehen, dô liez got sînen zorn abe, unde daz drîe tage solte hân gewert, daz werte niwan des morgens eine wîle von prîmezît her ze sexte. [15]Dâ sach got sîne wîsheit an unde sîne grôze bescheidenheit, wan er hete willeclîche ûf daz ende gesehen und kunde willeclîche daz guote getuon unde daz übel gelâzen. [16]Und alsô sult ir ûf daz ende warten mit guotem flîze. [17]Ê daz geschehe, sô sult irz vor alle sament überdenken, swaz endes dran gesîn müge, als her Dâvîd tet, unde bedenket daz wægeste an der buoze. [18]Sît wir alle dirre drîer buoze eine müezen nemen, sô nemt daz wægeste. [19]Durch

den almehtigen got kêret an die rehten buoze, diu nütze ist ze zwein dingen, unde gewinnet wâren riuwen, nâch der kunst alse die heiligen dâ lêrent, unde kumet ze lûterre bîhte unde buoze nâch gotes gnâden und nâch iuwern staten. [20]Daz uns daz allen wider var, des helfe uns der vater unde der sun und der heilige geist. [21]âmen.

Berthold von Regensburg. Vollständige Ausgabe seiner Predigten mit Anmerkungen von Franz Pfeiffer. Mit einem Vorwort von Kurt Ruh. 1. Band. Berlin 1965, S. 9 f.

7.2.4 Berthold von Regensburg, XV. Von den fremeden sünden.

[1]Man begêt hiute die hôchgezît des guoten sant Pêters als er enbunden wart ûz dem kerker des herren Herôdes ûz den ketenen. [2]Wan der künic Herôdes hete sant Pêtern gevangen unde wolte in germartelt hân unde hete in in grôzer huote unde hete in gar vaste versmit in ketenen von îsin unde dannoch hete er in behüetet mit rittern unde mit verwâpenten liuten und er hete zwô huote vor einander, die sîn tac unde naht huoten mit grôzem flîze. [3]Unde der almehtige got wolte niht daz er dannoch gemartelt würde, unde got sante im einen engel der in fuorte ûz der gevancnisse und ûz den îsenînen banden und ûz dem kerker unde durch die huote bêde samt, und er fuorte in zuo Jerusalem in die stat. [4]Und als er in brâhte in eine gazzen, dô bekante er sich – wan er was varnde reht als er wære in einem troume oder in einem twalme – und als er in dô brâhte in die gazzen ze Jerusalem, dô bekante er sich selben unde dûhte in, wie daz er heim wære komen. [5]Und alsô wart der guote sant Pêter erlôst ûz den ketenen und ûz den huoten. [6]Unde ze gelîcher wîse ist eines ieglîchen kristenmenschen sêle beslozzen in eime kerker. [7]Der kerker ist des menschen lîp: dâ ist diu sêle inne mit manigem widermuote von des lîbes sünden. [8]Unde swenne ir den kerker rûmen müezet, sô hânt iu die tiuvel geleit zwô schar. [9]Diu eine huote ist umbe des menschen eigene sünde; diu ander umbe dîne fremede sünde. [10]Als der guote sant Pêter: der muoste durch zwô huote, wan ir was ietweder iu behüetet vesteclîche mit starker ritterschaft. [11]Und alsô muoz ein ieglich mensche, swenne sîn sêle von sînem lîbe scheidet, sô muoz ez durch zwô huote. [12]Die êrste huote legent im die tiuvel umbe sîne eigene sünde unde versuochent in gar wol umbe sîne eigene sünde, die der mensche selbe tuot. [13]Unde vindent sie tœtlîcher sünden ûf im, wênic oder vil, diu niht gebüezet ist oder geriuwet: die tiuvel vâhent iuch in der selben huote unde füerent iuch in daz apgründe der helle, dâ iuwer niemer rât wirt. [14]Unde vindent sie niht eigener sünden ûf iu, sô lânt sie iuch niht dannoch hin: sie suochent iuch in der andern huote umb iuwer fremede sünde. »[15]Wie, bruoder Berhtolt, wie gefüere ie dehein mensche umbe fremede sünde zer helle?« [16]Jâ, manic tûsent menschen sint umbe fremede sünde hin ze helle gevarn, unde daz ir niemer mêr rât wirt. [17]Unde tuont noch. [18]Wan als man sie ersuochet in der êrsten sünde und in der êrsten huote umb eigene sünde, und als sie danne niht eigener sünde ûf in hânt, sô ersuochet man sie in der andern huote umbe ir fremede sünde. [19]Vindet man dan iendert deheine fremede sünde ûf in, sô füeret man

sie in der andern huote dannoch hin ze helle umb ir fremeden sünde als jene umb ir eigene sünde in der êrsten huote. – [20]Und ez sint niun leie fremede sünde, dâ die liute mite begriffen werdent in der andern sünde und in der andern huote. [21]Wie vil der eigenen sünde sî, der mac man niht ze ende komen; wan daz ich fünf tage niht anders tæte wan daz ich spræche: »daz ist ein tœtlich eigen sünde,« sô möht ich inner fünf tagen niht wol gesagen, wie vil tœtlîcher eigener sünden wæren. [22]Aber tegelîcher sünden ist dannoch mêre danne stoubes in der sunnen sî, unde die brinnent tegelîche in dem vegefiure. [23]Die tœtlîchen sünde die muoz man hie büezen oder iemer in der helle brinnen. [24]Unde der sint niune der fremeden sünden, unde dar umbe die tiuvel die sêle hin füerent.

[25]Die êrste fremede sünde daz ist der die sünde heizet tuon. [26]Daz sint alle die, die dâ niht rouben wellent noch nieman morden noch brennen noch andern unrehten gewalt: daz wil er allez niemanne tuon mit sîn selbes lîbe, und er heizet ez ander liute tuon. [27]Dirre, den erz dâ heizet tuon, der vert umbe sîne eigene sünde hin zer helle; dirre, der ez dâ heizet tuon, der vert umbe die fremede sünde in der andern huote hin zer helle. [28]Unde swelher leie sünde ez dâ ist, daz einer sînen kneht heizet tuon argez, daz heizet allez sament fremede sünde. [29]Der heizet sînen kneht fuoter snîden in eines andern mannes acker oder gras oder holz houwen in eines andern mannes holz oder swaz ir heizet tuon unrehtez, daz sint allez fremede sünde unde sie varnt alle in der andern huote umb ir fremede sünde hin zer helle.

[30]Diu ander sünde, diu ouch der fremeden sünden einiu ist, diu heizet die sünde des râtes. [31]Swer die sünde ræt et, ez sî diz oder daz, swelher leie sünde ein mensche ræt et, ob er die sünde selber tuot oder niht, unde ræt et er einem menschen alsô die sünde: »wol dan zuo dem tanze oder zuo dem trinken oder zuo dem spile oder zuo dem muoshûse oder zuo dem roube oder zuo der manslaht oder zuo dem turnei!« [32]Pfî, trüllerin, wie stêt ez umbe dînen rât? [33]Daz zehen tiuvel inner zehen jâren niemer gerâten mügent, daz ræt est dû unde trîbest ez zuo in einer wochen. [34]Unde die ungetriuwen râtgeben, die den herren übeliu dinc râtent gein armen liuten unde gein rîchen, als der ungetriuwe Achitofel und der ungetriuwe Chusi unde der ungetriuwe Balam, der mit einem ungetriuwen râte wol vier unde vierzic tûsent menschen ermorte. [35]Und alsô geschiht ez, daz noch ræt et ein ungetriuwer balrât, der ein lant oder zwei læt unsælic werden ze leide unde ze schaden von sînem ungetriuwen râte, daz halt slehtes dâ von verderbent alle die dar inne sint, unde daz halt manic mensche wirt lîbelôs von ungetriuwen ræten. Unde geschiht manic tûsent sünde von ungetriuwen ræten unde von übeln râtgeben. [36]Wan swenne die liute von guote scheident, sô tuont sie manige sünde, die sie sus niemer getæten. [37]Unde jene die varnt umb ir eigene sünde in der êrsten huote gein helle; die den bœsen rât gebent, die varnt in der andern huote hin zer helle. [38]Riuwe unde buoze nim ich alle zît ûz.

Berthold von Regensburg. Vollständige Ausgabe seiner Predigten mit Anmerkungen von Franz Pfeiffer. Mit einem Vorwort von Kurt Ruh. 1. Band. Berlin 1965, S. 211–213.

Tabellen und Übersichten

Vorbemerkung: Das Kapitel enthält Übersichten zur Grammatik, insbesondere Flexionstabellen, Übersichten zur historischen Phonologie, Karten usw. Es bietet somit eine systematische Zusammenfassung des in den einzelnen Kapiteln erarbeiteten und erklärten Stoffes. Diese Zusammenfassung dient dem leichteren Nachschlagen, dem Lernen und der Lernkontrolle.

1. Sprachgeschichtliche Grundlagen

Übersicht 1: Die indogermanische Sprachfamilie

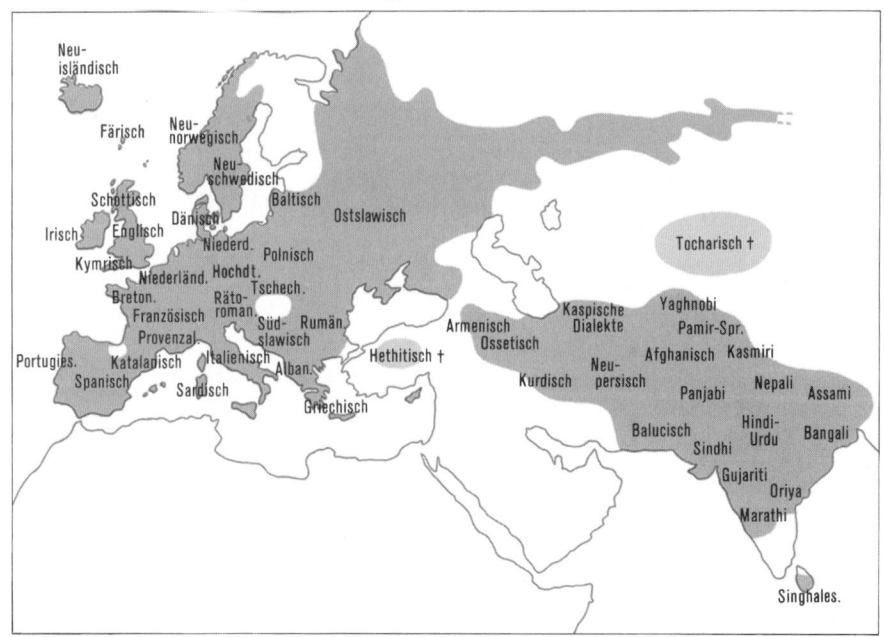

aus: Werner König, dtv-Atlas Deutsche Sprache, 16., durchgesehene und korrigierte Auflage München 2007, S. 40

Übersicht 2: Die Überlieferungsorte althochdeutscher Schriftlichkeit

aus: St. Sonderegger, Althochdeutsche Sprache und Literatur. Eine Einführung ins älteste Deutsch. Darstellung und Grammatik, 3. Auflage Berlin/New York 2003, S. 57

Übersicht 3: Gliederung der deutschen Dialekte

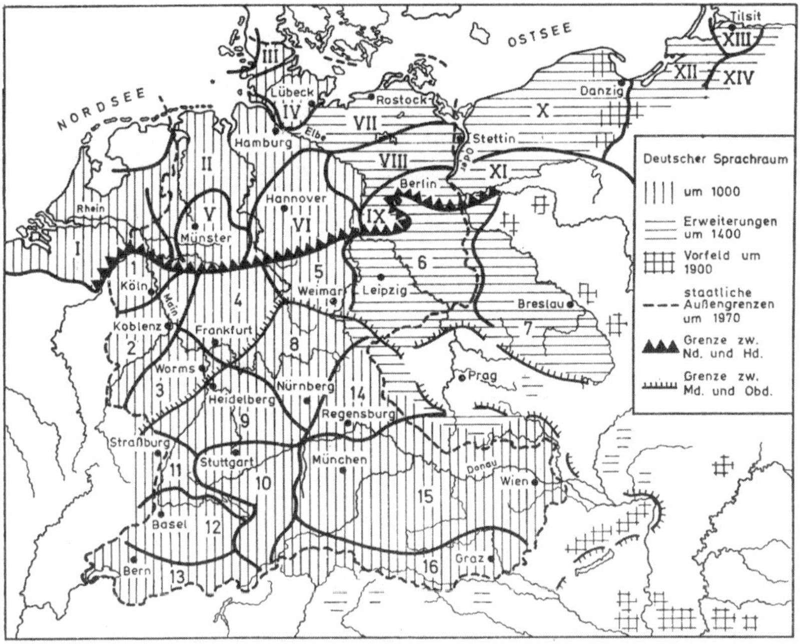

aus: C. J. Hutterer, Die germanischen Sprachen. Ihre Geschichte in Grundzügen, Nachdruck der 4. Auflage Wiesbaden 2002, S. 371

Niederdeutscher Raum:

Westniederdeutsch: I Niederfränkisch, II Nordsächsisch, III Schleswigisch, IV Holsteinisch, V Westfälisch, VI Ostfälisch;

Ostniederdeutsch: VII Mecklenburgisch, VIII Nordbrandenburgisch (Nordmärkisch), IX Südbrandenburgisch (Mittelmärkisch), X Nordostpommersch, XI Südostpommersch, XII Westniederpreußisch, XIII Ostniederpreußisch, XIV Südpreußisch;

Mitteldeutscher Raum:

Westmitteldeutsch: 1 Ribuarisch, 2 Moselfränkisch (1 und 2 = Mittelfränkisch), 3 Pfälzisch, 4 Hessisch (3 und 4 = Rheinfränkisch);

Ostmitteldeutsch: 5 Thüringisch, 6 Obersächsisch, 7 Schlesisch;

Oberdeutscher Raum:

Fränkisch: 8 Ostfränkisch, 9 Südfränkisch;

Schwäbisch-Alemannisch: 10 Schwäbisch, 11 Niederalemannisch, 12 Oberalemannisch, 13 Hochalemannisch;

Bairisch-Österreichisch: 14 Nordbairisch, 15 Donaubairisch (Mittelbairisch), 16 Südbairisch

2. Historische Phonologie

Übersicht 4: Entwicklung des Konsonantismus

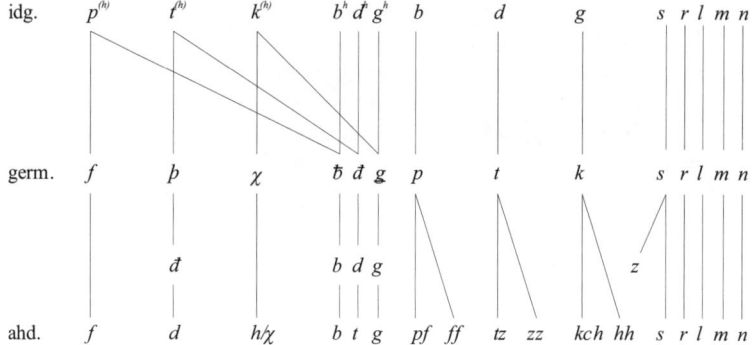

Übersicht 5: Entwicklung des Vokalismus
Kurzvokale

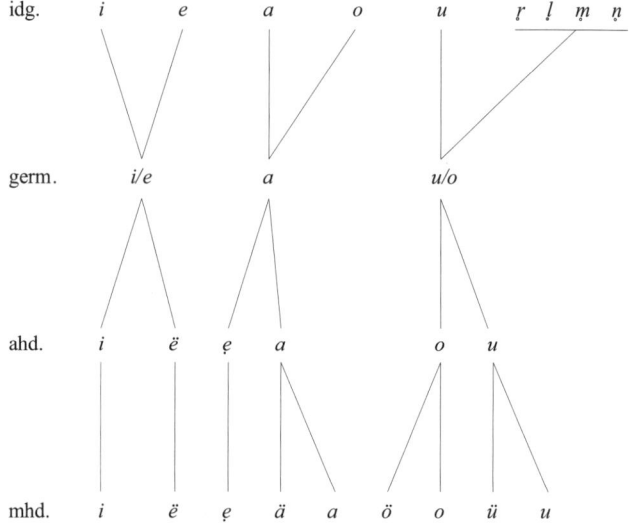

Langvokale und Diphthonge

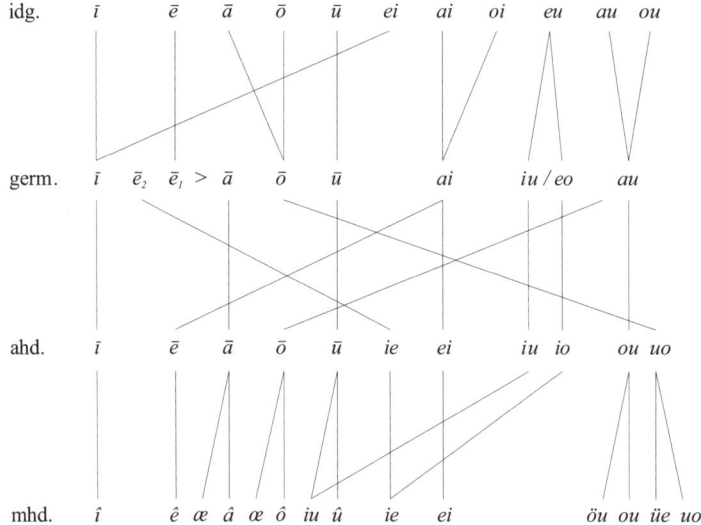

Übersicht 6: Die 2. Lautverschiebung (Tenuesverschiebung)

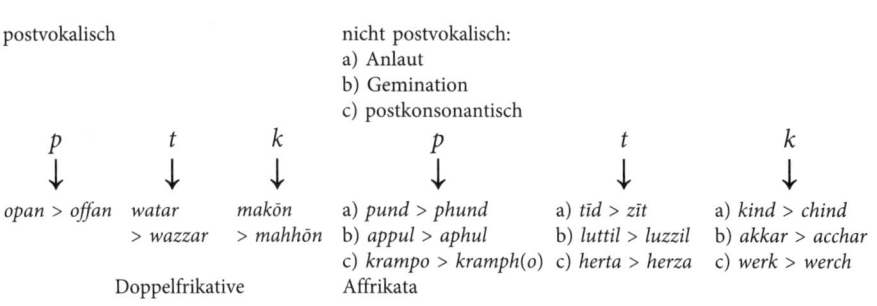

Übersicht 7: Die 2. Lautverschiebung und die deutschen Dialekte

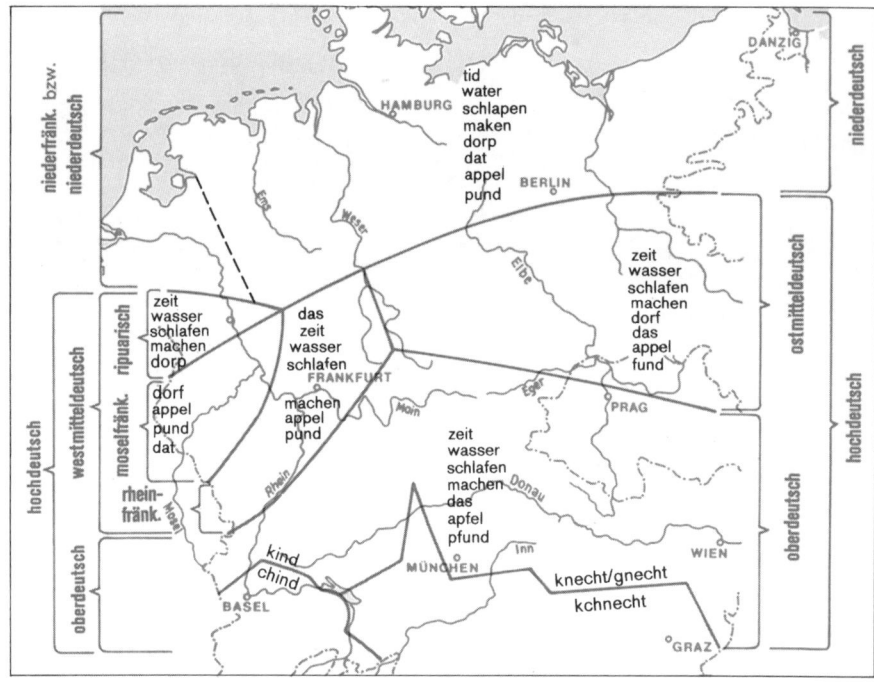

aus: Werner König, dtv-Atlas Deutsche Sprache, 15., durchgesehene und korrigierte Auflage. München 2009, S. 64.

Übersicht 8: Die Struktur der Ablautreihen

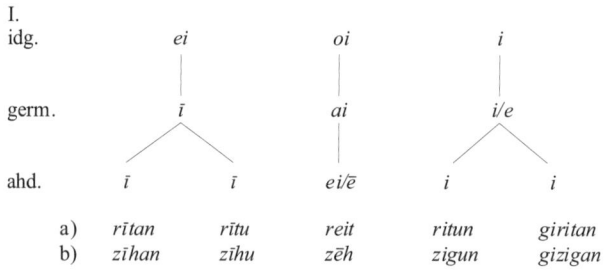

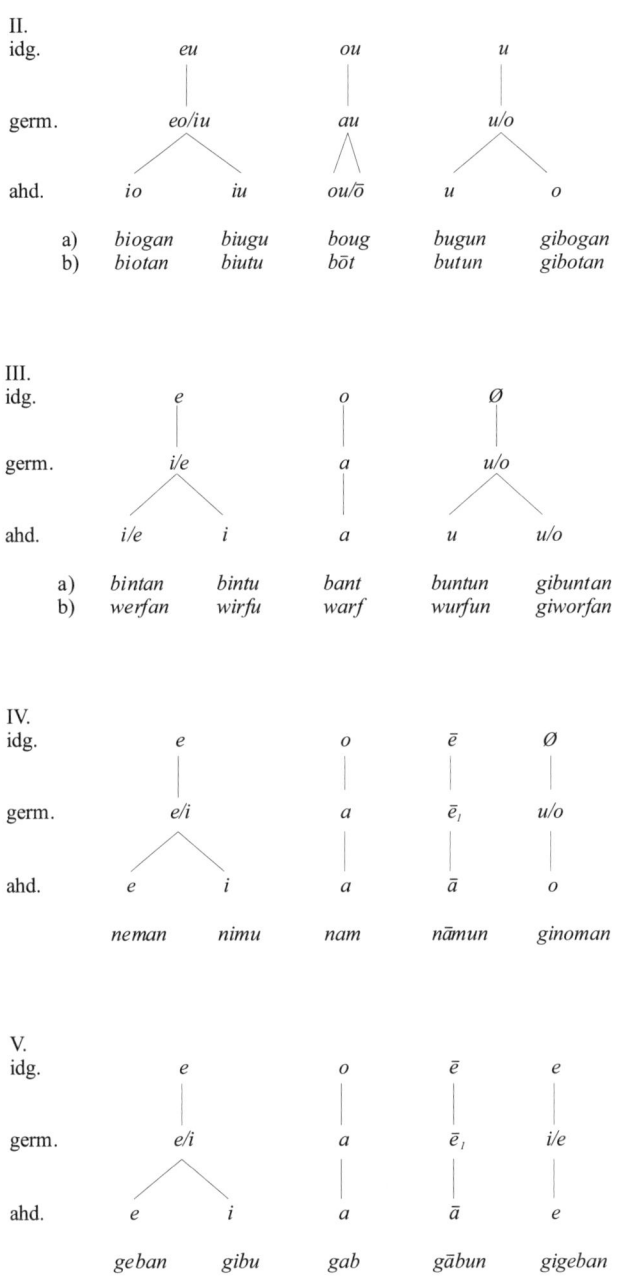

II.
idg.   *eu*   *ou*   *u*

germ.   *eo/iu*   *au*   *u/o*

ahd.   *io*   *iu*   *ou/ō*   *u*   *o*

     a)   *biogan*   *biugu*   *boug*   *bugun*   *gibogan*
     b)   *biotan*   *biutu*   *bōt*   *butun*   *gibotan*

III.
idg.   *e*   *o*   *Ø*

germ.   *i/e*   *a*   *u/o*

ahd.   *i/e*   *i*   *a*   *u*   *u/o*

     a)   *bintan*   *bintu*   *bant*   *buntun*   *gibuntan*
     b)   *werfan*   *wirfu*   *warf*   *wurfun*   *giworfan*

IV.
idg.   *e*   *o*   *ē*   *Ø*

germ.   *e/i*   *a*   *ē₁*   *u/o*

ahd.   *e*   *i*   *a*   *ā*   *o*

     neman   *nimu*   *nam*   *nāmun*   *ginoman*

V.
idg.   *e*   *o*   *ē*   *e*

germ.   *e/i*   *a*   *ē₁*   *i/e*

ahd.   *e*   *i*   *a*   *ā*   *e*

     geban   *gibu*   *gab*   *gābun*   *gigeban*

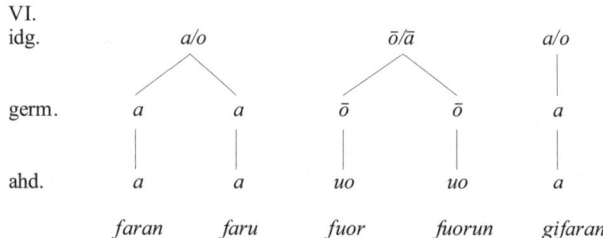

VI.
idg.   a/o   ō/ā   a/o

germ.   a   a   ō   ō   a

ahd.   a   a   uo   uo   a

           faran   faru   fuor   fuorun   gifaran

3. Althochdeutsche Flexionsmorphologie

Übersicht 9: Starkes Verb im Althochdeutschen: Ablautreihen

Ablaut-reihe		Infinitiv	1. Pers. Sing. Ind.Präs.	1.u.3. Pers. Sing. Ind.Prät.	1.u.3. Pers. Plur. Ind.Prät.	Part.Prät.
I.	a)	rītan	rītu	reit	ritun	giritan
	b)	zīhan	zīhu	zēh	zigun	gizigan
II.	a)	biogan	biugu	boug	bugun	gibogan
	b)	biotan	biutu	bōt	butun	gibotan
III.	a)	bintan	bintu	bant	buntun	gibuntan
	b)	werfan	wirfu	warf	wurfun	giworfan
IV.		neman	nimu	nam	nāmun	ginoman
V.		geban	gibu	gab	gābun	gigeban
VI.		faran	faru	fuor	fuorun	gifaran
VII.		rātan	rātu	riet	rietun	girātan

Übersicht 10: Überblick über die Ablautverhältnisse im Althochdeutschen

Ablaut-reihe	Infinitiv	1. Pers. Sing. Ind. Präs.	1. u. 3. Pers. Sing. Ind. Prät.	1. u. 3. Pers. Plur. Ind. Prät.	Part. Prät.
Ia	*ī* + Kons. (nicht *h* oder *w*)	*ī*	*ei*	*i*	*i*
Ib	*ī* + *h* oder *w*	*ī*	*ē*	*i*	*i*
IIa	*io* + Kons. (nicht *h* oder Dental)	*iu*	*ou*	*u*	*o*
IIb	*io* + *h* oder Dental	*iu*	*ō*	*u*	*o*
IIIa	*i* + Nasal + Kons.	*i*	*a*	*u*	*u*
IIIb	*e* + Liquid + Kons.	*i*	*a*	*u*	*o*
IV	*e* + Nasal oder Liquid	*i*	*a*	*ā*	*o*
V	*e* + Kons.	*i*	*a*	*ā*	*e*
VI	*a* + Kons.	*a*	*uo*	*uo*	*a*
VII	*ā, a, ei, ou, uo* oder *ō*	*ā, a, ei, ou, uo* oder *ō*	*ie*	*ie*	*ā, a, ei, ou, uo* oder *ō*

Übersicht 11: Starkes Verb im Althochdeutschen: Flexionsformen

Infinite Formen		Infinitiv Partizip Präsens Partizip Präteritum	*werfan* *werfanti, werfenti* *giworfan*
Finite Formen		Präsens	Präteritum
Indikativ	Sing. Plur.	1. P. *ih wirfu* 2. P. *dū wirfis* 3. P. *er, siu, iz wirfit* 1. P. *wir werfemēs, werfēn* 2. P. *ir werfet* 3. P. *sie, sio, siu werfent*	*warf* *wurfi* *warf* *wurfun* *wurfut* *wurfun*
Konjunktiv	Sing. Plur.	1. P. *ih werfe* 2. P. *dū werfēs* 3. P. *er, siu, iz werfe* 1. P. *wir werfemēs, werfēn* 2. P. *ir werfēt* 3. P. *sie, sio, siu werfēn*	*wurfi* *wurfis* *wurfi* *wurfimēs, wurfin* *wurfit* *wurfin*
Imperativ		2. P. Sing. *wirf* 2. P. Pl. *werfet*	

Übersicht 12: Schwaches Verb im Althochdeutschen

				-*jan*	-*ōn*	-*ēn*
Infinite Formen	Inf.		zellen	suochen	salbōn	habēn
	Part. Präs.		zellenti	suochenti	salbōnti	habēnti
	Part. Prät.		gizelit	gisuochit	gisalbōt	gihabēt
Finite Formen Präs. Ind.	Sing.	1. *ih*	zellu	suochu	salbōn	habēn
		2. *dū*	zelis	suochis	salbōs	habēs
		3. *er*	zelit	suochit	salbōt	habēt
	Plur.	1. *wir*	zellemēs	suochemēs	salbōmēs	habēmēs
		2. *ir*	zellet	suochet	salbōt	habēt
		3. *sie*	zellent	suochent	salbōnt	habēnt
Präs. Konj.	Sing.	1. *ih*	zelle	suoche	salbōe	habēe
		2. *dū*	zellēs	suochēs	salbōēs	habēēs
		3. *er*	zelle	suoche	salbōe	habēe
	Plur.	1. *wir*	zellemēs	suochemēs	salbōēmēs	habēēmēs
		2. *ir*	zellēt	suochēt	salbōēt	habēēt
		3. *sie*	zellēn	suochēn	salbōēn	habēēn
Prät. Ind.	Sing.	1. *ih*	zelita	suohta	salbōta	habēta
		2. *dū*	zelitōs	suohtōs	salbōtōs	habētōs
		3. *er*	zelita	suohta	salbōta	habēta
	Plur.	1. *wir*	zelitun	suohtun	salbōtun	habētun
		2. *ir*	zelitut	suohtut	salbōtut	habētut
		3. *sie*	zelitun	suohtun	salbōtun	habētun
Prät. Konj.	Sing.	1. *ih*	zeliti	suohti	salbōti	habēti
		2. *dū*	zelitīs	suohtīs	salbōtīs	habētīs
		3. *er*	zeliti	suohti	salbōti	habēti
	Plur.	1. *wir*	zelitīmēs	suohtīmēs	salbōtīmēs	habētīmēs
		2. *ir*	zelitīt	suohtīt	salbōtīt	habētīt
		3. *sie*	zelitīn	suohtīn	salbōtīn	habētīn
Imp.	Sing.	2.	zeli	suochi	salbo	habe
	Plur.	2.	zellet	suochet	salbōt	habēt

Übersicht 13: Präterito-Präsentien im Althochdeutschen

Ab-laut-reihe	Präsens Indikativ			Infinitiv	Präteri-tum Indikativ	Bedeutung
	1. u. 3. Pers. Sing.	2. Pers. Sing.	1. u. 3. Pers. Plur.		1. u. 3. Pers. Sing.	
I.	*weiz*	*weist*	*wizzun eigun*	*wizzan*	*wissa*	wissen, erkennen haben, besitzen
II.	*toug*		*tugun*		*tohta*	taugen, sich eignen, nützen
III.a) b)	*an kan darf gitar*	*kanst darft gitarst*	*unnun kunnun durfun giturrun*	*unnan kunnan durfan*	*onda konda dorfta gitorsta*	gönnen kennen, können bedürfen, brauchen wagen
IV.	*scal ginah*	*scalt*	*sculun*	*sculan*	*scolta*	sollen, müssen im Überfluss haben
V.	*mag*	*maht*	*magun mugun*	*magan mugan*	*mahta mohta*	können, vermögen
VI.	*muoz*	*muost*	*muozun*		*muosa*	können, dürfen

Übersicht 14: Das Verb *sīn* im Althochdeutschen

Präsens		Indikativ	Konjunktiv
Singular	1. P. *ih* 2. P. *dū* 3. P. *er, siu, iz*	*bim, bin* *bist* *ist*	*sī* *sīs, sīst* *sī*
Plural	1. P. *wir* 2. P. *ir* 3. P. *sie, sio, siu*	*birum, birun* *birut* *sint*	*sīn* *sīt* *sīn*

Übersicht 15: Das Verb *tuon* im Althochdeutschen

			Indikativ	Konjunktiv
Präsens	Singular	1. P. *ih*	tuon	tuoe, tuo
		2. P. *dū*	tuos, tuost	tues
		3. P. *er, siu, iz*	tuot	tuoe, tuo
	Plural	1. P. *wir*	tuomēs, tuon	tuoēn
		2. P. *ir*	tuot	tuot
		3. P. *sie, sio, siu*	tuont	tuoēn, tuon
Präteritum	Singular	1. P. *ih*	teta	tāti
		2. P. *dū*	tāti	tātīs, tātīst
		3. P. *er, siu, iz*	teta	tāti
	Plural	1. P. *wir*	tātum, tātun	tātīn
		2. P. *ir*	tātut	tātīt
		3. P. *sie, sio, siu*	tātun	tātīn

Übersicht 16: Das Verb *wellen* im Althochdeutschen

Präsens		Indikativ	Konjunktiv
Singular	1. P. *ih*	willu, wili	welle
	2. P. *dū*	wili	wellēs, wellēst
	3. P. *er, siu, iz*	wili	welle
Plural	1. P. *wir*	wellemēs, wellen	wellēm, wellēn
	2. P. *ir*	wellet	wellēt
	3. P. *sie, sio, siu*	wellent, wellant	wellēn

Übersicht 17: Das Verb *gān* im Althochdeutschen

Präsens		Indikativ
Singular	1. P. *ih*	gān
	2. P. *dū*	gās, gāst
	3. P. *er, siu, iz*	gāt
Plural	1. P. *wir*	gāmēs, gān
	2. P. *ir*	gāt
	3. P. *sie, sio, siu*	gānt

Das kontrahierte Verb *stān* flektiert dementsprechend.

Übersicht 18: Substantivflexion im Althochdeutschen

		1. *n*	2. *ō*	3. *a*	4. *i*
Mask.	Sing. Nom. Gen. Dat. Akk.	*der boto* *des boten* *demo boten* *den boton*		*der tag* *des tages* *demo tage* *den tag*	*der gast* *des gastes* *demo gaste* *den gast*
	Plur. Nom. Gen. Dat. Akk.	*dia boton* *dero botōno* *dēm botōm* *dia boton*		*dia taga* *dero tago* *dēm tagum* *dia taga*	*dia gesti* *dero gestio* *dēm gestim* *dia gesti*
Neutr.	Sing. Nom. Gen. Dat. Akk.	*daz herza* *des herzen* *demo herzen* *daz herza*		*daz wort* *des wortes* *demo worte* *daz wort*	
	Plur. Nom. Gen. Dat. Akk.	*diu herzun* *dero herzōno* *dēm herzōm* *diu herzun*		*diu wort* *dero worto* *dēm wortum* *diu wort*	
Fem.	Sing. Nom. Gen. Dat. Akk.	*diu zunga* *dera zungūn* *deru zungūn* *dia zungūn*	*diu geba* *dera geba* *deru gebu* *dia geba*		*diu kraft* *dera krefti* *deru krefti* *dia kraft*
	Plur. Nom. Gen. Dat. Akk.	*dio zungūn* *dero zungōno* *dēm zungōm* *dio zungūn*	*dio gebā* *dero gebōno* *dēm gebōm* *dio gebā*		*dio krefti* *dero kreftio* *dēm kreftim* *dio krefti*

Übersicht 19: Das Personalpronomen der 1. und 2. Person im Althochdeutschen

		1. Person	2. Person
Sing.	Nom.	*ih*	*dū*
	Gen.	*mīn*	*dīn*
	Dat.	*mir*	*dir*
	Akk.	*mih*	*dih*
Plur.	Nom.	*wir*	*ir*
	Gen.	*unsēr*	*iuwēr*
	Dat.	*uns*	*iu*
	Akk.	*unsih*	*iuwih*

Übersicht 20: Das Personalpronomen (3. Person) im Althochdeutschen

		Maskulinum	Neutrum	Femininum
Sing.	Nom.	*er*	*iz*	*siu, sī, si*
	Gen.	*sīn*	*es*	*ira, iru, iro*
	Dat.	*imo, imu*	*imu, imo*	*iru, iro*
	Akk.	*inan, in*	*iz*	*sia, sie*
Plur.	Nom.	*sie*	*siu*	*sio*
	Gen.	*iro*	*iro*	*iro*
	Dat.	*im, in*	*im, in*	*im, in*
	Akk.	*sie*	*siu*	*sio*

Übersicht 21: Das Reflexivpronomen (3. Person) im Althochdeutschen

		Maskulinum	Neutrum	Femininum
Sing.	Gen.	*sīn*	*sīn*	*ira*
	Dat.	*imu*	*imu*	*iru*
	Akk.	*sih*	*sih*	*sih*
Plur.	Gen.	*iro*		
	Dat.	*im*		
	Akk.	*sih*		

Übersicht 22: Artikel und Demonstrativpronomen im Althochdeutschen

		Maskulinum	Neutrum	Femininum
Sing.	Nom.	*der*	*daz*	*diu*
	Gen.	*des*	*des*	*dera, deru, dero*
	Dat.	*demu, demo*	*demu, demo*	*deru, dero*
	Akk.	*den*	*daz*	*dia*
Plur.	Nom.	*dia, die*	*diu*	*dio*
	Gen.	*dero*	*dero*	*dero*
	Dat.	*dēm, dēn*	*dēm, dēn*	*dēm, dēn*
	Akk.	*dia, die*	*diu*	*dio*

Übersicht 23: Das Interrogativpronomen im Althochdeutschen

		Maskulinum/ Femininum	Neutrum
Sing.	Nom.	*wer*	*waz*
	Gen.	*wes*	*wes*
	Dat.	*wemu, wemo*	*wemu, wemo*
	Akk.	*wenan, wen*	*waz*

Übersicht 24: Das zusammengesetzte Demonstrativpronomen im Althochdeutschen

		Maskulinum	Neutrum	Femininum
Sing.	Nom.	*dese* *desēr* *disēr*	*diz*	*desiu* *disiu*
	Gen.	*desse* *desses* *disses*	*desse* *desses* *disses*	*desera* *derera* *derra* *dirro*
	Dat.	*desemu* *desemo* *disemo*	*desemu* *desemo* *disemo*	*deseru* *dereru* *derru* *dirro*
	Akk.	*desan* *disen*	*diz*	*desa* *disa*
Plur.	Nom.	*dese* *dise*	*desiu* *disiu*	*deso* *dise*
	Gen.	*desero* *derero* *derro* *dirro*	*desero* *derero* *derro* *dirro*	*desero* *derero* *derro* *dirro*
	Dat.	*desēm* *desēn* *disēn*	*desēm* *desēn* *disēn*	*desēm* *desēn* *disēn*
	Akk.	*dese* *dise*	*desiu* *disiu*	*deso* *dise*

Übersicht 25: Das Possessivpronomen im Althochdeutschen

	1. Person	2. Person	3. Person
Singular	*mīn*	*dīn*	Mask. / Neutr: *sīn* [Fem.: *ira*]
Plural	*unsēr*	*iuwēr*	[alle Genera: *iro*]

Übersicht 26: Adjektivflexion im Althochdeutschen

	Maskulinum		Neutrum		Femininum	
	nom./ schw.	pronom./ stark	nom./ schw.	pronom./ stark	nom./ schw.	pronom./ stark
Sing.						
Nom.	wīs-o	wīs-ēr	wīs-a	wīs-az	wīs-a	wīs-iu
Gen.	wīs-en	wīs-es	wīs-en	wīs-es	wīs-ūn	wīs-era
Dat.	wīs-en	wīs-emo	wīs-en	wīs-emo	wīs-ūn	wīs-eru
Akk.	wīs-on	wīs-an	wīs-a	wīs-az	wīs-ūn	wīs-a
Plur.						
Nom.	wīs-on	wīs-e	wīs-un	wīs-iu	wīs-ūn	wīs-o
Gen.	wīs-ōno	wīs-ero	wīs-ōno	wīs-ero	wīs-ōno	wīs-ero
Dat.	wīs-ōm	wīs-ēm	wīs-ōm	wīs-ēm	wīs-ōm	wīs-ēm
Akk.	wīs-on	wīs-e	wīs-un	wīs -iu	wīs-ūn	wīs-o

4. Mittelhochdeutsche Flexionsmorphologie

Übersicht 27: Starkes Verb im Mittelhochdeutschen: Ablautreihen

Ablaut-reihe		Infinitiv	1. Pers. Sing. Ind.Präs.	1.u.3. Pers. Sing. Ind.Prät.	1.u.3. Pers. Plur. Ind.Prät.	Part.Prät.
I.	a)	rîten	rîte	reit	riten	geriten
	b)	zîhen	zîhe	zêh	zigen	gezigen
II.	a)	biegen	biuge	bouc	bugen	gebogen
	b)	bieten	biute	bôt	buten	geboten
III.	a)	binden	binde	bant	bunden	gebunden
	b)	werfen	wirfe	warf	wurfen	geworfen
IV.		nemen	nime	nam	nâmen	genomen
V.		geben	gibe	gap	gâben	gegeben
VI.		varn	var	vuor	vuoren	gevarn
VII.		râten	râte	riet	rieten	gerâten

Übersicht 28: Starkes Verb im Mittelhochdeutschen: Flexionsformen

Infinite Formen		Infinitiv Partizip Präsens Partizip Präteritum	*werfen* *werfende* *geworfen*
Finite Formen		Präsens	Präteritum
Indikativ	Singular	1. P. *ich wirfe* 2. P. *dû wirfest* 3. P. *er, siu, ez wirfet*	*warf* *würfe* *warf*
	Plural	1. P. *wir werfen* 2. P. *ir werfet* 3. P. *sie werfent*	*wurfen* *wurfet* *wurfen*
Konjunktiv	Singular	1. P. *ich werfe* 2. P. *dû werfest* 3. P. *er, siu, ez werfe*	*würfe* *würfest* *würfe*
	Plural	1. P. *wir werfen* 2. P. *ir werfet* 3. P. *sie werfen*	*würfen* *würfet* *würfen*
Imperativ		2. P. Sing. *wirf* 2. P. Plur. *werfet*	

Übersicht 29: Schwaches Verb im Mittelhochdeutschen

Infinite Formen	Inf. Part.Präs. Part.Prät.		*leben* *lebende* *geleb(e)t*
Finite Formen Präsens Indikativ	Singular	1. P. *ich* 2. P. *dû* 3. P. *er, siu, ez*	*lebe* *lebest* *lebet*
	Plural	1. P. *wir* 2. P. *ir* 3. P. *sie*	*leben* *lebet* *lebent*
Präsens Konjunktiv	Singular	1. P. *ich* 2. P. *dû* 3. P. *er, siu, ez*	*lebe* *lebest* *lebe*
	Plural	1. P. *wir* 2. P. *ir* 3. P. *sie*	*leben* *lebet* *leben*
Präteritum Indikativ	Singular	1. P. *ich* 2. P. *dû* 3. P. *er, siu, ez*	*leb(e)te* *leb(e)test* *leb(e)te*
	Plural	1. P. *wir* 2. P. *ir* 3. P. *sie*	*leb(e)ten* *leb(e)tet* *leb(e)ten*
Präteritum Konjunktiv	Singular	1. P. *ich* 2. P. *dû* 3. P. *er, siu, ez*	*leb(e)te* *leb(e)test* *leb(e)te*
	Plural	1. P. *wir* 2. P. *ir* 3. P. *sie*	*leb(e)ten* *leb(e)tet* *leb(e)ten*
Imperativ	Singular Plural	2. P. 2. P.	*lebe* *lebet*

Übersicht 30: Präterito-Präsentien im Mittelhochdeutschen

Ab-laut-reihe	Präsens Indikativ			Infinitiv	Präteritum		
	1. u. 3. Pers. Sing.	2. Pers. Sing.	1. u. 3. Pers. Plur.		1. u. 3. Pers. Sing. Ind.	1. u. 3. Pers. Sing. Konj.	Part.
I.	*weiz*	*weist*	*wizzen* *eigen*	*wizzen*	*wisse wesse wiste weste*	*wisse wesse wiste weste*	*gewist gewest* *eigen*
II.	*touc*		*tugen tügen*	*tugen tügen*	*tohte*	*töhte*	
III.a)	*gan*	*ganst*	*gunnen günnen*	*gunnen günnen*	*gunde gonde*	*günde gunde*	*gegunnen gegunnet*
	kan	*kanst*	*kunnen künnen*	*kunnen künnen*	*kunde konde*	*künde kunde*	
b)	*darf*	*darft*	*durfen dürfen*	*durfen dürfen*	*dorfte*	*dörfte*	
	tar	*tarst*	*turren türren*	*turren türren*	*torste*	*törste*	
IV.	*sol sal*	*solt*	*soln suln süln*	*soln suln süln*	*solde solte*	*sölde solte*	
V.	*mac*	*maht*	*mugen mügen magen megen*	*mugen mügen magen megen*	*mahte mohte*	*mähte möhte*	
VI.	*muoz*	*muost*	*müezen*	*müezen*	*muose muoste*	*müese müeste*	

Übersicht 31: Das Verb *sîn* im Mittelhochdeutschen

Präsens		Indikatik	Konjunktiv
Singular	1. P. *ich* 2. P. *dû* 3. P. *er, siu, ez*	*bin* *bist* *ist*	*sî* *sîst* *sî*
Plural	1. P. *wir* 2. P. *ir* 3. P. *sie*	*birn, sîn, sint* *birt, bint, sît, sint* *sint*	*sîn* *sît* *sîn*

Übersicht 32: Das Verb *tuon* im Mittelhochdeutschen

			Indikativ	Konjunktiv
Präsens	Singular	1. P. *ich* 2. P. *dû* 3. P. *er, siu, ez*	*tuon* *tuost* *tuot*	*tuo* *tuost* *tuo*
	Plural	1. P. *wir* 2. P. *ir* 3. P. *sie*	*tuon* *tuot* *tuont*	*tuon* *tuot* *tuon*
Präteritum	Singular	1. P. *ich* 2. P. *dû* 3. P. *er, siu, ez*	*tete, tet* *tæte* *tete, tet*	*tæte* *tætest* *tæte*
	Plural	1. P. *wir* 2. P. *ir* 3. P. *sie*	*tâten* *tâtet* *tâten*	*tæten* *tætet* *tæten*

Übersicht 33: Das Verb *wellen* im Mittelhochdeutschen

Präsens		Indikativ	Konjunktiv
Singular	1. P. *ich*	*wile, wil*	*welle*
	2. P. *dû*	*wile, wil, wilt*	*wellest*
	3. P. *er, siu, ez*	*wile, wil*	*welle*
Plural	1. P. *wir*	*wellen, weln*	*wellen*
	2. P. *ir*	*wellet, welt*	*wellet*
	3. P. *sie*	*wellent, welnt,*	*wellen*
		wellen	

Übersicht 34: Die Verben *gân/gên*, *stân/stên*, *hân*, *lân* im Mittelhochdeutschen[1]

Präsens		Indikativ	Konjunktiv
Singular	1. P. *ich*	*gân*	*gân*
	2. P. *dû*	*gâst*	*gâst*
	3. P. *er, siu, ez*	*gât*	*gâ*
Plural	1. P. *wir*	*gân*	*gân*
	2. P. *ir*	*gât*	*gân*
	3. P. *sie*	*gânt*	*gân*

---

1 Diese verkürzten Verben flektieren im Indikativ Präsens nach einem einheitlichen Muster, *gân* dient hier als Beispiel.

Übersicht 35: Die Substantivflexion im Mittelhochdeutschen

		1.	2.	3.	4.
Mask.	Sing. Nom. Gen. Dat. Akk.	der bote des boten dem boten den boten		der tac des tages dem tage den tac	der gast des gastes dem gaste den gast
	Plur. Nom. Gen. Dat. Akk.	die boten der boten den boten die boten		die tage der tage den tagen die tage	die geste der geste den gesten die geste
Neutr.	Sing. Nom. Gen. Dat. Akk.	daz herze des herzen dem herzen daz herze		daz wort des wortes dem worte daz wort	daz blat des blates dem blate daz blat
	Plur. Nom. Gen. Dat. Akk.	diu herzen der herzen den herzen diu herzen		diu wort der worte den worten diu wort	diu bleter der bleter den bletern diu bleter
Fem.	Sing. Nom. Gen. Dat. Akk.	diu zunge der zungen der zungen die zungen	diu gebe der gebe der gebe die gebe	diu zît der zîte der zîte die zît	diu kraft der kraft/ krefte der kraft/ krefte die kraft
	Plur. Nom. Gen. Dat. Akk.	die zungen der zungen den zungen die zungen	die gebe der geben den geben die gebe	die zîte der zîte den zîten die zîte	die krefte der krefte den kreften die krefte

Übersicht 36: Das Personalpronomen (1. und 2. Person)
im Mittelhochdeutschen

		1. Person	2. Person
Sing.	Nom.	*ich*	*dû*
	Gen.	*mîn*	*dîn*
	Dat.	*mir*	*dir*
	Akk.	*mich*	*dich*
Plur.	Nom.	*wir*	*ir*
	Gen.	*unser*	*iuwer, iur*
	Dat.	*uns*	*iu, iuch*
	Akk.	*unsich, uns*	*iuch*

Übersicht 37: Das Personalpronomen (3. Person) im Mittelhochdeutschen

		Maskulinum	Neutrum	Femininum
Sing.	Nom.	*er*	*ez*	*siu, si, sie*
	Gen.	*sîn, (es)*	*es, sîn*	*ire, ir*
	Dat.	*ime, im*	*ime, im*	*ire, ir*
	Akk.	*in*	*ez*	*sie, si*
Plur.	Nom.	*sie, si*	*siu, sie, si*	*sie, si*
	Gen.	*ire, ir*	*ire, ir*	*ire, ir*
	Dat.	*in*	*in*	*in*
	Akk.	*sie, si*	*siu, sie, si*	*sie, si*

Übersicht 38: Das Reflexivpronomen (3. Person) im Mittelhochdeutschen

		Maskulinum	Neutrum	Femininum
Sing.	Gen.	*sîn*	*sîn*	*ir*
	Dat.	*im, ime*	*im, ime*	*ir, ire*
	Akk.	*sich*	*sich*	*sich*
Plur.	Gen.		*ir, ire*	
	Dat.		*in*	
	Akk.		*sich*	

Übersicht 39: Artikel und Demonstrativpronomen im Mittelhochdeutschen

		Maskulinum	Neutrum	Femininum
Sing.	Nom.	*der*	*daz*	*diu*
	Gen.	*des*	*des*	*dere, der*
	Dat.	*deme, dem*	*deme, dem*	*dere, der*
	Akk.	*den*	*daz*	*die*
Plur.	Nom.	*die*	*diu*	*die*
	Gen.	*dere, der*	*dere, der*	*dere, der*
	Dat.	*den*	*den*	*den*
	Akk.	*die*	*diu*	*die*

Übersicht 40: Das Interrogativpronomen im Mittelhochdeutschen

		Maskulinum/ Femininum	Neutrum
Sing.	Nom.	*wer*	*waz*
	Gen.	*wes*	*wes*
	Dat.	*weme, wem*	*weme, wem*
	Akk.	*wen*	*waz*

Übersicht 41: Das zusammengesetzte Demonstrativpronomen im Mittelhochdeutschen

		Maskulinum	Neutrum	Femininum
Sing.	Nom.	*dise* *diser* *dirre*	*diz* *ditze*	*disiu*
	Gen.	*dises*	*dises*	*diser* *dirre*
	Dat.	*diseme* *disem*	*diseme* *disem*	*diser* *dirre*
	Akk.	*disen*	*diz* *ditze*	*dise*
Plur.	Nom.	*dise*	*disiu*	*dise*
	Gen.	*diser, dirre*		
	Dat.	*disen*		
	Akk.	*dise*	*disiu*	*dise*

Übersicht 42: Das Possessivpronomen im Mittelhochdeutschen

	1. Person	2. Person	3. Person
Singular	*mîn*	*dîn*	Mask. / Neutr: *sîn* [Fem.: *ir*]
Plural	*unser*	*iuwer*	[alle Genera: *ir*]

Übersicht 43: Adjektivflexion im Mittelhochdeutschen

	Maskulinum		Neutrum		Femininum	
	nom./ schw.	pronom./ stark	nom./ schw.	pronom./ stark	nom./ schw.	pronom./ stark
Sing.						
Nom.	wîs-e	wîs-er	wîs-e	wîs-ez	wîs-e	wîs-iu
Gen.	wîs-en	wîs-es	wîs-en	wîs-es	wîs-en	wîs-er
Dat.	wîs-en	wîs-em	wîs-en	wîs-em	wîs-en	wîs-er
Akk.	wîs-en		wîs-e	wîs-ez	wîs-en	wîs-e
Plur.						
Nom.	wîs-en	wîs-e	wîs-en	wîs-iu	wîs-en	wîs-e
Gen.	wîs-en	wîs-er	wîs-en	wîs-er	wîs-en	wîs-er
Dat.	wîs-en		wîs-en		wîs-en	
Akk.	wîs-en	wîs-e	wîs-en	wîs-iu	wîs-en	wîs-e

Glossar

Auf Termini, die im Glossar enthalten sind, wird im Fließtext durch Fettdruck verwiesen, wenn diese erstmalig auftreten, wenn sie in definitorischen Zusammenhängen erscheinen oder wenn das mit dem Terminus verknüpfte Konzept für das Verständnis der betreffenden Passage anderweitig zentral ist.

Ablaut
Der auf lautliche Verhältnisse des → Indogermanischen zurückgehende regelmäßige Wechsel des Vokals in → Grundmorphemen zusammengehöriger Wortformen (ahd. *neman – nimu – nam – nāmun – ginoman*).

Affrikate/-a
Laut, der durch die Verbindung eines Verschlusslauts mit einem homorganen (d. h. an derselben Stelle artikulierten) Reibelaut produziert wird, z. B.: */pf, ts/* oder *[kx]*.

Allophon
Verschiedene Realisierungen ein und desselben → Phonems ohne Bedeutungsdifferenzierung (z. B. Zungen-*r* und Rachen-*r* oder *[ç]* und *[x]*).

»analoger« Umlaut
Prozess der Vereinheitlichung (vgl. → Analogie) nicht umgelauteter Formen ohne lautgesetzliche Auslösung, z. B. ahd. *troumen – troumta* → mhd. *tröumen – troumte* → nhd. *träumen – träumte*.

Analogie
Stellt v. a. im morphologischen Bereich durch lautliche Veränderungen unkenntlich gemachte oder verdunkelte Beziehungen unter Mitgliedern eines Flexionsparadigmas wieder her. Lautgesetzwidrige Formen lassen sich dann durch das Bestreben nach dem Ausdruck morphologischer Zusammengehörigkeit erklären. So entsprach den stimmhaften Labialen in nhd. *heben, gehoben* idg. jeweils stimmloses /p$^{(h)}$/. In der 1. Lautverschiebung kam es zur Auseinanderentwicklung: Je nach Akzentverhältnissen (→ Verners Gesetz) entwickelte sich germ. ahd. /f/ oder germ. /ƀ/ > ahd. /b/, so dass neben dem Inf. ahd. *heffen* das Part. Prat. *irhaban* stand. Zum Nhd. wird das lautgesetzliche /ff/ in Analogie zur Partizipialform zu /b/ vereinheitlicht.

analytisch
[griech. *análysis* ›Zerlegung‹] Beim analytischen Sprachbau werden die grammatischen Kategorien (z. B. → Tempus bei Verben und → Kasus bei Substantiven) nicht

durch morphologische Mittel am Wortstamm, sondern außerhalb des Wortes durch grammatische Hilfswörter gekennzeichnet (vgl. im Deutschen das Perfekt *(sie* **hat** *gemacht / geschrieben)* oder die periphrastische Dativ-Form *das Buch* **von Peter** anstelle des Genitivs *Peters Buch).*

↔ synthetisch

Apokope
[gr. *apokopé* ›Abstoppung‹] Ausfall eines auslautenden Endsilbenvokals, z. B. ahd. *faru* > mhd. *var* oder *mit dem Dolche* (Schiller) > *mit dem Dolch* (Gegenwartsdeutsch).

Auslautverhärtung
Die Neutralisierung der Opposition stimmhaft vs. stimmlos, welche die → Plosive (und dentalen → Frikative) im Wort- und Silbenauslaut vom Ahd. zum Mhd. betrifft (ahd. *gab, band, tag* > mhd. *gap, bant, tac).*

Äußere Sprachgeschichte
Betrifft die nichtsprachlichen (z. B. historischen, sozialen, kulturellen, politischen etc.) Rahmenbedingungen, die für Entstehung, Wandel und Verwendung von Sprache relevant sind.

Benrather Linie (*maken-/machen*-Linie)
Trennt das niederdeutsche vom hochdeutschen Dialektgebiet.
    → Zweite Lautverschiebung

Bindevokal → Stammvokal

dat-/das-Linie (»Hunsrückschranke«)
Trennt innerhalb des Westmitteldeutschen das Mittelfränkische vom Rheinfränkischen.
    → Zweite Lautverschiebung

Deklination
Veränderung der Substantive und Adjektive nach den Kategorien → Kasus, → Numerus, → Genus.

Dental
Laut, bei dessen Artikulation die Zunge an die Zahne stößt, z. B. */d, t, s/.*

diachron
[griech. *diá* ›hindurch‹, *chrónos* ›Zeit‹] Untersuchung der Sprache/eines sprachlichen Phänomens in Abhängigkeit vom zeitlichen Verlauf (→ Sprachwandel).
    ↔ synchron

Diphthong
[griech. *díphthongos* ›Doppellaut‹] Ein aus zwei Vokalen bestehender Doppellaut wie /*au, ei*/.
→ Monophthong

dorp-/ dorf-Linie (»Eifelschranke«)
Trennt innerhalb des Mittelfränkischen das Ripuarische vom Moselfränkischen.
→ Zweite Lautverschiebung/Fliesst>

Ebenen des Sprachsystems
Phonologische (lautliche), graphematische (Schreibung), morphologische (Flexion und Wortbildung), syntaktische (grammatische Zusammenhänge im Satz), lexikalische/semantische (Wort und Wortbedeutung) und textuelle (Text).

»Eifelschranke« → *dorp-/dorf*-Linie

Erste Lautverschiebung
Umbau des indogermanischen Konsonanteninventars zum → Germanischen. Das Kriterium ›behaucht vs. nicht behaucht‹ (Aspiration) verschwindet, das Frikativinventar wird ausgebaut: Verschiebung der aspirierten und nicht aspirierten stimmlosen Plosive /p$^{(h)}$, t$^{(h)}$, k$^{(h)}$/ zu stimmlosen Frikativen /f, þ, χ/ bzw. der aspirierten stimmhaften Plosive /bh, dh, gh/ zu stimmhaften Frikativen /ƀ/, /đ/, /g/. Die stimmhaften idg. Plosive /b, d, g/ werden zu germ. /p, t, k/. Ging allerdings idg. stimmlosem Plosiv /p$^{(h)}$, t$^{(h)}$, k$^{(h)}$/ der (zum Germ. auf die Wurzelsilbe fixierte) Wortakzent nicht voraus, kommt es ausnahmsweise (→ Verners Gesetz) neben der Modifikation der Artikulationsart (Plosiv > Frikativ) auch zur Modifikation der Stimmtonbeteiligung (idg. stimmlos > germ. stimmhaft).

Explosiv / Plosiv / Verschlusslaut
[lat. *plaudere* ›klappend zusammenschlagen‹] Laut, der durch plötzliches Lösen eines Verschlusses gebildet wird, z. B. /*p, t, k, b, d, g*/.

Flexion
Oberbegriff für → Deklination und → Konjugation.

Flexionsmorphem / Flexionsendung
Morphem, das der Flexion von Wörtern dient (z. B. *-st: leben + -st* → *lebst*).

Frikativ / Reibelaut
[lat. *fricāre* ›reiben‹] Durch Reibung der ausströmenden Atemluft hervorgebrachter Laut /*f, s*/, [*x*].

Genus (Pl. Genera)
Grammatisches Geschlecht (im Deutschen: Maskulinum, Femininum, Neutrum).

Genus verbi (Pl. Genera verbi)
Grammatische Kategorie des Verbs, über die die Beteiligung der Aktanten (Agens und Patiens) an der Verbalhandlung ausgedrückt wird (im Deutschen: Aktiv und → analytisch gebildetes Passiv). Funktional kann über das Genus verbi eine Veränderung der Sprecherperspektive realisiert werden.

Germanische Sprachen
Sprachzweig (Sprachgruppe) des Indogermanischen, der sich von den übrigen idg. Sprachen durch entwicklungsgeschichtlich bedingte strukturelle Gemeinsamkeiten unterscheidet, z. B. a) systematische Veränderungen der idg. Konsonanten in der → 1. (germanischen) Lautverschiebung; b) Festlegung des Wortakzents auf die erste Stammsilbe; c) systematischer Ausbau des ererbten → Ablauts; d) Differenzierung zwischen → starken und → schwachen Verben sowie zwischen der starken und schwachen Adjektivflexion.

Grammatischer Wechsel
Durch →Verners Gesetz verursachter, synchron nicht mehr motivierter Wechsel des wurzelschließenden Konsonanten in starken Verben wie ahd. *findan – funtun* oder nhd. *ziehen – zogen*.

Grundmorphem
Der die lexikalische Bedeutung tragende Bestandteil eines Wortes, der nach Abtrennung der →Flexions- und → Wortbildungsmorpheme übrig bleibt *(Tür, schreib-)*; im historischen Zusammenhang auch Wurzel genannt.

»Hunsrückschranke« → *dat-/das*-Linie

Indogermanisch (idg., auch indoeuropäisch)
Die Bezeichnung *Indogermanisch* deutet auf die geographische Ausbreitung der Sprachfamilie hin und ist aus der Bezeichnung für den zum Zeitpunkt ihrer Bildung am östlichsten bezeugten Zweig (Indo-Arisch mit Einzelsprachen wie Sanskrit) und den am westlichsten bezeugten Zweig (Germanisch mit Einzelsprachen wie Altisländisch) gebildet. Das zu dieser Sprachfamilie gehörende Tocharisch wurde allerdings noch weiter östlich gesprochen, es wurde aber erst später, nach der Etablierung des Begriffs *Indogermanisch*, entdeckt.

Infinite Form / Verbalnomen (Pl. Verbalnomina)
Im Deutschen Infinitiv, Partizip I (Präsens), Partizip II (Präteritum).

Innere Sprachgeschichte
Betrifft die historische Betrachtung der Struktur und des Wandels der einzelnen →
Ebenen des Sprachsystems.

Isoglosse
Sprachgeographische Linie, die zwei unterschiedliche Ausprägungen eines sprachlichen Phänomens trennt. Phonologische Isoglossen sind etwa die →Benrather Linie oder die →Speyerer Linie.

Kasus (Pl. Kasūs)
Im Deutschen: Nominativ, Genitiv, Dativ, Akkusativ.

Kasusnivellierung
Morphologische Folge des Abbaus der ahd. Flexionsendungen im Rahmen der →
Nebensilbenabschwächung. So reduziert sich die Zahl der Kasusendungen bei den schwachen Maskulina von fünf (Ahd.) auf zwei (Mhd.). Während die Kasusfunktion auf die syntaktische Ebene verlagert und weitgehend an den best. Artikel delegiert wird, ist als morphologische Konsequenz eine stärkere Gewichtung der Numerusopposition zu beobachten (vgl. → Numerusprofilierung).

***kind-/kchind*-Linie**
Trennt innerhalb des Oberdeutschen das Niederalemannische vom Hoch- und Höchstalemannischen (= Südalemannischen) sowie das Nord- und Mittelbairische vom Südbairischen.
   → Zweite Lautverschiebung

Konjugation
Veränderung der Verben nach den Kategorien Person, → Numerus, → Modus, →
Tempus, → Genus verbi.

Labial
Laut, der an den Lippen gebildet wird, z. B. */b, p, m/.*

Liquid
Laut, bei dessen Artikulation die Luft um ein Hindernis herum entströmt, z. B. */r, l/.*

***maken-/machen*-Linie** → Benrather Linie

Modus (Pl. Modi)
Grammatische Kategorie des Verbs, durch die eine subjektive Stellungnahme des Sprechers zu dem durch die Aussage bezeichneten Sachverhalt ausgedrückt wird (Indikativ *(er kommt)*; Konjunktiv *(er käme; würde kommen; wäre gekommen)*, Imperativ *(Komm!)*).

Monophthong
[griech. *monóphthongos* ›einzeln tonend‹] Ein einfacher Vokal wie /a, e, i, o, u/.
→ Diphthong

Morphem
Die kleinste bedeutungstragende Einheit der Sprache.
→ Flexionsmorphem, Grundmorphem, Wortbildungsmorphem

Morphologie
[griech. *morphé* ›Form‹, *lógos* ›Wort‹, ›Lehre‹] Lehre von der Form eines Wortes, seiner Flexion und seiner Bildung (→ Wortbildung).

Nasal
Laut, bei dessen Artikulation die Luft durch die Nase entweicht, z. B. /m, n/.

Nebensilbenabschwächung
Artikulatorisch bedingter Zusammenfall des weitgehend ausgebauten ahd. Systems der Prä- und Suffixvokale zu mhd. /e/. Der damit einhergehende Verlust an ausdrucksseitiger Differenzierung wird teilweise durch die mhd. Grammatikalisierung des → Umlauts kompensiert, so bei der Markierung der Modusopposition. Ebenfalls auf morphologischer Ebene besteht ein Zusammenhang mit der → Kasusnivellierung.

Numerus (Pl. Numeri)
Im Deutschen: Singular, Plural.

Numerusprofilierung
Die nach der Nebensilbenabschwächung bewahrten Flexionsendungen sowie der grammatikalisierte → Umlaut können im Mhd. bzw. Fnhd. nach der weitgehenden Übertragung der alten Kasusfunktion an die Syntax zur Markierung der Numerusopposition Singular vs. Plural eingesetzt werden. Markierte der → Primärumlaut in ahd. *kraft* noch Kasus in Singular und Plural, treten mhd. im Singular verstärkt unumgelautete Formen (*kraft* neben *krefte*) im Gen./Dat. Sing. auf, die sich zum Fnhd. hin durchsetzen, woraufhin der → Umlaut als Pluralmarker interpretiert werden kann.

Paradigma (in der Flexionsmorphologie)
Menge der Wortformen, die zusammen ein Deklinations- oder Konjugationsmuster bilden; zusammengehörige Gruppe der Formen eines Wortes.

Phonem
Die kleinste bedeutungsunterscheidende Einheit des Sprachsystems (ermittelbar durch Minimalpaarbildung, z. B. Haus vs. Maus). Phoneme unterscheidet man im

Deutschen nach Artikulationsart (z.B. Explosiv, Frikativ), Artikulationsort (z.B. Dental, Velar) und Stimmtonbeteiligung (stimmlos vs. stimmhaft).
→ Allophon

Phonetik
Lehre von der Hervorbringung, Wahrnehmung und Struktur der Laute.

Phonologie
Lehre von den bedeutungsunterscheidenden Merkmalen einzelner Laute und ihren Funktionen im Äußerungsakt *(Wiesel* vs. *Kiesel; reisen* vs. *reißen)*.

Plosiv → Explosiv

Präfix
[lat. *praefigere* ›vorne anheften‹] Dem Wortstamm vorausgehendes, gebundenes Wortbildungselement (*be-* in *bebauen*).

Präterito-Präsens (Pl. Präterito-Präsentien)
Ein Verb, dessen Präsensformen aussehen wie Präterita →starker Verben und das sein Präteritum wie →schwache Verben mit Dentalsuffix bildet. Im Ahd. gab es elf Präterito-Präsentien: *wizzan, unnan, kunnan, durfan, sculan, magan, mugan* sowie vier Verben, deren Infinitivform nicht überliefert ist: *eigun, tugun, giturrun, muozun.*

Primärumlaut
Schon ahd. verschrifteter → Umlaut von /a/ durch nachfolgendes /i/ oder /j/. Folgten auf /a/ bestimmte Konsonantenverbindungen mit /h, r, t/ (z.B. *maht, mahti* vs. *gast, gesti*), kommt es zur Hemmung des Primärumlauts, in den entsprechenden Fällen greift dann zum Mhd. hin der →Sekundärumlaut.

*pund-/pfund-***Linie** → Speyerer Linie

Reibelaut → Frikativ

Rheinischer Fächer
Fächerartige Anordnung der →Isoglossen im Westmitteldeutschen, die unterschiedliche Grade der Durchführung der → 2. Lautverschiebung markiert und das Gebiet in unterschiedliche Einzeldialekte (Ripuarisch, Moselfränkisch, Rheinfränkisch) einteilt.

Rhotazismus
[nach dem griech. Buchstaben ρ ›Rho‹] Allgemein Entwicklung eines Konsonanten zu /r/, im engeren Sinn spontane Entwicklung von urgerm. /z/ zu germ. /r/ (got. *maiza* > ahd. *mēre*), die Konsequenzen sind noch beobachtbar beim → gramm. Wechsel in nhd. *verlieren, Verlust* oder in nhd. *waren, gewesen* bzw. engl. *were, was.*

»Rückumlaut«

Das Nichteintreten des → Umlauts im Präteritum der langwurzligen ahd. *jan*-Verben *(nennen – nannte, trenken – trankte)*

Runen

Sammelbegriff, der alle frühen Alphabetschriften der Germanen bezeichnet, die anfangs meist zur Aufzeichnung magisch-religiöser Inhalte dienten.

Schriftdialekt/Schreibsprache

Im Gegensatz zu den modernen verschrifteten Standardsprachen weist die schriftliche Überlieferung des Alt- und Mittelhochdeutschen große Varianz v. a. in der Graphie und Schreibnorm auf, die – wie im Fall der neuzeitlichen Dialekte – durch relative Kleinräumigkeit der Varietäten verursacht ist.

Schwaches Verb

Ein Verb, das über folgende Merkmale verfügt: a) Bildung der Vergangenheitsformen mit dem Dentalsuffix -*t*; b) Vorhandensein unterschiedlicher Infinitivendungen im Ahd., die klassenbestimmend sind *(jan-, ōn-* und *ēn*-Verben); c) sekundäres Verb (d. h. eine Neubildung des Germanischen mittels Ableitung); d) auslautende Vokale im Imperativ.
    → starkes Verb, Präterito-Präsens

Sekundärumlaut

Mhd. verschrifteter → Umlaut von /a/ in ahd. blockierter Position (→ Primärumlaut) sowie von /a/ > /ä/, /o/ > /ö/, /ā/ > /æ/, /ō/ > /œ /, /u/ > /ü/, /û/ > /iu/, /ou/ > /öu/, /uo/ >/üe/ durch nachfolgendes /i/ oder /j/.

Speyerer Linie *(pund-/pfund-Linie)*

Trennt innerhalb des Hochdeutschen die mitteldeutschen von den oberdeutschen Dialekten.
    → Zweite Lautverschiebung

Sprachfamilie

Sprachen, die miteinander genetisch verwandt sind. Die Zugehörigkeit von Sprachen zu einer Sprachfamilie wird durch phonologische, morphologische und lexikalische Übereinstimmungen erwiesen.

Sprachgrenze

Sprachgeographische Grenze, die zwei Sprachen oder stark voneinander abweichende Dialekte voneinander trennt und in der Regel durch ein Bündel von → Isoglossen markiert wird.

Sprachwandel
Prozess der Veränderung von Sprache im zeitlichen Verlauf, der sich auf allen →
Ebenen des Sprachsystems vollzieht. Beispiele aus der deutschen Sprachgeschichte:
→ Erste Lautverschiebung, → Zweite Lautverschiebung, → Nebensilbenabschwä-
chung, → Verners Gesetz, → Auslautverhärtung, → Kasusnivellierung, → Numerus-
profilierung.

Stamm
→ Grundmorphem / Wurzel + → Stammbildungsvokal / Themavokal / Bindevokal
(*strangē-* in *strangēta*).

Stammvokal/Bindevokal/Themavokal
→ Wortbildungsmorpheme, die z. B. bei → schwachen Verben auf die → Grundmorpheme folgen und als Ableitungsmittel (→ Suffixe) fungieren (z. B. *fasta + ē >
fastēn*).

Starkes Verb
Ein Verb, das über folgende Merkmale verfügt: a) Bildung der Vergangenheitsformen mit → Ablaut; b) primäres Verb (d. h. aus dem Idg. ererbt); c) Nullmorphem
im Imperativ (nur im Ahd. und im Mhd.).
   → schwaches Verb, Präterito-Präsens

Suffix
[lat. *suffigere* ›unten anheften‹] Morphologisches Element, das an einen Wortstamm
angehängt wird (*-heit* in *Freiheit*, *-sam* in *arbeitsam*).

synchron
[griech. *syn* ›mit‹, *chrónos* ›Zeit‹] Untersuchung der Sprache/eines sprachlichen
Phänomens zu einem fixierten Zeitpunkt in der Gegenwart oder in der Vergangen-
heit.
   ↔ diachron

Synkope
[gr. *synkopḗ* ›Zusammenstoßen, Ausstoßen‹] Ausfall eines unbetonten Vokals im
Wortinnern, z. B. ahd. *faran* > mhd. *varn*.

synthetisch
[gr. *sýnthesis* ›Zusammenstellung‹] Beim synthetischen Sprachbau werden die
grammatischen Kategorien (z. B. → Tempus bei Verben und → Kasus bei Substantiven) morphologisch am Wortstamm markiert (vgl. im Deutschen Präteritum
(*schrieb*) und Gen. Sing. M./N. (*des Mann*es, *des Buch*es)).
   ↔ analytisch

Tempus (Pl. Tempora)
Grammatische Kategorie, die Ereignisse/Prozesse in die Zeit einordnet (z. B. Präsens, Präteritum).

Themavokal → Stammvokal

Umlaut
Prozess und/oder Ergebnis der partiellen Assimilation des Vokals der Haupttonsilbe an den Vokal der folgenden Silbe.
→ Primärumlaut, Sekundärumlaut

Velar
Laut, der am Gaumensegel (Velum) gebildet wird, z. B. /k, g/, [x].

Verbalnomen → Infinite Form

Vernersches Gesetz → Verners Gesetz

Verners Gesetz
Lautgesetzliche Ausnahme zur 1. Lautverschiebung insofern, als die Verschiebung idg. stimmloser Plosive zu stimmhaften statt zu stimmlosen Frikativen, also die simultane Modifizierung zweier artikulatorischer Merkmale, einer Erklärung bedarf. Diese lieferte K. Verner durch den Nachweis, dass die ausnahmsweise Entwicklung zu germ. /b̄/, /đ/, /g/ nur dann eintrat, wenn der im Idg. freie Wortakzent dem stimmlosen Plosiv nicht unmittelbar vorausging (und die Umgebung stimmhaft war). → Synchrones Resultat von Verners Gesetz ist der → grammatische Wechsel.

Verschlusslaut → Explosiv

Westgermanische Konsonantengemination
Veränderung der Konsonanten durch folgende *j, w, r, l, m, n,* die zu einer Dehnung von Konsonanten führt und in der Schrift in Form einer Doppelschreibung dargestellt wird *(germ. *sitjan > *sittjan > ahd. sizzen).*

Wortbildung
Untersuchung und Beschreibung von Verfahren und Gesetzmäßigkeiten bei der Bildung neuer komplexer Wörter auf der Basis vorhandener sprachlicher Mittel.

Wortbildungsmorphem
→ Morphem, das zur Bildung neuer Wörter dient (z. B. *-er: lehren + -er* → *Lehrer).*

Wurzel
→ Grundmorphem; der Terminus wird eher in der → diachronen als in der → synchronen Sprachwissenschaft verwendet.

Zweite Lautverschiebung
Betrifft 1. die stimmlosen → Plosive (Tenues) /p, t, k/ des → Germanischen, die je nach Position a) postvokalisch im gesamten hochdeutschen Sprachgebiet zu den (nach Langvokal wieder vereinfachten) Geminaten /ff, zz, hh/ oder b) in → Anlaut, Gemination und postkonsonantisch zu den → Affrikata /pf, ts, kch/ verschoben werden. Da sich Letztere nur im südlichen Oberdeutschen für alle Artikulationsstellen entwickeln, erlaubt die mehr oder weniger weitgehende Durchsetzung der Affrikata eine Binnengliederung des hochdeutschen Dialektraums (→ Rheinischer Fächer), während die Verschiebung in postvokalischer Position von Ausnahmen (mittelfränkische ›Kleinwörter‹ *dat, it, wat, allet*) abgesehen die Scheidung des Hoch- vom Niederdeutschen erlaubt. Betrifft 2. die stimmhaften → Plosive (Medien) /b, d, g/ des → Germanischen, die sich zum Althochdeutschen – mit regionalen Unterschieden – zu /b, t, g/ weiterentwickeln.

Literatur

Althochdeutsche Grammatik und Lexikographie

Wilhelm *Braune* – Ingo *Reiffenstein*, Althochdeutsche Grammatik, I. Laut- und Formenlehre, 15. Auflage Tübingen 2004 (umfassende Darstellung, in der auch die Besonderheiten der einzelnen Texte behandelt werden).

Richard *Schrodt*, Althochdeutsche Grammatik, II. Syntax, Tübingen 2004.

Althochdeutsches Wörterbuch. Auf Grund der von Elias von Steinmeyer hinterlassenen Sammlungen im Auftrag der Sächsischen Akademie der Wissenschaften zu Leipzig bearbeitet und herausgegeben von Elisabeth Karg-Gasterstädt und Theodor Frings, Iff., Berlin 1968 ff. (umfassendes Werk mit Angabe aller Belegstellen und Interpretation nach Form und Bedeutung; noch nicht vollständig erschienen).

Rudolf *Schützeichel*, Althochdeutsches Wörterbuch, 7., durchgesehene und verbesserte Auflage Tübingen 2012 (enthält den Wortschatz der literarischen Denkmäler sowie Verweise auf den Glossenwortschatz; in der Einleitung Verzeichnis der althochdeutschen Texte mit Angabe der Handschriften, der Editionen und der Spezialwörterbücher).

Rudolf *Schützeichel*, Althochdeutscher und altsächsischer Glossenwortschatz, I–XII, Tübingen 2004.

Althochdeutsches Glossenwörterbuch einschließlich des von Taylor Starck begonnenen Glossenindexes. Zusammengetragen, bearbeitet und herausgegeben von John C. Wells, Heidelberg 1990.

Mittelhochdeutsche Grammatik und Lexikographie

Hermann *Paul*, Mittelhochdeutsche Grammatik. 25. Auflage, neu bearbeitet von Thomas Klein – Hans-Joachim Solms – Klaus-Peter Wegera. Mit einer Syntax von Ingeborg Schröbler, neubearbeitet und erweitert von Heinz-Peter Prell. Tübingen 2007 (umfassende Darstellung, in der auch die Besonderheiten wichtiger Texte behandelt werden).

Helmut *de Boor* – Roswitha *Wisniewski*, Mittelhochdeutsche Grammatik, 10. Auflage Berlin 1998.

Victor *Michels* – Hugo *Stopp*, Mittelhochdeutsche Grammatik, 5. Auflage Heidelberg 1979.

Karl *Weinhold*, Mittelhochdeutsche Grammatik, 2. Auflage 1883, Nachdruck Paderborn 1967.

Georg Friedrich *Benecke* – Wilhelm *Müller* – Friedrich *Zarncke*, Mittelhochdeutsches Wörterbuch, I–III, Leipzig 1854–1866, Nachdruck Stuttgart 1990.

Matthias *Lexer*, Mittelhochdeutsches Handwörterbuch, I–III, Leipzig 1872–1878, Nachdruck Stuttgart 1992.

Kurt *Gärtner* – Christoph *Gerhardt* – Jürgen *Jaehrling* – Ralf *Plate* – Walter *Röll* – Erika *Timm* – Datenverarbeitung Gerhard *Hanrieder*, Findebuch zum mittelhochdeutschen Wortschatz. Mit einem rückläufigen Index, Stuttgart 1992.

Matthias *Lexer*, Mittelhochdeutsches Taschenwörterbuch, 38. Auflage Stuttgart 1992.

Beate *Hennig*, Kleines Mittelhochdeutsches Wörterbuch. In Zusammenarbeit mit Christa Hepfer und unter redaktioneller Mitwirkung von Wolfgang Bachofer, 6., durchgesehene Auflage Berlin/Boston 2014.

Mittelhochdeutsche Wörterbücher im Verbund. Die wichtigsten lexikographischen Hilfsmittel für das Studium älterer deutscher Texte auf CD-ROM. Herausgegeben von Thomas Burch, Johannes Fournier, Kurt Gärtner, Stuttgart 2002 (Internetversion: www.mwv.uni-trier.de).

Altsächsische Grammatik und Lexikographie

Johan Hendrik *Gallée*, Altsächsische Grammatik, 3. Auflage mit Berichtigungen und Literaturnachträgen von Heinrich Tiefenbach, Tübingen 1993.

Gerhard *Cordes*, Altniederdeutsches Elementarbuch. Wort- und Lautlehre. Mit einem Kapitel ›Syntaktisches‹ von Ferdinand Holthausen, Heidelberg 1973.

Heinrich *Tiefenbach*, Altsächsisches Handwörterbuch/A Concise Old Saxon Dictionary, Berlin/New York 2010.

Etymologische Wörterbücher

Duden. Herkunftswörterbuch. Etymologie der deutschen Sprache, 5. Auflage Mannheim u.a. 2013.

Friedrich *Kluge* – Elmar *Seebold*: Etymologisches Wörterbuch der deutschen Sprache. 25., durchgesehene und erweiterte Auflage. Berlin/Boston 2011.

Wolfgang *Pfeifer* (Hrsg.): Etymologisches Wörterbuch des Deutschen. 8. Auflage. München 2006.

Indogermanisch und Germanisch

Michael *Meier-Brügger*, Indogermanische Sprachwissenschaft. Unter Mitarbeit von Matthias Fritz und Manfred Mayrhofer. Nach der früheren Darstellung von Hans Krahe. 9., durchgesehene und ergänzte Auflage Berlin 2010.

Oswald *Szemerényi*, Einführung in die vergleichende Sprachwissenschaft, 4. Auflage Darmstadt 1990.

Hans *Krahe* – Wolfgang *Meid*, Germanische Sprachwissenschaft, I, Sammlung Göschen 238, 7. Auflage Berlin 1969; II, Sammlung Göschen 780, 7. Auflage Berlin 1969; III, Sammlung Göschen 1218/1218a/1218b, Berlin 1967.

Claus Jürgen *Hutterer*, Die germanischen Sprachen. Ihre Geschichte in Grundzügen, Nachdruck der 4. ergänzten Auflage Wiesbaden 2002.

Sprachgeschichte

Sprachgeschichte. Ein Handbuch zur Geschichte der deutschen Sprache und ihrer Erforschung. Vollständig neu bearbeitete und erweiterte Auflage. Herausgegeben von Werner Besch, Anne Betten, Oskar Reichmann, Stefan Sonderegger, Teilband 1–4, Berlin New York 1998–2004.

Hans *Eggers*, Deutsche Sprachgeschichte, I. Das Althochdeutsche und das Mittelhochdeutsche, II. Das Frühneuhochdeutsche und das Neuhochdeutsche, Hamburg 1986.

Damaris *Nübling* (in Zusammenarbeit mit Antje Dammel, Janet Duke und Renata Szczepaniak), Historische Sprachwissenschaft des Deutschen. Eine Einführung in die Prinzipien des Sprachwandels. 4. Auflage Tübingen 2013.

Hans-Ulrich *Schmid*, Einführung in die deutsche Sprachgeschichte. 2. Auflage Stuttgart 2013.

Wilhelm *Schmidt*, Geschichte der deutschen Sprache. Ein Lehrbuch für das germanistische Stu-

dium, 11., verbesserte Auflage, erarbeitet unter der Leitung von Helmut Langner, Norbert Richard Wolf und Elisabeth Berner, Stuttgart 2013.
Augustin *Speyer*, Deutsche Sprachgeschichte. Göttingen 2010.
Christopher J. *Wells*, Deutsch: eine Sprachgeschichte bis 1945. Aus dem Englischen von Rainhild Wells, Tübingen 1990.

Dialektologie

Hermann *Niebaum* – *Jürgen* Macha, Einführung in die Dialektologie des Deutschen, 3., überarbeitete und erweiterte Auflage Berlin/Boston 2014.

Linguistische Lexika und Nachschlagewerke

Lexikon der Sprachwissenschaft. Herausgegeben von Hadumod Bußmann (unter Mitarbeit von Hartmut Lauffer), 4., durchgesehene und bibliographisch ergänzte Auflage Stuttgart 2008.
Werner *König*, dtv-Atlas Deutsche Sprache, 17., durchgesehene und korrigierte Auflage München 2011.
Metzler Lexikon Sprache, 4., aktualisierte und überarbeitete Auflage. Herausgegeben von Helmut Glück, Stuttgart – Weimar 2010.

Literatur- und kulturhistorische Lexika

Die *deutsche* Literatur des Mittelalters. Verfasserlexikon, herausgegeben von Wolfgang Stammler und Karl Langosch, I–V, Berlin 1933–1955; 2. völlig neu bearbeitete Auflage herausgegeben von Kurt Ruh, zusammen mit Gundolf Keil, Werner Schröder, Burghart Wachinger, Franz Josef Worstbrock, I–XIV, Berlin – New York 1978–2008 (alphabetisch nach Verfassern oder Titeln angeordnete Einzelartikel zur gesamten Literatur des Mittelalters).
Reallexikon der deutschen Literaturgeschichte. Begründet von Paul Merker und Wolfgang Stammler; 2. Auflage, I–III, herausgegeben von Werner Kohlschmidt und Wolfgang Mohr; IV, herausgegeben von Klaus Kanzog und Achim Masser, V. Sachregister, Berlin 1958–1988 (alphabetisch nach Sachbegriffen angeordnete Einzeldarstellungen zur gesamten deutschen Literatur).
Reallexikon der deutschen Literaturwissenschaft. Neubearbeitung des Reallexikons der deutschen Literaturgeschichte. Gemeinsam mit Harald Fricke, Klaus Grubmüller und Jan-Dirk Müller herausgegeben von Klaus Weimar, 3., von Grund auf neu erarbeitete Auflage, I–III, Berlin – New York 1997–2003.

Reallexikon der Germanischen Altertumskunde, herausgegeben von Johannes Hoops, I–IV, 1911–1919; 2. Auflage herausgegeben von Heinrich Beck, Herbert Jankuhn u. a., I–XXXVII, Berlin 1973–2008.
Lexikon des Mittelalters, I–X, München – Zürich 1980–1999.

Handwörterbuch zur deutschen Rechtsgeschichte. Herausgegeben von Adalbert Erler und Ekkehard Kaufmann, I–V, Berlin 1971–1998; 2. völlig neubearbeitete und erweiterte Auflage herausgegeben von Albrecht Cordes, Heiner Lück, Dieter Werkmüller und Ruth Schmidt-Wiegand als philologischer Beraterin, Iff. Berlin 2004 ff.
Lexikon für Theologie und Kirche. Begründet von Michael Buchberger. 3., völlig neu bearbeitete Auflage. Herausgegeben von Walter Kaspar, I–XI, Freiburg/Breisgau u. a. 1993–2001.
Die *Religion* in Geschichte und Gegenwart. Handwörterbuch für Theologie und Religionswissen-

schaft, I–VII, 3. Auflage Tübingen 1957–1965; 4., völlig neu bearbeitete Auflage, Iff., Tübingen 1998 ff.

Die *Musik* in Geschichte und Gegenwart. Allgemeine Enzyklopädie der Musik, I–XXIX, Kassel u. a. 1949–1986; Iff., 2. Auflage Kassel 1994 ff.

Reallexikon zur deutschen Kunstgeschichte. Begonnen von Otto Schmitt. Herausgegeben vom Zentralinstitut für Kunstgeschichte, Iff., Stuttgart – München 1937 ff.

Paläographie – Handschriftenkunde

Bernhard *Bischoff*, Paläographie des römischen Altertums und des abendländischen Mittelalters, 4., durchgesehene und erweiterte Auflage Berlin 2009.

Bernhard *Bischoff*, Mittelalterliche Studien. Ausgewählte Aufsätze zur Schriftkunde und Literaturgeschichte, I–III, Stuttgart 1966–1981.

Karin *Schneider*, Paläographie und Handschriftenkunde für Germanisten. Eine Einführung, 3., durchgesehene Auflage Berlin/Boston 2014.

Deutsche Schrifttafeln des neunten bis sechzehnten Jahrhunderts aus Handschriften der Bayerischen Staatsbibliothek in München, herausgegeben von Erich Petzet und Otto Glauning, I–V, Leipzig 1910–1930, Nachdruck Hildesheim 1975.

Hanns *Fischer*, Schrifttafeln zum althochdeutschen Lesebuch, Tübingen 1966.

Handbücher und Atlanten zur Geschichte des Mittelalters

dtv-Atlas zur Weltgeschichte. Karten und chronologischer Abriß, I, Von den Anfängen bis zur Französischen Revolution, herausgegeben von Hermann Kinder, Werner Hilgemann, 40. Auflage 2011.

Die verschiedenen Handbuchreihen und umfassenden Darstellungen zur europäischen und deutschen Geschichte des Mittelalters und der Neuzeit können hier nicht aufgeführt werden. Es wird lediglich ausgewählte Einführungsliteratur zur mittelalterlichen Geschichte genannt, mit deren Hilfe weitere Literatur ermittelt werden kann. Die Bände von J. Fried und H. Jakobs enthalten besonders umfangreiche Bibliographien, die auch die Handbuchreihen wie z. B. den ›Gebhardt‹ aufführen.

Johannes *Fried*, Die Formierung Europas 840–1046, 3., überarbeitete Auflage München 2008.

Arnold *Angenendt*, Das Frühmittelalter. Die abendländische Christenheit von 400–900, 3. Auflage Stuttgart – Berlin – Köln 2001.

Rudolf *Schieffer*, Die Karolinger, 5., aktualisierte Auflage Stuttgart 2014.

Hermann *Jakobs*, Kirchenreform und Hochmittelalter 1046–1215. 4. Auflage München 1999.

Register

Das Register ergänzt das Inhaltsverzeichnis und erschließt vor allem Termini und Definitionen. In der Regel wird vor allem auf dafür relevante Stellen verwiesen. Glossareinträge sind nicht erfasst.

Jule Philippi / Michael Tewes
Basiswissen Generative Grammatik

Das Konzept „Generative Grammatik" geht auf Noam Chomsky zurück und beschreibt die Idee, dass sich mit einer festen Anzahl von Wörtern und Grammatikregeln eine unendliche Anzahl von Sätzen generieren lässt. Generative Grammatik wird an den meisten Studienorten bereits in linguistischen Einführungsmodulen unterrichtet.

Dieses Buch gibt eine auch für Studienanfänger gut verständliche und didaktisch aufbereitete Einführung in die generative Grammatik Noam Chomskys mit dem Schwerpunkt der Analyse der deutschen Gegenwartssprache. Es führt den Leser zunächst knapp in das Programm und die Kernideen Chomskys ein, beschreibt wichtige Elemente dieses Grammatikmodells und gibt einen Einblick in die für die deutsche aber auch allgemeine Sprachwissenschaft typischen Bewegungsprozesse.

Am Schluss steht ein kurzer Ausblick auf neuere Entwicklungen des Grammatikparadigmas. Die einzelnen Kapitel schließen mit Arbeitsaufgaben, die zur Vorbereitung auf mündliche und schriftliche Prüfungen nutzbar sind. Die dazugehörigen Lösungen (mit Lösungswegen) stehen unter www.utb-mehr-wissen.de zum Abruf bereit.

Augustin Speyer
Deutsche Sprachgeschichte

Augustin Speyer verbindet traditionelle Ansätze mit neueren Methoden und Forschungen, so dass ein umfassender Überblick über die gesamte deutsche Sprachgeschichte entsteht. Der üblicherweise in mediävistischen Einführungsmodulen zu erarbeitende Stoff ist vollständig enthalten. Gleichzeitig erhalten Studierende einen knappen, aber umfassenden Überblick über die historische Sprachwissenschaft als Forschungsdisziplin und über die deutsche Sprachgeschichte vom Althochdeutschen bis zum modernen Deutsch.

Die Darstellung beginnt mit der Vorgeschichte der deutschen Sprache, der Entwicklung aus dem Protoindoeuropäischen. Das Althochdeutsche wird in seinem System und in Abgrenzung zu seinen nächsten Verwandten ausführlich behandelt, ebenso das Mittelhochdeutsche, Frühneuhochdeutsche und die Entwicklung hin zum modernen Deutsch.

Jeder Punkt wird in leicht verständlicher Sprache mithilfe von Schaubildern und Karten erläutert. Zur Vertiefung des Überblickswissens dient das kommentierte Literaturverzeichnis. Ein ausführliches Glossar erfüllt die Bedürfnisse von Studierenden.

Christiane Wanzeck
Lexikologie
Beschreibung von Wort und Wortschatz im Deutschen

Diese Einführung in die Lexikologie vermittelt die Grundlagen der semantischen Beziehungen zwischen Wörtern in klar strukturierter Weise. Zahlreiche aktuelle und historische Wortbeispiele vermitteln die Thematik höchst anschaulich.

Das Buch stellt außerdem die Charakteristika von Wortbedeutungen in Gegenwartssprache und Sprachgeschichte vor und gibt einen Einblick in die zentralen Kon-zepte der Bedeutungsbeschreibung.

Neben Arbeitstechniken und Theorien werden die grundlegenden Aspekte der Lexikologie vorgestellt, z.B.

– Bedeutungsbildung

– Bedeutungsentwicklung

– Bedeutungswandel

– nationale Unterschiede

– Entlehnung aus anderen Sprachen.

Jedes Kapitel enthält Arbeitsaufgaben, die zur Vorbereitung auf schriftliche wie mündliche Prüfungen nützlich sind. Die relevanten Fachtermini sind in einem Glossar zusammengestellt.

Studienliteratur Sprachwissenschaft V&R

Hans Altmann / Ute Ziegenhain
Prüfungswissen Phonetik, Phonologie und Graphemik
Arbeitstechniken – Klausurfragen – Lösungen
UTB 3323
3. Auflage 2010. 192 Seiten, kartoniert
ISBN 978-3-8252-3323-5

Das Arbeitsbuch bietet in komprimierter Form das prüfungsrelevante Wissen zur Phonetik, zur Phonologie und zur Graphemik.

Welches Lautinventar steht uns zur Verfügung und wie bildet sich die Lautstruktur des Deutschen auf der Schriftebene ab? Der Stoff wird übersichtlich, mit Listen und Tabellen, dargeboten. Übungsaufgaben, die das Gelernte in überschaubaren Einheiten abfragen, erlauben eine optimale Vorbereitung auf alle prüfungsrelevanten Fragen. Die Lösungsvorschläge ermöglichen eine eigenständige Arbeitskontrolle. Jedes Kapitel endet mit kommentierten Literaturhinweisen. Klausurartige Aufgaben plus Lösungshinweise runden das Buch ab.

Der Band ist seit Jahren über mehrere Auflagen in der Praxis bewährt.

Hans Altmann / Suzan Hahnemann
Prüfungswissen Syntax
Arbeitstechniken – Klausurfragen – Lösungen
UTB 3320
4., durchgesehene Auflage 2010. 224 Seiten, kart.
ISBN 978-3-8252-3320-4

Das Studien- und Arbeitsbuch beschreibt im Überblick die zentralen Fragestellungen der Syntax des Deutschen. Es verzichtet bewusst auf einseitig theoriegebundene Analysemethoden. Das trägt der Vielfalt an den Universitäten Rechnung, ist aber zugleich sinnvoll in Hinblick auf die Anwendung der erworbenen Wissens unter beruflicher Perspektive.

Neben konkreten Hinweisen zu Arbeitstechniken und Lösungsstrategien sind insbesondere die Übungen und Prüfungsfragen hilfreich. Lösungsangebote erlauben die selbstständige Lernzielkontrolle.

Eine ausführliche kommentierte Bibliographie bietet vertiefende Zugänge und erleichtert die Prüfungsvorbereitung.

Vandenhoeck & Ruprecht

Studienliteratur Sprachwissenschaft V&R

Hans Altmann
Prüfungswissen Wortbildung
Arbeitstechniken – Klausurfragen – Lösungen

UTB 3458
3. Auflage 2011. 221 Seiten mit zahlr. Tab., kart.
ISBN 978-3-8252-3458-4

Diese Arbeitsbuch bereitet Studierende auf schriftliche und mündliche Prüfungnen vor. Es richtet sich an Anfänger mit Grundkenntnissen ebenso wie an Fortgeschrittene, die vor Abschlussprüfungen stehen. Jedes Kapitel enthält konkrete Arbeitstechniken, Aufgaben und Lösungsstrategien.

Bachelor- wie Master-Studierende finden in jedem Einzelkapitel konkrete Anweisungen für Arbeitstechniken und Lösungsstrategien. Zu jedem Abschnitt werden Analyseaufgaben angeboten, die in Kombination mit den Musterlösungen selbstständige Lernkontrolle ermöglichen. Zeitökonomische Analyseverfahren werden vorgestellt und erleichtern die Arbeit.

Christina Gansel
Textsortenlinguistik
Arbeitstechniken – Klausurfragen – Lösungen

UTB Profile 3459
2011. 128 Seiten mit 5 Abb. und 18 Tab., kart.
ISBN 978-3-8252-3459-1

Warum ist es sinnvoll, Textsorten ausgehend von Kommunikationsbereichen zu untersuchen?

Gansel erläutert verschiedene linguistische, kommunikative und soziologische Ansätze, mit denen Texte analysiert werden. Fundiert und mit vielen Beispielen werden Elemente der Luhmannschen Systemtheorie für die Textsortenlinguistik fruchtbar gemacht.

Der Band nähert sich seinem Gegenstand unter systemtheoretischen Vorzeichen. Dieser Ansatz kann dort produktiv eingesetzt werden, wo es um Zusammenhänge von Gesellschaft, Kommunikation und Sprache geht.

Vandenhoeck & Ruprecht